JN289361

生涯ケアラーの誕生

再構築された世代関係／再構築されないジェンダー関係

大和礼子

THE MAKING OF
THE LIFE-LONG CARER
IN POSTWAR JAPAN

学文社

はじめに

「なぜ日本は公的介護保険の導入に成功したのか？」「なぜ人々は反対しなかったのか？」。私は2005年の秋から2006年の春にかけてイギリスの大学において，高齢期を研究する研究者のもとで在外研修を行った。そこで出会った各国の研究者からしばしばたずねられたのは，このような質問だった。人口の高齢化にともなう社会保障費の増加が，国家の財政や企業の競争力を圧迫することにどう対処するか。これは，1990年代から先進国に共通する切実な課題となっている。さらに欧米諸国と異なり日本には，高齢の親はその子どもたちが支えるのが望ましいとする文化的伝統もある。それにもかかわらず，納税者や保守的な人々からの大きな反対もなく，比較的短期間に公的介護保険の導入に成功したのはなぜなのか。このような質問をしばしば受けた。

これは私自身が以前からもっていた疑問でもあった。公的介護保険の導入が法的に決定されたのは1997年12月であるが，この時も私はイギリスに滞在していた。そして海の向こうの日本で介護保険法が成立したというニュースを，大きな驚きとともに聞いた。「高齢者の介護は家族がするのが望ましい」だの「家族は福祉の含み資産」だのという言説がほんの少し前まで広く流布していた社会で，どうしてこんなにも短期間に介護保険が受け入れられたのか。人々の意識はなぜ変わったのか。そしてその意識の変化を促したのは，どのような社会関係の変化なのか。

このような問いをもちながらさまざまな資料を読み進むうちに，介護についての意識は，経済的扶養の制度・社会関係・意識に大きく影響されていることに気づいた。たしかに性別役割分業のイデオロギーでは，介護は女性の役割，経済的扶養は男性の役割であり，介護と扶養は「別のもの」ととらえられがちである。しかし実際には，両者は密接に関連しており，介護についての意識は，経済的扶養との関係を無視しては理解できないと考えるようになった。

「介護問題は女性問題」とよくいわれる。しかしこのような状況は，経済的扶養に関する制度・社会関係・意識の変化によって社会的に構築されたものであると考えるようになった。したがって本書は，介護を「男女の問題」として再構築する試みである。

　また介護と経済的扶養を比較すると，老後の経済的支援においては，「依存」を市民的権利として保障し「自立と見なす」という思想としくみが，発達していることに気がついた。介護においてもこのような思想としくみを発達させていく必要があるのではないか。このような問題提起の試みでもある。

　本書は博士学位論文として書いたものを，出版のために書き直したものである。この研究を進めるにあたっては多くの方々にお世話になった。

　直井優先生・道子先生には，私が東京大学文学部ではじめて社会学に出会い，卒業論文で高齢者について研究していた頃から今日まで，多くのご指導と励ましをいただいた。私が社会学研究者としての道を進むことになったのは，両先生との出会いのおかげである。川端亮先生は，私が大阪大学大学院人間科学研究科の大学院生だった頃から，統計分析の方法，論文の書き方など，厳しくも的確な指導をいただいた。博士論文の審査もしていただき，本書の構成が多少とも整理されたものになっているとすれば，それは川端先生のアドバイスのおかげである。また牟田和恵先生と堤修三先生からは，博士論文の審査の過程で，本質的かつ有益なコメントをいただいた。両先生のコメントを本書でじゅうぶん生かせていないとすれば，それは私の責による。今後もいただいたコメントを知的な「頼り」として，研究を深めていきたい。

　本書で用いた質問紙調査のデータは河上婦志子，木村涼子，玉井真理子，中澤智恵，熊谷愛先生らとの共同研究において，またインタビュー調査のデータは山根真理，斧出節子，藤田道代先生との共同研究において，収集したものである。研究者として駆け出しの頃からこれらの研究グループに入れていただき，一緒に調査・研究をしてきた。学生から研究者へと私を育ててくれたのは，これらの方々との今日に至るまでの交わりだったと思う。

インタビュー調査のテープ起こしをしてくださったのは小谷佳子さんで，いつもていねいなお仕事ぶりに助けられた。研究に関する事務では，関西大学研究支援課の鍛治良子さんにお世話になった。研究がしやすいよういつも建設的な提案をして助けてくださった。また本書の出版においては，学文社の落合絵理さんにお世話になった。出版の後押しをしてくださり，また草稿をていねいに読んで有益なアドバイスをいただいた。見出しのつけ方など本書が多少とも読みやすいものになっているとすれば，それは落合さんのおかげである。

　本書は2度の在外研修の成果でもある。1997〜8年の研修では，研修先を決めるにあたって，杉野昭博先生，木本喜美子先生，渡辺雅男先生にお世話になった。研修先の大学では，John Scott 教授に論文の指導をしていただいた。Miriam Glucksman 教授と Catherine Hall 教授からは，研究内容だけでなく，女性研究者としての生きる姿勢やこころざしといったことも学ばせていただいた。私にとっての「生涯にわたるロール・モデル」である。また2005〜6年の在外研修では，Sara Arber 教授のもとで本書のテーマに関連するセミナーを開かせていただき，また Kate Davidson 博士の授業では日本の高齢者について講義する機会をいただいた。ここでの刺激によって本書全体を束ねる概念と枠組みを作ることができた。研修で留守にしている間は，関西大学社会学部の同僚や事務職員の方々にお世話になった。

　これらの方々に，心からの感謝を申し上げたい。

　本書の研究は，さまざまな研究助成によって行うことができた。第2章「ケア，世代関係，公共／家内領域，自立／依存をどうとらえるか」は，平成9年度と平成18年度に，関西大学より資金援助を受けて行った在外研究の成果である。第4章で分析したデータは，「平成4年度宮陵会学術研究助成金」（被助成者　河上婦志子（神奈川大学））を受けて，河上先生を代表とする研究会により実施された調査から得られたものである。第6章「社会階層と介護意識」の分析においては，『家族についての全国調査（第1回全国家族調査，NFRJ98）』（日本家族社会学会・全国家族調査委員会）のデータ（第4版）を学会内共同利用

により許可を得て使用した。また第7章「公共領域／家内領域の再構築とその中断」は，平成12-13年度科学研究費補助金（基盤研究(C)(1) #12610173）によって行った『現代家族にみる家事の実態・意味・感情に関する実証研究（質的調査の実施と分析）』（代表者　山根真理（愛知教育大学））の調査データを使用した。記して深く感謝したい。

　最後に私事ではあるが，多くの面で支えてくれた両親，弟たちとそのパートナー，そして甥・姪たちに「ありがとう」と伝えたい。そして，10年近くにわたる本書の構想と執筆の間，何度もくじけそうになる私をいつも励ましてくれた太郎丸博に，大きな大きな感謝をささげたい。

　　　2008年7月　　　　　　　　　　　　　　　　　　　　大和　礼子

目　次

はじめに　i

第1章　なぜ介護を専門家に頼るのか　……………………………………1
1. 介護における世代関係の再構築　1
2. 女性は「利己的」か？　3
3. 「介護問題は女性問題」の社会的構築　4
4. 「介護を専門家に頼る」はオルタナティブな社会のあり方を示しているのか？　6

第2章　ケア，世代関係，公共／家内領域，自立／依存をどうとらえるか　…10
1. ケアと介護　10
2. 高齢者と成人子の世代関係　16
3. 公共領域と家内領域　28
4. 自立と依存　40

第3章　介護する意識とされる意識　……………………………………46
1. 女性は「家族を介護する」ことを避けているのか？　46
2. データ　51
3. 介護する立場／される立場／「一般論」としての介護意識　52
4. 「家族に介護される」ことを避けようとする女性　60

第4章　女性とケア・アイデンティティ　……………………………62
1. なぜ女性は「利他的」選好をするのか？　62
2. データ　73
3. 「性による役割振り分け」と「愛によるケア役割」の2つの次元　74
4. 「生涯ケアラー」としてのアイデンティティ　80

第 5 章　生涯家計支持者と生涯ケアラーの誕生 …………………88
　1．なぜ嫁をあてにできなくなったのか？　88
　2．日本における高齢者の扶養・介護に関する制度　89
　3．データ　103
　4．扶養と介護についての意識の変化　105
　5．「生涯家計支持者」と「生涯ケアラー」の誕生　120

第 6 章　社会階層と介護意識──「女性中流階級のための福祉国家」……125
　1．「介護を専門家に頼る」と考える人はどの社会階層に多いのか？　125
　2．データ　129
　3．専門家の介護に積極的な女性中流階層と消極的な男性中流階層　131
　4．「女性中流階級のための福祉国家」　138

第 7 章　公共領域／家内領域の再構築とその中断 …………………141
　1．老後の世代関係について人々はどう考えているか？　141
　2．データ　149
　3．生涯ケアラー・生涯家計支持者・公的支援忌避者・看取りあう夫婦　153
　4．「専門家に介護を頼る」は支配的社会認識を支える意識　174

第 8 章　「ケアしあう人々」という社会 …………………184
　1．生涯家計支持者と生涯ケアラーの誕生　184
　2．支配的社会認識を支える生涯ケアラー　185
　3．生涯家計支持者と生涯ケアラーのゆくえ　186
　4．「ケアしあう人々」という社会　187
　5．今後の課題　192

　参考文献　197
　索引　211

第1章
なぜ介護を専門家に頼るのか

1. 介護における世代関係の再構築

　日本においては長らく、高齢者の介護は家庭においてその子どもたちがするのがあたりまえと考えられてきた。しかし2000年から始まった公的介護保険は、家族外の専門家が介護に関与することを促進するものであり、この文化的伝統とは異なる。

　実際に日本において、「高齢者の介護は、家庭において家族がするのが当たり前」という意識は、1980年代から90年代にかけて大きく変わった。図1-1に示したように政府や民間の全国調査で60歳以上の人々の意識をみると、1973年においては、自分が寝込んだときの身の回りの世話をホームヘルパー、病院や老人ホームの介護者など、家族以外の人に頼りたいと考える人はほとんどいなかった。しかし1980年代、90年代と時代が進むにつれて、家族外の専門家によるサービスに頼りたいと考える人はじょじょに増加していった。特に女性では、（質問のワーディング等により若干の変動はあるが）1990年代後半には3割前後の人がこのように考えるようになった。

　専門家による介護サービスを利用したいという意識の台頭は、日本において「老後の介護は子どもに頼る」というそれまであたりまえとされてきた世代関係がくずれ、それにかわって「子どもには頼らないで、専門的サービスに頼

図1-1　老後からだが不自由になった場合の身の回りの世話をしてもらう人として家族外の専門家を選んだ人の割合

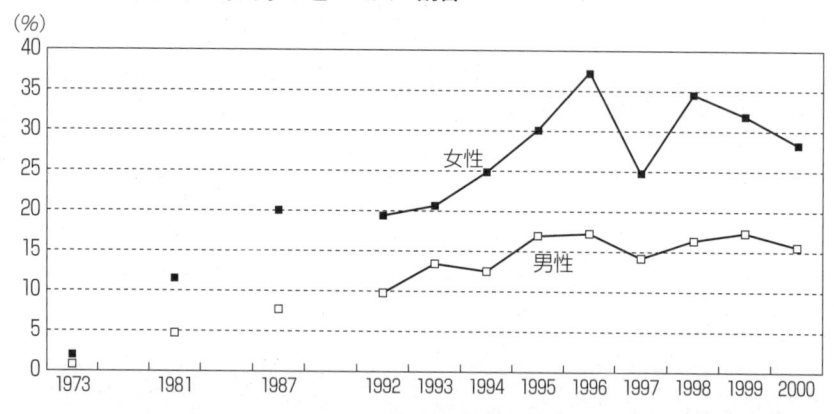

(資料) 第5章「生涯家計支持者と生涯ケアラーの誕生」の表5-3と表5-4をもとに作成。もとの調査は表5-2に示した総理府広報室『老人問題』(1973)、総理府老人対策室『老後の生活と介護に関する調査』(1981)、総務庁老人対策室『老後の生活と介護に関する調査』(1987・1992)、毎日新聞社『高齢化社会全国世論調査』(1993・1996・1997)、毎日新聞社『高齢化・介護全国世論調査』(1994・1995)、毎日新聞社『高齢社会全国世論調査』(1998・1999・2000)。
(注) 回答者の年齢は、60歳以上 (ただし1981・1987・1992年は60-69歳)。

る」という新しい世代関係が構築されつつあることを意味する。しかもこのような意識には男女で差があり、専門家によるサービスを選好する人は女性により多い。

　それではこのような「世代関係の再構築」はなぜ起こったのか。この問いに対する通常の解釈は、「高齢化によって介護を必要とする人が増え、介護の期間も長くなった。また都市化や核家族化によって介護を支える人手も減った。さらに要求される介護水準も高まった。こうして家族を介護することは以前にもまして負担の重いこととなったので、介護を担うことが多い女性が、専門家による介護を求めるようになった」というものだろう。

　本書で問い直したいのはこの解釈である。もちろんこのような側面があることはまったく否定しない。しかし介護に関する「世代関係の再構築」の背後にあるのは、「通常の解釈」のいうような「家族を介護することから逃避したい」

という女性の意識なのか。また女性の変化だけが「世代関係の再構築」を引き起こし，男性の変化はそれに関与していないのか。

2．女性は「利己的」か？

　上記の「通常の解釈」にはいくつかの暗黙の前提，しかも問題のある前提が存在する。まず「通常の解釈」では，「女性は，男性よりも介護をする立場になることが多く，しかも介護の負担が重いので，専門家によるサービスを利用したいという人は女性により多い」と考える。この解釈における暗黙の前提とは，「専門家によるサービスを利用したい」という女性の意識を，介護する立場の意識と見なすという前提である。これは妥当だろうか。

　考えてみると，女性も高齢になれば介護される立場になる。厚生労働省『国民生活基礎調査』（平成13年）によると，65歳以上の要介護者のうち女性が占める割合は7割にもなる。また平均寿命から考えて，介護される期間は一般に男性より女性のほうが長い。にもかかわらず，女性の意識を介護する立場の意識と無条件に想定してよいのか。もしかしたら女性は，介護される立場として「専門家によるサービスを利用したい」と考えているかもしれないではないか。

　「専門家による介護を利用したい」という女性の意識を，介護する立場の意識として解釈するか，それとも介護される立場の意識として解釈するか。このどちらをとるかによって，女性のイメージは180度異なるものになる。まず，介護する立場にある人が，「専門家による介護を選好する」という場合は，本来なら自分が引き受けなければならない介護負担を，専門サービスの利用により軽減するという選択をしていることになる。このような選択をする人物のイメージは，自己の利益（自分にとっての介護負担の軽減）を追求するいわば「利己的」人間である。一方，介護される立場にある人が，「専門家による介護を選好する」という場合は，家族に背負わせるはずの介護負担を，専門サービスの利用により軽減するような選択をしていることになる。このような選択をする人物のイメージは，家族に負担がかからないこと（家族の利益）を第一に考

える「利他的」人間である。

「専門家による介護を利用したい」という女性の意識は、「通常の解釈」のいうとおり介護する立場としての意識なのか、それとも介護される立場としての意識なのか。言いかえると、子どもによる介護から専門家による介護へという「世代関係の再構築」の背後にあるのは、「通常の解釈」がいうような女性の「利己的」な意識なのか、それとも家族に迷惑をかけたくないという「利他的」な意識なのか。

この問いに答えるために第3章「介護する意識とされる意識」では、公表されている調査データを検討し、「専門家による介護を利用したい」という女性の意識が、介護する立場ではなくされる立場としての意識であること、つまり「通常の解釈」はデータからみて妥当でないことを示す。そしてつづく第4章「女性とケア・アイデンティティ」では、筆者らが行った調査データの分析により、介護される立場として「専門家による介護を利用したい」と女性が考えるのは、彼女らが「(家族を)ケアする存在＝ケアラー」としてのアイデンティティをもっているからであることを論じる。

3.「介護問題は女性問題」の社会的構築

「通常の解釈」のもうひとつの限界は、「老後を子どもに頼る」から「子どもには頼らず、専門家に頼る」という世代関係の変化を、もっぱら介護で起こった出来事としてとらえており、世代関係のもうひとつの重要な側面である経済的扶養との関係においてとらえる視点がないことである。

現在の日本では、介護はおもに女性の役割とされているので、介護にのみ焦点を当てると、親が老後生活を子に頼らないようになるという「世代関係の再構築」は、もっぱら「女性の役割において起こったこと」、あるいはもっと能動的に「女性が引き起こしたこと」というストーリーで理解されてしまう。このストーリーの中で男性に割りふられる役割は、「女性が引き起こした変化に不本意にも影響され、対応を迫られている存在」という受動的なものである。

しかしながら，日本における近年の世代関係の変化は，介護という側面を見るだけで，そして女性に焦点をあてるだけで，本当にその意味を理解できるのだろうか。

　高齢者と成人子の間のサポート関係には，介護のほかに，経済的扶養というもうひとつの重要な側面がある。そして経済的扶養に目を転じるならば，日本においては，介護における「世代関係の再構築」の前に，「老後の経済を子どもに頼る」から「子どもには頼らず公的年金に頼る」という変化，つまり経済的扶養における「世代関係の再構築」が起こっていたことに気がつく。この点を考慮に入れると，介護における「世代関係の再構築」は，その少し前に起こった経済的扶養における「世代関係の再構築」とまったく独立に起こったとは考えにくい。むしろ，経済面での世代関係が変化し，その影響のもとで介護面での変化が起こった，あるいは経済面での変化と介護面での変化は，ひとつの大きな「世代関係の再構築」の中の異なる局面だったととらえるほうがよいのではないか。

　たしかに性別役割分業のイデオロギーでは，介護は女性の役割とされ，経済的扶養は男性の役割とされてきた。したがってこの認識枠組みを暗黙の前提にしてものごとを見ると，介護は女性に起こった変化，経済的扶養は男性に起こった変化と見えるので，両者を別々の出来事ととらえてしまう。しかしながら現実の世代関係においては，介護と経済的扶養は密接に関連している。経済面での変化に対しては，女性よりもむしろ男性が，自らの役割（家計支持役割）に関することとして能動的に関わった可能性が大いにある。そしてこの経済面での変化に影響されて，介護面での世代関係も再構築されたということも大いにありうる。そうだとすれば，介護意識の変化を「通常の解釈」とは逆に，「男性が引き起こした変化に不本意にも影響を受け，対応を迫られた女性」というストーリーで理解することも十分可能である。つまり「世代関係の再構築」には，男女双方が関わっていると考えるべきであり，また介護面での変化と経済面での変化は，相互に影響しあっているととらえるべきなのである。

　「介護問題は女性問題」とよく言われる。たしかに女性は，介護する側でも

される側でも多数派を占めるので，この言い方は間違いではない。しかし上のような枠組みで考えると，公的年金が成熟する前は，経済的扶養はおもに男性が責任をもち，介護はおもに女性が責任をもつという形で，人々は「老後問題」に対処していた。いわば「男女の共同プロジェクト」だったのである。しかし公的年金の成熟によって，経済的扶養はおもに公的年金が担うようになった。そして，「老後問題」の中で「介護問題」だけが，「女性の孤独な仕事」として残された。つまり「介護問題は女性問題」という現在の状態は，このような社会的構築の結果だと考えられる。

このことを確認するために，第5章「生涯家計支持者と生涯ケアラーの誕生」では，公表されている調査データをもとに，介護における「世代関係の再構築」が，経済的扶養における「世代関係の再構築」の影響を受けて起こったことを論じる。

4.「介護を専門家に頼る」はオルタナティブな社会のあり方を示しているのか？

老後の介護を子世代に頼るのか，あるいは公的支援に頼るのかという世代関係についての意識は，公共領域／家内領域についてのイメージと密接につながっている。かつての日本では高齢者の介護は，家内領域において家族の手で行うのがあたりまえで，かつ望ましいと考えられてきた。このような考え方の背後には，「公共領域と家内領域の分離」という近代の支配的イデオロギーがある。

このイデオロギーによると，公共領域は生産・労働・政治・金銭的取引といった活動が行われる領域であり，「人間」がつくりあげる「社会」である。したがって公共領域に参加できるのは「理性」をもった「人間＝男性」だけであり，「自然」により近い「女性」は参加資格がないとされてきた。また公共領域ではなによりも「自立」が求められ，「自立」できない者は一人前の「人間」とは見なされなかった。それに対して家内領域は，性・生殖・ケアといった活

動（これらは非生産・非労働と見なされる）が行われる領域であり、「自然」に近い存在である「女性」の居場所とされてきた。公共領域では「自立」を強いられる男性も、家内領域では女性のケアに心おきなく「依存」することができ、しかもそれは「自立」という規範からの逸脱とは見なされない。そのような領域として家内領域は神聖視されてきた。

　近代社会における諸制度は、この「公共領域と家内領域の分離」というイデオロギーのもとに作られているので、これらは人々の人生に大きな影響を与えてきた。特に女性は、このイデオロギーとそれにもとづく諸制度によって、男性に従属することを強いられてきた。

　たとえば近代社会において女性は、政治・高等教育・職業といった公共領域での活動に参加することから制度的に排除されてきた。その理由は、先ほどのイデオロギーにもとづき、女性は「自然」に近く「理性」が弱いため、公共領域での活動にふさわしくないとされたからである。その後、フォーマルな制度面での差別はとりのぞかれ、女性も公共領域に参加できるようになった。しかし現在においても、政治・職場・学校におけるセクシャルハラスメントに見られるように、公共領域で活動している女性を、「理性」的存在ではなくあくまで「性」的存在と見なすという実践は続いている。また家事・育児・介護が女性の役割とされ、しかも無償でそれを行うことがあたりまえとされてきたのも、「自然」に近い女性が人間の「生物としての側面」を扱うのに適していると考えられたからである。このような家庭役割のために、女性の公共領域への参加はさらに難しいものになっている。したがって「公共領域と家内領域の分離」というイデオロギーそのものと、それにもとづく諸制度を変革することは、フェミニズムの重要な目標であった。

　このフェミニズムの目標に照らすと、「介護を専門家に頼る」という新しい意識が台頭してきたこと、そしてこのように考える人が女性に多いことは、まさにフェミニズムが目標としてきた方向へ女性の意識が変化しているというように見える。しかし本当にそう考えてよいのか。「介護を専門家に頼る」という新しい意識は、「公共領域＝自立、家内領域＝（家族への）依存」という近

代の支配的社会認識を否定する意識なのだろうか。

　本書ではこの問いを第6章と第7章で扱う。まず第6章「社会階層と介護意識」では，全国調査のデータをもとに，「自分の介護は専門家に頼る」と考える人は，女性では中流以上の階層に多いが，男性は中流以上の階層でも「自分の介護は家族に頼る」という人が多いことを示す。中流以上の男性は，専門サービスの利用に必要な経済的余裕やコミュニケーション・スキルを多くもっている。にもかかわらず彼らはなぜ，サービスの利用に消極的なのか。

　この問いに答えるためには，経済的余裕やコミュニケーション・スキルといった資源ではなく，「介護を専門家に頼る」ということが男性のアイデンティティに対してもつ意味に注目する必要がある。そこで第7章「公共領域／家内領域の再構築とその中断」では，インタビュー調査のデータをもとに，高齢期の世代関係や「公共領域／家内領域」「自立／依存」について人々がどのような意識をもっているのかを明らかにする。その結果をもとに，中流以上の階層の男性が介護サービスの利用に消極的なのは，彼らが「公共領域＝自立，家内領域＝（家族への）依存」という支配的社会認識を支持しているからであることを示す。また「自分の介護を専門家に頼る」という新しい意識は，一見，「公共領域＝自立，家内領域＝依存」という支配的社会認識を否定しているように見えるが，実はそうではなく，支配的社会認識を支持しているがゆえに，それとは逆の「自分の介護は専門家に頼る」という意識をもたざるをえないのだということについて論じる。

　そして結論の第8章「「ケアしあう人々」という社会」では，近代の支配的社会認識に対して真にオルタナティブ（alternative＝新しくとってかわるもの）といえる社会のあり方とはどのようなものか，また私たちが尊厳をもって高齢期を生きることができる社会であるためには，公共領域／家内領域についてのイメージをどのように再構築することが必要なのかについて考察する。

　以上の議論で明らかなように，本書では介護の実態ではなく，介護についての人々の意識を扱う。意識に注目することの意義として，介護についての人々の意識は，介護，世代関係，公共領域／家内領域の関係などに関する世論とな

り，将来の政策や制度に影響を与える。したがって人々の意識を知ることは，実態についての研究とは独立した意味があり，実態と意識の両方を見ることによって全体像がよりよくつかめると考えるからである。本書では意識の面に焦点を当てる。

　第3章からの本論に入る前に，次の第2章「ケア，世代関係，公共／家内領域，自立／依存をどうとらえるか」では，「ケアと介護」「世代関係」「公共領域と家内領域」「自立／依存」という本書の基本概念について先行研究の検討を行い，分析の枠組みを示したい。

【初出】
　以下の章のもととなった論文は次のとおりである。第2章「ケア，世代関係，公共／家内領域，自立／依存をどうとらえるか」の2節「高齢者と成人子の世代関係」は大和（2007a），同3節「公共領域と家内領域」は大和（2002a），第3章「介護する意識とされる意識」は大和（2008），第4章「女性とケア・アイデンティティ」は大和（1995），第5章「生涯家計支持者と生涯ケアラーの誕生」はYamato（2006），第6章「社会階層と介護意識」は大和（2004），そして第7章「公共領域／家内領域の再構築とその中断」は大和（2002b；2002c）を加筆修正した。第8章「「ケアしあう人々」という社会」は本書のために書き下ろした。

第2章

ケア，世代関係，公共/家内領域，自立/依存をどうとらえるか

1. ケアと介護

家事研究からケア・介護研究へ

　本書では，「他者に対する身体面での世話や日常生活の手助け」をさして，「ケア」という用語を使う。本書での「ケア」には，高齢者や障がいをもつ人に対する世話・手助けだけでなく，子どもや健康な大人に対するそれも含まれる。そしてこのような「ケア」のうち，高齢者や障がい者に対するそれを指すときに「身体的介護」，あるいは「介護」という用語を用いる。本書の「ケア」や「介護」という用語は，身体面での世話や手助けの要素を強調する用語であるが，そのような活動にはほとんどの場合，精神的な配慮という要素がともなっていることも含意している（Graham, 1983）。しかし，本書での「ケア」や「介護」には，経済的援助の側面は含まれない。経済的援助をさすときは「経済的扶養」，あるいは略して「扶養」という用語を用いる。

　ケアという言葉が社会学で盛んに用いられるようになったのは，英語圏の国々では1980年代からであり（Morgan, 1996；笹谷, 1997），日本では1990年代からである（内藤, 1999）。もちろんこれ以前においても，高齢者・障がい者・子ども，あるいは健康な大人に対する世話や手助けは日常的に行われており，それらはおもに家庭内で行われていた。しかし社会学の用語ではそのような活

動は,「家事・育児」あるいは「女性の家庭役割」として扱われており，それらの記述・分析に際して,「ケア」や「介護」という用語が使われることはあまりなかった。しかも，1960年代半ばの第2波フェミニズムより前には，ケアや介護を含む家事・育児や，女性の家庭役割は,「生物学的自然」として社会科学の対象にされることさえあまりなかった（大和，2002a）。

　しかし第2波のフェミニストたちは，家事・育児あるいは女性の家庭役割の社会的重要性と問題性を指摘しはじめた（Oakley, 1974=1993）。まず，マルクス主義に影響を受けたフェミニストたちは，家事・育児が経済的報酬を支払われない労働（アイペイド・ワーク）であること，そのような労働はおもに女性が行っていること，そのことによって女性が職業労働（経済的報酬を支払われる労働＝ペイド・ワーク）をする際に差別的な扱いを受けること，その結果女性は，男性に経済的に依存せざるをえないことなどを指摘した（Benston, 1997 [1969]；Hartman, 1981=1991）。

　また心理学や精神分析に影響を受けたフェミニストたちは，そもそもなぜ男性ではなく女性が，家事・育児役割を引き受けるのかということを，心理面から説明しようとした。たとえばナンシー・チョドロウは，母親が育児をする社会では，幼児期における母子の相互作用により，男の子は自己を他者から独立したものとして経験するようなアイデンティティを発達させ，一方女の子は，自己と他者を連続したものとして経験するようなアイデンティティを発達させると論じた（Chodorow, 1978=1981）。またキャロル・ギリガンは，女性の道徳意識は，独立を重視する男性のそれとは異なり，他者とのつながりを重視する方向で発達すると論じた（Gilligan, 1982=1986）。これら心理学的研究によると，女性が家事・育児を引き受けるのは，他者を世話するのに適合的なアイデンティティを発達させるからである。ただしこの頃のフェミニストが問題にしたのはおもに家事と育児であり，高齢者や障がい者の介護には（マルクス主義の流れであれ心理学・精神分析の流れであれ）重点が置かれていなかった。

　しかしながら1970年代後半から80年代になると，イギリスにおいて，それまでの高齢者・障がい者ケアの中心であった施設ケアに対して，その欠点が強

調されるようになった。それと同時に，高齢者人口の増加に対する危機感が高まり，福祉関係の予算が削減されるようになった。これらに呼応して，コミュニティ・ケアを重視する政策が提案され，家族の責任や家族的価値が改めて強調されはじめた (Morgan, 1996)。このような動向を背景に，高齢者や障がい者に対する身体的世話や日常生活の手助けというトピックが注目されるようになり，「ケア」という用語を用いた研究が多く行われるようになった。

　日本においても，一方で英語圏のケア研究からの影響により，またもう一方で高齢者の長期介護への関心が高まったことにより，「ケア」あるいは「介護」という用語を用いた研究が広く行われはじめた。

労働としてのケアと心理としてのケア

　先ほど述べたように，フェミニストによるケア研究には2つの流れがある。ヒラリー・グラハムはそれらを次のように整理した。ひとつめはケアの労働としての側面を重視する研究である。たとえばジャネット・フィンチら (Finch and Groves, 1980) は先に述べたイギリス政府によるコミュニティ・ケア政策について，コミュニティによる介護とは実は家族による介護を意味し，家族による介護とは実は女性による介護を意味すると論じた。そしてコミュニティ・ケア政策は，女性に対して無償の介護労働を強い，また職業への参加を阻害することによって，女性の自立と，雇用の機会均等の原理に反するものであると批判した。介護についてのこのようなとらえ方は，家事を無償労働ととらえるマルクス主義フェミニストの分析を，介護の分析に応用したものである。

　グラハムによるとこの流れをくむ研究は，おもに経済学や社会政策研究において行われており，女性がケア役割によって経済的に不利な位置に追いやられるという側面を強調する。しかしその一方で，ケアをすることにともなう感情やアイデンティティといった心理学的側面を軽視することになった。そのために，女性がなぜ経済的に不利な労働であるケア役割を，そのことを自覚しつつ担い続けるのか，なぜケアの外部化に女性自身が消極的なのかといった問いには十分答えることができなかった (Graham, 1983)。

ケアをめぐる研究のもうひとつの流れは，チョドロウやギリガンに代表されるようなケアの心理的意味を強調する研究である。この流れに属する研究は，ケアをする人に求められる心理的特質（他者の必要や感情をまるで自分のそれであるかのように深く理解し，適切に対処する能力）と，女性（特に西欧社会における女性）を特徴づけるとされる性質の共通性に着目し，ケアをすることが女性のアイデンティティや満足感と結びついている点を強調した。しかしながら心理学的次元でケアをとらえることは，ケアが重労働であること，そしてそのようなケア労働を無償で担うことが女性の人生に，特に経済面でマイナスの影響を与えるという事実から目をそらさせることになった（Graham, 1983）。

　このようにケアは，労働と心理（あるいは労働とアイデンティティ，労働と愛情）という2つの側面をあわせもつが，今までの研究は，それが属する学問領域の枠組みにしたがい，2つの側面のうちどちらか一方だけをとりあげてきた。このような批判的検討の上にグラハムは，ケアを心理やアイデンティティの側面と，労働としての側面の両面からとらえなければならないと主張する（Graham, 1983）。本書においてもケア（あるいは介護）をすることは，労働であると同時に，女性のアイデンティティと深く結びついているという視点を重視する。

ケアをする立場とされる立場

　フェミニストによるケア研究は（前項で論じたように）2つの流れに分かれて行われてきた。しかし実は，この2つはひとつの共通した前提をもっている。それは女性をケアする存在と位置づけることである。

　ジェニー・モリスはこの点を批判し，フェミニストによるこれまでのケア研究は，ケアをする人の立場しか考えておらず，ケアをされる人の主観や利害を分析に含むことに失敗していると論じた。モリスによるとフェミニストの分析は，女性を「ケアする人」というカテゴリーでとらえ，同時に高齢者や障がい者を「依存者」（dependent people）という別のカテゴリーでとらえる。その結果これらの分析における「女性」には，高齢の女性や障がいのある女性は含ま

れない。しかし実際には，高齢者や障がいのある人の多くは女性なのである。したがってケア研究には，ケア̇す̇る̇人の立場だけでなく，ケア̇さ̇れ̇る̇人の主観や利害をも含んだ分析が必要であるとモリスは主張する（Morris, 1993）。

モリスのいうように高齢社会とは，男性だけでなく女性もその多くが，長期にわたりケア̇さ̇れ̇る̇立場に身をおくことが予想される社会である。しかしながらその一方で女性は，青年期から初老期まで人生の大部分を，ケア̇す̇る̇ことを期待されて過ごすのであり，ケア̇す̇る̇ことが女性のアイデンティティの重要な部分になっていることもまた事実である。

したがって本書では，介護についての女性の意識を理解するためには，女性を，他者をケア̇す̇る̇ことを期待されながら，高齢期には自分がケア̇さ̇れ̇る̇ようになることを予測せざるをえないような存在，つまりケアに関して両義的位置におかれた存在としてとらえることが重要だと考える。これはライフコースの視点（本章2節「高齢者と成人子の世代関係」を参照）から女性とケアとの関係を見るということである。これと対比するならば男性は，ライフコースを通じてケア̇す̇る̇ことからは免除され，ケア̇さ̇れ̇る̇ことをあたりまえ（むしろ望ましい）と見なされるような存在としてとらえることができる。

公共領域での介護と家内領域での介護

ケアをす̇る̇という側面を重視した研究のもうひとつの特徴として，公共領域において職業としてす̇る̇ケアを，家内領域において家庭役割としてす̇る̇ケアの延長としてとらえる傾向，つまり両者の連続性を強調する傾向がある（Morgan, 1996）。このことは，ケアの労働としての側面を強調する研究と，心理としての側面を強調する研究の両方に当てはまる。

まず，ケアを労働としてとらえる研究においては，職業領域における多くの「女性向きの労働」は，女性が家内領域において無償で行っているケアと同様の労働であるために，その金銭的価値が低く見積もられがちであることを強調する（Hochschild, 1983＝2000；James, 1989）。またケアを心理としてとらえる研究においても，ギリガンやチョドロウの議論によると，他者を世話するに適し

た女性の性質は，家内領域だけでなく，公共領域においても維持され発揮される。したがって彼女らの議論においても，家内領域におけるケアと公共領域におけるそれの差異はあまり重視されない。

しかし，ケアされるという側面に目を転じると，公共領域におけるケアと家内領域におけるそれを，本質的な差がない連続的なものととらえてよいのか。個人の「自立」を重視する近代西欧文化においてさえ，公共領域では確かに「自立」が重視されたが (Keith, 1992 ; Liu and Keding, 2000)，そのような個人（＝男性）が家内領域で女性のケアに「依存」することはなんら問題ではなかった。つまり「公共領域においてケアされること」と「家内領域においてケアされること」はその意味が異なっていたのである（本章3節「公共領域と家内領域」を参照）。

ましてや近代日本では，国家や他人に介護を依存することは「恥ずべきこと」とされる一方で，家族に依存すること，特に老親が子どもに依存することは「道徳的に望ましいこと」として称揚された。つまり「家内領域で介護されること」と「公共領域で介護されること」はその社会的意味づけが，正反対といえるほどに異なっていたのである。したがって本書では，介護されることについての意識を日本の文脈で理解するためには，「家内領域での介護」と「公共領域での介護」に対する社会的意味の違いに注意を払うことが必要だと考える。

ケアと介護に関する視点

以上をまとめると，本書では第1に，ケアをすることは労働であると同時に，女性のアイデンティティと深く結びついていること，第2に，女性は単にケアする存在なのではなく，ケアするという役割を期待されながら高齢期には自分がケアされる側にまわらざるをえないという，両義的な立場におかれていることに注目する。第3章「介護する意識とされる意識」と第4章「女性とケア・アイデンティティ」の分析はこれらの視点から行われる。

さらに第3の視点として，介護されることに関する限り，「公共領域での介

護」と「家内領域での介護」は社会的望ましさの点でまったく異なるということに注目する。この視点は第6章「社会階層と介護意識」と第7章「公共領域／家内領域の再構築とその中断」の分析において重要である。

2. 高齢者と成人子の世代関係

比較のための3つの軸

本書で世代関係とは，高齢者と成人子の間の関係をさす。この節では，高齢者や高齢期についてのさまざまな社会学理論を検討し，本書の視点を示したい。

以下の検討では高齢者・高齢期についての理論を，キャロル・エステスら (Estes and associates, 2001 : 24-25) が用いた3つの軸にしたがって位置づける。第1の軸は，その理論が研究対象としてミクロ（個人）に注目しているか，マクロ（社会の構造）に注目しているかという軸である。第2の軸は，その理論が規範的か解釈的か，つまり，高齢者・高齢期に関する社会規範や役割があらかじめ存在し，人々はそれにしたがって行為している（あるいは逸脱する場合もある）とみなすか，それとも規範や役割は社会的相互作用を通じて絶えず新たに定義され直している（社会的に構築されている）とみなすかという軸である。第3の軸は，批判的理論かそうでないか，つまり支配的な価値・信念に再検討を迫り，社会現象の背後に権力関係が存在していることを想定するか，それとも支配的な価値・信念を自明のものとして受け入れ，社会現象が諸集団間の合意の上に成立しているとみなすかという軸である。

構造機能主義にもとづく近代化論

高齢者・高齢期についての社会学的な研究，つまり社会老年学 (social gerontology) がひとつの学問領域として発展しはじめたのは，アメリカでは1940～60年代であった。この時期に強い影響力をもった社会学理論として構造機能主義がある。構造機能主義は近代化による社会変動を次のようにとらえる。

産業化・都市化といった社会の変動によって大家族や村落共同体といった伝統的な絆は失われ，伝統的・宗教的な知恵は新しい科学技術に置き換えられる (Estes et al., 2003)。したがって近代化が進んだ社会では，高齢者の地位は低下し社会への統合は弱まる (Cowgill, 1972)。

　また構造機能主義においては，社会の統合と，個人の社会への適応が重視され，上記のような社会変動に直面しても，社会はそれ自身の統合と個人の適応を維持するメカニズムを備えているとされる。構造機能主義によると国家による福祉政策の発動は，近代化が生み出す問題に対処するための，社会による統合維持メカニズムのひとつである (Estes et al., 2003 ; Walker, 1996 : 365)。

　構造機能主義はマクロな社会構造を重視し，人々の地位や役割は社会によって与えられると考える点で規範的である。また社会が統合された状態を通常の状態と見なす点で，批判的理論とはいえない。

離脱理論と活動理論

　構造機能主義の枠組みのもと，ミクロな個人の適応に注目した社会老年学の理論として，離脱理論 (disengagement theory) と活動理論 (activity theory) がある。これらの理論は構造機能主義のほかに，同時期に影響力をもった2つの学問から影響を受けている。ひとつめは生物医学 (biomedicine) であり，これは加齢を生物学的に不可避な「衰え」つまり「問題」と見なし，医学によってその進行をある程度遅らせることができるものととらえる (Estes et al., 2003 ; Phillipson, 1998)。2つめはこの時期に発展し始めた福祉国家についての研究であり，ここにおいても高齢者は福祉国家が対処すべき「社会問題」と見なされる (Estes et al., 2003)。

　離脱理論によると，高齢期とは高齢者が社会との密接な関わりから距離を置く（たとえば退職して職場を離れる）時期である (Cumming and Henry, 1961)。このような離脱の過程は生物学的変化に基礎づけられた，誰にでも起こる自然で正常な人生の一局面だと見なされる。離脱理論は，社会の中心的役割からの離脱が高齢者個人にとっても社会にとっても機能的であると見る点で，構造機能

主義に親和的である。今日，離脱理論は研究者にはあまり支持されていない。しかし，一定の年齢で退職を強制する定年制度などは，離脱理論にしたがった制度だといえる。

これに対して活動理論は，離脱理論とは逆に，人々が高齢期になってもそれまでの役割や活動を続けることを適応と見なす。活動理論によると，高齢者は活動的であるほど生活満足度が高く社会に適応しているということになる。活動理論はその後，継続理論（continuity theory），サクセスフル・エイジング（successful aging），プロダクティブ・エイジング（productive aging）といった加齢についての理論に影響を与えた（Estes et al., 2003）。

離脱理論と活動理論は一見正反対の主張をもつ理論のようでありながら，共通した視点をもつ。それは研究対象として個人の適応というミクロレベルの現象に注目する一方で，個人に離脱（あるいは活動による適応）という結果をもたらす社会構造とはどのようなものかといった，マクロレベルの視点は弱いということである。また，高齢者個人の離脱の過程や活動の可能性は，その人の社会構造上の位置（階級，ジェンダー，エスニシティなど）によって大きく異なるが，その違いや，背後にある集団間の権力関係を分析しようという関心も弱い（Estes and associates, 2001）。

年齢階層理論

また，規範や合意を重視する構造機能主義の視点を受け継ぎつつ，マクロ（加齢現象に影響を与える社会構造）を分析しようとするアプローチも現れた。これは年齢階層理論（age stratification theory）とよばれる（Riley, 1971）。年齢階層理論は社会を，年齢によって構造化されているものととらえ，これを年齢階層とよぶ。年齢は，人々を組織化し社会を構造化する基準のひとつである。年齢階層を個人の側から見ると，個人はその社会がもつ年齢基準（age criteria）によってさまざまな役割を割り当てられる。それぞれの役割には役割規範があり，その役割につくことは個人にアイデンティティを与えるだけでなく，資源や権力にアクセスする機会を与えたり制限したりする。したがって社会の

年齢階層のあり方（たとえば65歳を定年とする制度）は，個人の加齢の経験に影響を及ぼす。

年齢階層理論に対しては当初，社会構造としての年齢階層のとらえ方が極めて静的であるという批判がされた（Riley et al., 1999）。そこで年齢階層理論の提唱者たちは，この理論に動的要素を取り入れて「加齢と社会パラダイム」(aging and society paradigm)（Riley et al., 1999）を発展させた。

年齢階層理論（およびそれを引き継ぐ「加齢と社会パラダイム」）に対しては，権力関係をとらえる視点が弱いという批判がある。現実の社会では，年齢による役割配分は権力関係によって影響されるが（たとえば労働者たちが定年年齢の引き上げを求めても，経営者の強い反対によって実現しないなど），この理論は年齢階層（＝社会構造）を合意にもとづくものと想定しているため，このような権力関係を分析する視点を欠いている（Quadagno and Reid, 1999）。

構造機能主義に対する批判

離脱理論・活動理論や年齢階層理論は，（前者がミクロ重視，後者がマクロ重視という点では異なるが）両者とも規範的で，合意を重視するという点で，構造機能主義の枠組みに親和的であった。しかし1970年代に入ると，構造機能主義を批判する視点が台頭してきた。社会老年学のその後の展開に大きな影響を与えたこれらの視点として，エステスら（Estes and associates, 2001）は，①葛藤理論（conflict theory），②批判理論（critical theory），③フェミニズム理論，④カルチュラル・スタディーズの4つをあげている。

①葛藤理論は，社会を諸集団間の合意ではなく葛藤・闘争・妥協という視点から見る。②批判理論は，社会における支配的な価値・信念を再検討し，その価値・信念が支配的なものになっている背後になんらかの権力の存在があると考える。③フェミニズム理論によると，ジェンダーは社会制度や社会生活の根本的な構成原理のひとつである。したがってフェミニズム理論は，（階級やエスニシティなどに加えて）ジェンダーが加齢の経験や高齢期における資源の分配に影響を与えると考える。④カルチュラル・スタディーズは，さまざ

まな文化的実践（cultural practice）の背後に権力関係が存在すると考え，権力関係が文化的実践をどのように形作っているかを明らかにし，それに抵抗するための方法を探求する。

ライフコース・アプローチと社会構築主義

これら新しい視点に影響を受けて，社会老年学においても，構造機能主義とは異なる発想をもつアプローチが現れた。ここでは2つのアプローチをとりあげる。ひとつめはライフコース・アプローチである。ライフコース・アプローチは高齢期を，それ以前の年齢段階と切り離された別個の時期ではなく，幼・青・壮年期と連続する人生の一局面ととらえる。そして個人の高齢期のあり方は，それ以前の人生によって形作られると考える（ライフコース・アプローチについて詳しくは Dannefer and Uhlenberg (1999) を参照）。

もうひとつのアプローチは社会構築主義による高齢期・高齢者研究である。社会構築主義によると「高齢である」という経験は，生物学的年齢によって決まるような普遍的なものではなく，他者との相互作用の中で社会的に構築される。このアプローチにおいては，ミクロ相互作用による主観的な意味の構築を重視する研究者がいる一方，マクロな要因がミクロの相互作用に与える影響を重視する研究者もいる（Gubrium and Holstein, 1999）。

後者のマクロな要因を重視する視点では，たとえば個人間の相互作用は，その社会がもつ「高齢」についての文化的意味によって影響される。また人々が社会制度と相互作用する過程においても「高齢」の経験は構築されるので，社会制度が「高齢」をどのように定義しているかによって，個人の「高齢」の経験は影響を受けると考える。さらにマクロレベルに注目する研究者は，批判的な視点を重視する傾向がある。たとえば，社会制度における「高齢」の定義はさまざまな権力関係の中で構築されており，ある定義を他者に採用させることにおいて影響力の強い集団と弱い集団がある（Estes et al., 2003）。

以上のように社会構築主義の視点には幅があるが，「高齢」の経験は生物学的運命ではなく社会的に構築されると見る点において共通している。

クリティカル・ジェロントロジーとポリティカル・エコノミー・パースペクティブ

　1980年以降になると，構造機能主義に批判的な社会老年学の研究は，クリティカル・ジェロントロジー（critical gerontology）と総称されるひとつの流れをつくるようになった。この視点の代表的論者であるキャロル・エステスによると，クリティカル・ジェロントロジーの発想は先ほど述べた葛藤理論（conflict theory），批判理論（critical theory），フェミニズム理論，カルチュラル・スタディーズから影響を受けている（Estes and associates, 2001）。また社会構築主義からの影響も大きい（Estes et al., 2003）。

　クリティカル・ジェロントロジーの代表的な例として，本書では，ポリティカル・エコノミー・パースペクティブ（political economy perspective）をとりあげる。ポリティカル・エコノミー・パースペクティブによると，高齢期の経験は社会構造によって規定される。社会構造によって，人々が資源や権力にアクセスする機会には差異が生じる。社会構造は諸集団間の合意にもとづくものではなく，葛藤と妥協，権力関係の産物である。このようにポリティカル・エコノミー・パースペクティブは，高齢期における不平等やその背後にある権力関係に注目する。

　現代社会において，高齢者の資源や権力へのアクセスに大きな影響を与えるのは福祉国家である。そこでこの視点をとる研究者の多くは，国家の社会政策に注目する。福祉国家はたしかに人々の間の不平等を緩和する機能を果たしているが，同時に，資源に対するアクセスの機会をあるカテゴリーの人々には与え，別のカテゴリーの人々には制限する（たとえば職業労働をしている人々には有利な社会保険の資格を付与し，職業労働をしていない人には相対的に不利なそれを付与する）。したがってポリティカル・エコノミー・パースペクティブをとる研究者たちは，福祉国家はそれ自身が人々を階層化する装置でもあると見ており（Esping-Andersen, 1990＝2000），階層化の原理として階級，ジェンダー，エスニシティなどに注目する（Quadagno and Reid, 1999）。ポリティカル・エコノミー・パースペクティブは，社会構造に注目するという点でマクロレベルを考慮に入れた視点であり，また高齢期は社会的に構築されると考える点で解釈

的であり，さらに社会構造は異なる利害をもつ諸集団間の葛藤と権力関係の上に成り立っていると見る点で批判的な視点である。

本書の分析はポリティカル・エコノミー・パースペクティブの影響のもとに行われる。つまり社会政策のあり方（たとえば公的年金や介護保険の有無や，その性格）は人々の資源へのアクセスを強く左右する。そしてそのことが，人々の扶養や介護についての意識に影響を与えると考える。

世代関係への注目

欧米では1980年代から高齢世代と成人子世代との関係についての関心が高まり，1990年代になると「世代関係の再構築」という視点で両者の関係がとらえられるようになった。イギリスでの研究を中心にその背景と経緯を見ていこう。

第2次世界大戦後のイギリスで，高齢期のあり方は，定年退職と公的年金という2つの制度によって形作られるようになった。それまで高齢者はできる限り長く労働市場にとどまり勤労収入を得ようとしていたが，1950～60年代にかけて60～65歳で定年退職するという制度がしだいに広まっていった。年金については，1950年代までは金額が少なく高齢者の多くは貧困線ぎりぎりの生活を送っていたが，1960年代になり経済成長の中での貧困が「再発見」されると，高齢者に対する年金を改革するべきという政治的機運が高まった。そして1970年代には新たな年金制度が創出され年金の水準も上がった。一方定年については，1970年代に入ると経済不況のため失業が広まり，定年年齢に達する前に失業して労働市場から退出したり，あるいは早期に退職することが広まり始めた。これらの人々の老後を支えたのが改善された公的年金だったのである。ただし改善されたといっても，やはり高齢者の収入は現役世代より低かったし，それを補うために働こうとすると，労働市場への参入に対しては差別があった。

このような社会状況を背景にタウンゼント（Townsend, 1981）は，高齢者が国家や家族などに生活を依存しなければならないのは，生物学的加齢の必然的

な結果ではなく，定年制度，労働市場における差別，不十分な公的年金といった制度によって社会的に構築されたものであるとし，これを「構造化された依存」(structured dependency) とよんだ。「構造化された依存」は，ポリティカル・エコノミー・パースペクティブの発展に刺激を与えた重要な概念である。

このように否定的なとらえ方が存在したとはいえ，やはり1960年代末から70年代という時期は，その前後の時期に比べると，高齢期の見通しについての楽観主義が人々の間に広がった時期であった。しかしながら同時に，不況と高度経済成長の終わりを背景にして，増えつづける高齢者を今後も支えつづけるだけの財政的余裕が国家にあるのかという不安も広がり始めた (Phillipson, 1998)。

1980年代に入ると，退職世代の生活を現役世代の税や保険料によって支えつづけることができるのかという不安はさらに高まり，近い将来，限られた資源をめぐって「世代間の葛藤」(intergenerational conflict) が起こるという議論が現れた。イギリスでは保守政権のもと，実際に公的年金の縮小も始まった。

1990年代に入ると，「世代間の葛藤」という視点に批判的な研究者たちから，「世代間契約」(generational contract あるいは contract between generations) (Walker, 1996 ; Bengston and Achenbaum, 1993) という考え方が提案され始めた。世代間契約とは，現役世代が高齢世代を支えるという暗黙の規範と，それにしたがった行動を意味する。両世代は明文化された「契約」を交わしているわけではないが，そのような規範が存在しそれにしたがった援助がなされているということは，そのような関係に同意しているのだという含意が，この概念にはある。

1950年代までの世代間契約は，家族内における私的な援助という形をとっていた。しかし1960〜70年代になると，現役世代の税や社会保険料により退職世代を支えるという，公的なものに再構築された。これらの研究者たちは，1960〜70年代に再構築された世代間契約が，1980年代以降の公的年金制度や退職制度の変化によって崩壊し，新たな世代関係が再々構築されつつあるととらえている（そしてそれは，高齢者にこれまで以上の自立を求めるものである）。

これら「世代間契約」という視点をとる研究者たちが，公的年金や医療制度などどちらかといえば公的制度を媒介にした世代関係に注目したのに対し，サラ・アーバーら（Arber and Attias-Donfut, 2000）は，世代関係は公的関係だけでなく私的な関係も重要であり，両者の相互関係を分析するべきだと指摘した。そして公的な世代関係が，私的な世代関係にどのような影響を与えているかについて，ヨーロッパのさまざまな国についての研究を紹介している。これらの研究は全体として，世代間の公的な資源の移転と私的な移転とは，一方が他方を駆逐するといった関係にあるのではなく，共存関係，あるいは一方が他方を強めるという関係にあることを明らかにしている。

　公的な世代関係が私的な世代関係にどのような影響を与えるかという視点は興味深い。しかしそこでは，公的年金が家族内での経済的支援にどのような影響を与えるか，あるいは公的ケアが家族内でのケア関係にどのような影響を与えるかというように，経済的扶養と介護はそれぞれ別々に分析されている。したがって公的年金が介護の関係にどのような影響を与えたかという，扶養と介護が交差する関係への関心は弱い。

文化的伝統の位置づけ

　ここまではおもに英米で発展した世代関係についての理論を見てきた。英米の文脈においては，「構造機能主義にもとづく近代化論」対「ポリティカル・エコノミー・パースペクティブにもとづく資源へのアクセス説や社会政策説」という理論的対立軸にそって議論が行われる傾向がある。それに対して日本では，英米とは異なる直系家族の伝統をどう扱うかが，重要な論点となってきた。

　構造機能主義にもとづく近代化論によると，近代化・産業化が進んだ社会では高齢者の地位は低下し，社会への統合は弱まる（Cowgill, 1972）。近代化論を下敷きに，第2次世界大戦後の日本における高齢者と子世代との関係を分析した研究として，森岡清美（1980）や松成恵（1991）の研究がある。これらの研究は，毎日新聞社の『全国家族計画世論調査』における「あなたは老後の暮ら

しを子供（養子・養女を含む）に頼るつもりですか」と「子供が老父母の面倒をみることをあなたはどう思いますか」という質問に対する回答の変化を分析している。その結果，大勢として人々の意識は，家規範を脱却する方向に変化していると結論づけている。そしてこのような意識変化の要因として，森岡(1980)は，意識の大きな変化は，子どもとの同居率の減少など世帯形態の変化が目につきだしたのと時期が同じであり，家族形態の変化を反映していると論じている。また松成（1991：95）も「1950年代後半からの産業構造の変化，労働力の地理的移動によってもたらされた親と子夫婦との異居，居住における分離」が意識の変化をもたらしたと論じている。これらの研究は，近代化・都市化による家族形態の変化に注目している。

これに対してアードマン・パルモアらの研究（Palmore and Maeda, 1985）は，文化的伝統の影響を重視する。彼らは，日本のような高齢の親が子どもに頼ることや，子どもが高齢の親の面倒をみることを望ましいとする文化的規範がある社会では，近代化が進み，職業構造や家族構造の変化が起こっても，子どもが老親の面倒をみることを望ましいとする意識は比較的高く保たれつづけると論じた。またアキヤマ・ヒロコら（Akiyama, Antonucci, and Campbell, 1990）も文化的伝統の影響を強調する。彼女らの研究によると，高齢者と成人子の関係について人々が用いる解釈図式は，日本では「家」という直系家族システム（家モデル）にもとづくものであるのに対し，アメリカのそれは核家族システム（夫婦家族モデル）にもとづくものである。そして，夫婦家族モデルにもとづく解釈図式によると，高齢者の成人子に対する依存は，別の家族に対する依存ということになり，依存を依存として際立たせる。そのため，それを避けようとしてアメリカの高齢者は，子どもより専門家や高齢者コミュニティに生活上の支援を求めがちである。それに対して家モデルにもとづく解釈図式によると，高齢者の成人子に対する依存は，同じ家族内での依存ということになり，依存が依存として際立たない。これによって日本では，高齢者の子どもに対する依存がそれほど忌避されない。これらの研究は，近代化の進展にもかかわらず，日本社会においてはその文化的伝統によって，「老親が子に頼る」ことを

望ましいとする意識が維持されているという立場をとる。

　以上のように日本においては,「近代化論」対「文化的伝統説」という対立軸で議論される傾向にあった。

　しかしながらジェームス・オレアリー (O'Leary, 1993) は, 日本で行われた高齢者に対する意識の研究をレビューし, 高齢者を含む三世代家族で暮らしたいと思う人が減少していること, また日本の若者が高齢者に対してもつ意識は必ずしも肯定的ではないことなどを示し, 現代の日本に文化的伝統説を適用することに疑問を投げかけている。またジェイ・ソコロフスキーも, 高齢期の経験は「文化的伝統」と「状況的要因」という2つの間の相互作用の中で形作られ,「状況的要因」の影響力は,「文化的伝統」とは逆の選択を人々にさせるほど強いこともあると論じ, 文化的伝統説に反論している。そして状況的要因の重要な例として, 富や地位などの資源へのアクセスをあげている (Sokolovsky, 1990)。高齢者が富や地位といった資源にどの程度アクセスできるかに影響を及ぼす要因として, 家族・親族の状況のほかに, 現代社会では社会政策も重要である。

　これらの研究は日本の文脈においても, 資源へのアクセス状況や社会政策を重視するポリティカル・エコノミー・パースペクティブが有効であることを示唆している。

身体的介護と経済的扶養

　本書のもうひとつの視点は, 身体的介護と経済的扶養の相互関係に着目することである。先に見たように英米での世代関係の研究においては, 経済的扶養と介護を別のものと見なし, 相互に独立に分析する傾向があった。

　それに対して日本の研究では, 扶養と介護を一体のものととらえる傾向がある。日本における世代関係に関する研究は, おもに家意識についての研究の一部として行われてきた (たとえば森岡 (1980), 松成 (1991), 石原 (1982) など)。これらの研究は, そこで用いられる質問, たとえば「あなたは老後の暮らしを子供 (養子・養女を含む) に頼るつもりですか」「子供が老父母の面倒をみるこ

とをあなたはどう思いますか」(傍点は筆者による)からもわかるように，経済的扶養と身体的介護を一体のものとしてとらえてきた。たしかに家制度においては，老親の経済的扶養と身体的介護は，同居により一体的に行うものと考えられていた。したがって，分析枠組みとして「家」を念頭においていると，両者を分けてとらえる視点は弱くなる。しかし戦後の日本では，公的年金制度と公的介護制度は別の時期に整備された。このような2つの制度間の発達の違いは，経済的扶養に関する意識と身体的介護に関する意識のそれぞれに，異なる影響を及ぼしたと考えられる。したがって戦後の日本における世代関係を分析するためには，扶養と介護を区別したうえで，その間の関係を見るという分析枠組みが必要である。[1]

また近年では，介護に対する関心の高まりに影響をうけて，高齢者に対する身体的介護の研究も多く行われるようになった。たとえばブレンダ・ジェニク (Jenike, 1997) やキャスリン・エリオットら (Elliot and Campbell, 1993) は，現代日本の世代関係のうち介護の側面にもっぱら注目し，インタビューによって人々の介護意識を調査した。また春日キスヨによる先駆的な諸研究も，介護の側面に注目した研究である (春日, 1997; 2000; 2001)。しかし春日は2001年の著作において，公的年金制度の充実が介護をめぐる家族関係に影響を与えたことを示唆している (春日, 2001; 26-27)。春日が考えているように介護についての意識は，それを単独で見るのではなく，経済的扶養との関係において見るほうが，その意味をよりよく理解できるのではないだろうか。

そこで本書では，(英米の研究のように) 身体的介護と経済的扶養をそれぞれ独立に分析するのではなく，また (日本の家制度の研究のように) 両者を一体のものと考えるのでもなく，また (近年の介護研究のように) 世代関係のうちの介護の側面にだけ注目するというのでもなく，経済的扶養と身体的介護を区別した上で，両者を比較し，その関係を検討するという視点をとることが重要だと考える。

世代関係についての視点

　以上をまとめると，本書では第1に，ポリティカル・エコノミー・パースペクティブのもと，介護や扶養についての意識に影響を与える要因として，資源へのアクセス状況や社会政策に注目する。第2に，身体的介護と経済的扶養を区別した上で，両者の関連を検討する。

　第5章「生涯家計支持者と生涯ケアラーの誕生」の分析は，おもにこれらの視点から行われる。

3．公共領域と家内領域

「公共領域と家内領域の分離」というイデオロギー

　本書で考察するのは「介護を（家族外の）専門家に頼る」という意識が女性を中心に台頭してきたことの意味である。たしかにこの新しい意識は，「公共領域＝自立，家内領域＝（家族への）依存」という近代の支配的社会認識とは異なっている。しかし「異なっている」ということは，この新しい意識が，これまでの支配的社会認識を否定するオルタナティブな意識であると考えてよいのか。この問いに答えるために，公共領域と家内領域の関係についての先行研究を検討し，本書の視点を示そう。

　まず，第1章「なぜ介護を専門家に頼るのか」で述べたことの繰り返しになるが，「公共領域と家内領域の分離」というイデオロギーの内容を確認しておこう。このイデオロギーによると公共領域は，生産・労働・政治・金銭的取引といった活動が行われる領域であり，そこでは「自立」が支配的な原理である。公共領域は，「自然」が支配する領域ではなく，人間がつくりあげる「社会」であり，西欧近代の思想においては，男性が活動するのにふさわしい領域であるとされてきた。それに対して家内領域は，性・生殖・ケア・消費・余暇といった活動（これらは非生産・非労働として位置づけられる）が行われる領域であり，そこでは相互に「依存」しあうことが支配的な原理となる。家内領域は，人工的な「社会」である公共領域とは異なり，より「自然」に近く，しか

も女性が活動するのにふさわしい領域とされてきた (Davidoff, 1995b; McDowell and Pringle, 1992)。

近代の社会科学もこのような社会認識を前提にしてきた。そのため「公共領域と家内領域の分離」はあたりまえのことと見なされ，両者はそれぞれ独立のものとして研究されることが多かった。しかも社会科学にとって，人間がつくる「社会」であるところの公共領域を研究する方が，「自然」に近い家内領域の研究より重要であり，研究対象としての地位も高いと考えられてきた。したがって社会学の古典的研究も，その関心をおもに公共領域に向けてきた (Grint, 1997 [1992]; Oakley, 1974＝1993; Stacy, 1981; 大和, 2002a)。

たとえばデュルケーム (Durkheim, Émile) は，近代社会における分業（有機的分業）に深い関心を寄せ，有機的分業こそが個人的人格の尊厳と社会的連帯の両方を可能にすると論じた (Durkheim, 1960 [1893]＝1971)。しかし彼のいう有機的分業とは，おもに公共領域における職業的分業のことを意味していた。

またウェーバー (Weber, Max) は，近代社会における合法的支配の進展について論じている (ウェーバー, 1967)。しかしこれは，公共領域における男性についてのみあてはまることである。近代になっても女性は，そもそも公共領域へのアクセスが許されなかったし，また家内領域においても，伝統的支配ともよびうるような夫による支配に長く服していた。しかしこれらについてウェーバーはあまり大きな関心を払っていない (Stacy, 1981)。またウェーバーは，人々の労働に対する態度において合理化が進展したことを論じたが (Weber, 1920＝1989)，彼にとっての労働とは職業労働であった。19世紀において産業資本家たちは，職業労働に対しては合理性を追求した。しかし家庭内の家事に対しては，「家内性崇拝」(Welter, 1966＝1986) にもとづき，その情緒性・属人性・神秘性などを熱心に追求したため，家事の合理化はなかなか進まなかった。しかしこのようなことは，ウェーバーの関心外であった (Davidoff, 1995 [1976])。

第2章 ケア，世代関係，公共／家内領域，自立／依存をどうとらえるか　29

社会科学の対象としての家内領域の発見

「公共領域と家内領域の分離」と「社会＝公共領域」といった社会認識に対する組織的な批判は，1960年代後半の第2波フェミニズムからはじまった。フェミニストたちはまず，「社会＝公共領域」を批判し，それまで主要な研究対象とは見なされてこなかった家内領域に焦点を当て，家内領域の研究も社会学的研究に値することを主張した。そして，労働や権力関係とは無縁の「愛の領域」とされてきた家内領域においても，労働（家事労働）や権力関係（夫婦間・親子間の支配と服従）が存在することを明らかにしていった（Millett, 1970＝1973 ; Oakley, 1974＝1993）。「Unpaid work」と「The personal is political」は第2波フェミニストの重要なキーワードである。しかしこの段階では，「公共領域と家内領域の分離」という枠組み自体は自明の前提とされていた。

公共領域と家内領域の「家父長的つながり」

しかし次の段階になるとフェミニストたちは「公共領域と家内領域の分離」という枠組み自体を問い直すようになった。その理由は第1に，「公共領域と家内領域の分離」というイデオロギー自体が，女性に対する抑圧の原因であると考えたからである。したがって第2に，この社会認識を変えていくことこそが，男女の地位を平等なものにすることにつながると考えたからである。これらの理由に対応して，「公共領域と家内領域の分離」に対する問い直しは2つの方向でされている。

第1は，公共領域と家内領域を相互に独立したものとするイデオロギーを批判するという方向である。「公共領域と家内領域の分離」という枠組みにしたがい，両領域を相互に独立したものと見なす人々は，育児や介護といったケア労働をどのように分担するかは家内領域の問題であるから，そのような私的なことと，公共領域における職業労働や政治への参加とを関連させて考えるべきではない（したがって，ある人が家内領域でケア労働を担っているからといって，その人が職業労働や政治活動に参加する際にケア労働の負担を考慮に入れる必要はない）と主張する。これに対してフェミニストたちは，公共領域と家内領域は

密接につながっているのだから，そのつながりの性質を明らかにし，両領域のつながり自体が男女それぞれに与える影響を明らかにするべきだと論じた。

それでは両領域のつながりとはどのようなものか。支配的な社会認識においては，「社会」である公共領域のメンバーとしてふさわしい一人前の人間とは「自立した人間」である。近代社会においては，職業労働により自らの収入を得ることが「自立」の条件であり，職業労働をすることによって社会への貢献という責務を果たしていると見なされる。したがって職業労働をしていることが市民権の資格条件となり，職業労働をしている者にはスティグマのない有利な社会保障の権利が付与される。しかしながら，「自立した人間」というのは実はフィクションにすぎない。なぜなら，幼少期や高齢期において，また疲労したり体調が悪いとき，誰かのケアに依存することは人間にとってごくあたりまえのことだからである。つまり人間にとって「依存」はごくノーマルな（通常の）状態なのにもかかわらず，支配的な社会認識においては「自立」が通常の状態とされているのである。

家内領域はまさにこの矛盾を解決するために必要とされる。「自立した人間」というフィクションを維持するためには，「依存」は見えない所，つまり「社会の外」で行われなければならない。「社会の外」で，「自立した人間」が「自立」を脅かされることなく「依存」できる場所として，家内領域が必要なのである。したがって家内領域で他者のケアに「依存」していても，それは「社会（＝公共領域）での依存」とは見なされず，「社会」においてはあくまで「自立した人間」として扱われる。逆に，家内領域で他者をケアをするという役割を割りふられている人は，公共領域で職業労働に従事することが難しくなり，その結果として経済面で他者に依存しなければならない。このような人は，たとえケアの面では自立していても，それは「自立」とは見なされず，「他者に依存している存在」として扱われる。しかも，以上のような社会認識はジェンダー化されており，公共領域で職業労働に従事することは男性の役割とされ，家内領域でケア労働に従事することは女性の役割とされる（Lister, 2003；Pascall, 1997；Sevenhuijsen, 2000）。

要約すると，これらの研究が明らかにした公共領域と家内領域のつながりとは次のようなものである。公共領域における「自立した人間」という大原則は，実は家内領域の存在によってはじめて可能になっている。にもかかわらず「公共領域と家内領域の分離」という支配的社会認識は，そのことを見えなくさせる。それだけでなく「自立した人間」というフィクションは，「依存」が人間にとってノーマルな状態であることや，男性がケアの面では家内領域で女性に「依存」していること，またケアの面では女性が家内領域で「自立」を求められていることなどをも，見えなくしている。両領域のこのようなつながりは「家父長的つながり」とよべるであろう（この用語は後に紹介するPateman (1989) による「家父長的分離」(patriarchal separation) を参考に筆者がつくった）。
　本書においても，公共領域と家内領域の間には「家父長的つながり」が存在し，それが男女の「公共領域／家内領域」，「自立／依存」のとらえ方に影響を及ぼしているという視点をとる。

社会的に構築されるものとしての公共領域／家内領域

　「公共領域と家内領域の分離」というイデオロギーを問い直す第2の方向として，両領域の境界や，「公共領域＝労働・政治・自立・男性，家内領域＝ケア・愛・依存・女性」といった意味づけは，固定的なものではなく，歴史的・社会的に構築されるものであるという視点がとられるようになった。したがって両領域の境界や意味は常に流動的であり，その定義をめぐってさまざまな社会的行為者が争っていると考えられるようになった。このような構築主義の視点こそが，「公共領域と家内領域の分離」というイデオロギーを変革するためには必要だったのである。
　実際の歴史において，公共領域／家内領域の境界や意味が構築・再構築・再々構築…されていった例として，「労働」をとりあげよう。近代の支配的イデオロギーにおいて「労働」は，公共領域に属するとされる。それだけでなくまさに「労働」していることが，公共領域において1人前と見なされる条件となっている。しかしこのような定義が定着するのは近代においてであり，以下

に示すような政治的抗争を経てのことなのである。

　まず古代ギリシャの都市国家においては，身体の再生産はもちろんのこと，「労働」による生活物資の生産全般も，家政すなわち家内領域に属することであり，公共的なこととは考えられていなかった。公共領域とは国家の政治や戦争に関する領域であった。また公共領域のメンバーシップをもっているのは家長である男性市民のみであり，女性市民や男女の奴隷は家内領域にのみ属すると考えられていた（Habermas, 1990 [1962]＝1994）。

　中世の封建社会になると，このような分離された2つの領域としての公共領域／家内領域は，社会的実態としては存在しなくなる。そのかわり中世では，「高貴」とされる態度と作法のコード（規則）を自由に操ることのできる人々と，彼／彼女らが集う封建領主の宮廷での社交生活の圏が，「公なるもの」と見なされた。

　さらに時代が進み絶対王制期になると，地方封建領主の支配権は弱まり，公共性は国王の宮廷に集中する。同時に絶対王制の時代には，新しい公共領域の意味が生まれる。それは，支配者個人（絶対君主）から客体化された，「国家そのもの」に関連した領域という意味の公共領域である。この新しい意味においては，公人とは国家の官職をもつ者であり，これに対して私人とは，いかなる公的官職をも占めていないがゆえに公権力への参与から締め出されている者という意味である（Habermas, 1990 [1962]＝1994）。この段階においても「労働」や「経済活動」は，公共領域にふさわしいものとは見なされていなかったし，官職と関わりをもっていない男性もそうであった。

　絶対王政期における新しい国家の発展と，それにともなう封建制的生産関係の衰退は，各家族の経済活動を私有化し，私生活の圏としての家内領域が明らかになり始める。しかしその一方で，私的経済活動に関することを公共的なものとして扱おうという動きも台頭する。なぜなら，私的経済活動が営まれるための経済的諸条件は，各自の家政という範囲を越えて，公共的な関心事になってきたからである。たとえば重商主義のもと大規模な遠隔地貿易が広まっていくと，貿易のリスク管理のために，外交と軍事による国家の保護が必要とされ

る。また市場の範囲が領土的国家の範囲にまで，あるいはそれを越えて海外にまで広がると，私的経済活動といえども，国家による統制や保護のもとに展開されざるをえなくなる（Habermas, 1990 [1962] = 1994）。

　しかしこのような新しい事態に直面しても旧来の支配層である貴族たちは，公共領域の内容を，政治や国家に関することという伝統的なやり方で定義しようとした。そして政治という公共領域に参加できる権利を，宮廷に関わっていること，あるいは国家の官職をもっていることという方法で定義し，貴族層内部に閉鎖しようとした。それに対して新興の中産階級である産業資本家たちは，私的経済活動に関することをも公共領域に含めるよう主張した。同時にそれらに関する公的意思決定に自分たちの利害が反映するように，自分たちも公共領域に参加できる権利，つまり参政権を求めた（Hall, 1992 [1985]）。

中産階級の男性による公共領域の定義

　このような公共領域の定義をめぐる階級間の抗争と交渉の結果，中産階級は参政権を得て，公共領域に参加することができるようになった。そして中産階級の力が増すにしたがって，「私的経済活動に関することは公共領域に含まれる」という彼らの定義が，社会的に広まっていった（Hall, 1992 [1985]）。それと同時に，新聞などのマス・メディア，喫茶店，読書クラブなど，中産階級が自分たちの意見を表明するためにつくりあげた諸制度も，公共領域における地位を獲得していった（Habermas, 1990 [1962] = 1994）。

　しかしながら，この新たに定義された公共領域には，女性やエスニック・マイノリティはもちろんのこと，男性でも労働者階級には参加資格がなかった。これらの人々は「財産がない」ために，あるいは「理性的でない」ために自律的な判断ができないとされ，上位者の判断に依存すべき存在，したがって「自立した個人」から構成される公共領域には参加できない存在と見なされたのである（Hall, 1994）。

　このような（白人）中産階級の男性による公共領域の定義に対して，（白人）労働者階級のリーダーやその支持者たち（進歩的中産階級など）は，国家のた

めに「労働」によって船や鉄道を造る能力のある人々（＝（白人）男性労働者）は，理性を持ち合わせていると主張した（Hall, 1994）。また，労働者階級の中で選挙権を与えるグループと与えないグループの線をどこに引くかという議論の中心になったのは，「慈善などに頼らず，「労働」で自分と家族を養うことのできる人間，つまり（白人）男性労働者であること」である。このような人間であれば，選挙権を行使し，自分たちの代表を選ぶ能力があると労働者の代表は論じ，貴族や中産階級の人々もそれに同意せざるをえなくなっていった（McCleland, 1998）。このような闘争の結果として，「労働している（白人）男性」が公共領域のメンバーであるという定義が新たに構築されていった。

また女性やエスニック・マイノリティたちも，それぞれ別の定義を主張し，公共領域への参加を求めていった。その過程では，白人女性と，エスニック・マイノリティの男性のどちらに，先に参政権を与えるべきかという闘争もあった（Hall, 1994）。

今日では多くの先進国で，女性やエスニック・マイノリティの男女も公共領域でのメンバーシップを得たということに，公式的にはなっている。しかしながらこれらの人々が労働や政治の世界で，白人男性と同じ扱いを要求することには根強い抵抗がある（Fraser, 1997＝2003）。このように今日でも，公共領域／家内領域の境界や定義は人々の間で相争われているのである。

本書においても介護についての意識を分析するために，公共領域／家内領域の定義は社会的に構築されるものだという視点をとる。

支配集団による定義と従属集団による定義

「介護を（家族外の）専門家に頼る」という新しい意識は，たしかに「公共領域＝自立，家内領域＝(家族への)依存」という支配的社会認識とは異なっている。しかしこの新しい意識は，支配的社会認識を否定するオルタナティブな意識であると楽観的に考えてよいのか。たしかに先にみた「労働」の定義をめぐる抗争の例では，相異なる定義をもつ人々は，互いに相手の定義を否定していた。しかし歴史の中では，支配的定義と異なる定義をもつことが，支配的定

義を否定するどころか，逆にそれを支える ことになっているという皮肉な例も存在する。

　この点について重要な洞察を与えてくれるのが，個人の家庭に雇われて働く家事使用人とその雇い主の関係についての歴史的研究である。英米の研究によると19世紀半ばから20世紀はじめごろ，当時勃興し始めた中産階級にとって「公共領域と家内領域の分離」は，自らのアイデンティティに関わる重要なイデオロギーであった。先に見たように公共領域で「自立」していると見なされることは，貴族としての世襲の地位をもたない中産階級の人々が，政治的権力を獲得・維持するために不可欠であった。しかしながら公共領域において競争や権力闘争は不可避であり，それらにさらされた男性が心身を休め精神を浄化する場所として，家内領域が求められた。また美しく整えられた居心地のよい家内領域は，中産階級の経済力（つまり公共領域において「自立」し競争に勝てる能力）があってはじめて維持できるので，それは階級的地位を自他に誇示する場所としても重要であった。また家庭が清潔に整えられていることは，中産階級の道徳的高潔さを示すシンボルとしても期待されていた。

　このような中産階級のイデオロギーにしたがうと，家内領域は「休息の場＝労働が存在しない場」であらねばならない。したがって中産階級の妻や娘たちも労働から距離をとり，衣服の汚れや手あれなど労働の痕跡を見せないようにすることが求められた。水道・ガス・電気などが普及していなかった時代に，自らの身体には労働の痕跡を残さないようにしつつ，それと同時に，美しく整えられた居心地のよい場としての家庭を維持するということは，矛盾に満ちたことだった。しかし中産階級のライフスタイルを誇示するためには，この矛盾は解決されなければならない。そのためにとられた方法が，家事使用人を雇い，彼／彼女らに家事労働をさせることだった。

　しかしながらそのことによって中産階級の人々は，さらに別の矛盾に直面した。家事使用人を雇うということは，家族の場である家庭に家族以外の者が存在することであり，さらに「労働」から解放された場であるはずの家庭において「労働」が存在することである。これは「公共領域と家内領域の分離」とい

うイデオロギー，つまり自らのアイデンティティを支えるイデオロギーを侵犯することに他ならない。そこで「家内領域＝労働が存在しない家族の領域」という定義を維持するために，中産階級の雇い主はさまざまなルールを使用人に課した。たとえば，家族や客の目に触れない時間を選んで仕事をさせる，家事使用人が廊下などで偶然家族や客に出くわしたときは，家事使用人は壁際に寄り壁に顔を向けて，家族や客と目をあわさないようにするといったルールである（Davidoff, 1995 [1974]；1995 [1976]；1995 [1979]；1995a；1995b；Davidoff et al., 1999；河村，1982）。このようにして雇い主たちは，家事使用人による「労働」，あるいは家事使用人の存在自体を家内領域で不可視化しようとしたのである。

しかし家事使用人の側から見ると，雇い主の家庭は家内領域ではないし，そこで自分が行っていることはまさに「労働」にほかならない。つまり家事使用人は雇い主と同じ場を共有してはいても，そこがどのような領域なのかについて，雇い主とは異なる定義をもっていたのである。

では家事使用人は，雇い主の定義を否定し，オルタナティブな定義を主張していたといえるのか。両者の関係はそう単純ではない。まず，自分の定義を他者に強制することにおいてより力があったのは雇い主のほうであった（このことは家事使用人を不可視化するためのルールによく現れている）[2]。さらに家事使用人は，雇い主である中産階級の「公共領域と家内領域の分離」という定義を可能にするために雇い入れられた。いうならば家事使用人は，雇い主がもつ支配的定義を可能にするために，「陰」でその定義を支える役割を果たしているのである。しかし，支配的定義を支える結果として，自分たちは支配集団とは異なる定義をもつことになったのである。つまり家事使用人の定義は，「支配集団」の定義に対する，「従属集団」の定義といえよう。

以上のような視点は，「公共領域＝自立，家内領域＝（家族への）依存」という支配的社会認識と，それとは異なる「介護を（家族外の）専門家に頼る」という新しい意識との関係を考察するために重要である。

公共領域／家内領域についての視点

本書においても、これらの研究からヒントを得て、公共領域と家内領域について次のような視点をとる。第1に、公共領域／家内領域の境界や意味は社会的に構築される。第2に、近代社会における公共領域と家内領域は、「家父長的つながり」によって結ばれている。それは「依存」という人間にとってあたりまえの状態や、女性のケア労働を、不可視化するようなつながりである。第3に、同じ社会においても公共領域と家内領域について異なる定義をもつ人々が存在しており、それらの定義は相互に対立している場合もあれば、一方の定義が他方の定義を支えるといった関係にある場合もある。

これらの視点はおもに、第6章「社会階層と介護意識」と、第7章「公共領域／家内領域の再構築とその中断」で用いられる。

「公共領域／家内領域」の定義

ここまでは、「公共領域」と「家内領域」という用語を、きちんと定義せずに使ってきた。ここで本書でのこれらの用法を示そう。本書では「公共領域／家内領域」という用語を使うが、より一般的な用語は「公（領域）／私（領域）」であろう。それではなぜ「公共領域／家内領域」という用語を選ぶのか。

「公／私」の意味は多義的であり、文化によって異なるし（佐々木・金、2001a）、学問のディシプリンによっても異なる（佐々木・金、2001b）。金（2001）はディシプリンによる違いを表2-1のように整理している。これらの間のおもな違いは、太字で示した「社会（・結社）」と「経済（・市場）」を公と私のどちらに含めるかによって生じている。本書のテーマである「自分の介護」を家族に頼るのか、（家族外の）専門家に頼るのかについての意識をとらえるためには、どの定義が最も適切であろうか。

多くの調査によると、人々が自分の介護を頼りたいのは、家族か、家族外の専門家であり、友人・同僚・近所の人など家族外の非専門家に頼りたいという人はほとんどいない（第6章「社会階層と介護意識」参照）。したがって、家族による介護と、専門家による介護を区別しやすい用語が、ここでの分析にはふ

表 2-1　「公／私」の意味のディシプリンによる違い

		公	私
（1）政治哲学的公私区分		国家・政治	個人・家族
（2）社会学的公私区分		国家・政治	**社会・結社**・親密関係・家族
（3）経済学的公私区分		国家・政治	**経済・市場**
（4）政治学的公私区分	a	国家・政治	国家・政治以外のこと
	b	国家・政治	個人・家庭 ＋ **経済**
	c	国家＋**社会**＋**経済**	個人・家庭
	d	国家＋**社会**＋**経済**＋個人（男）	個人（女）＋家庭

（出所）金（2001）をもとに作成。

さわしい。そして，専門家による介護の中には，「中央・地方政府・公的保険をつうじて供給されるもの」「NPOや組織されたボランティアによって供給されるもの」，そして「市場での交換によって供給されるもの」が含まれる。これらは順に，表2-1の「国家（・政治）」「社会（・結社）」「経済（・市場）」にあたる。したがって表2-1の中では，「国家」「社会」「経済」を公領域に含め，「家庭」を私領域に含めている「(4) の c」の定義を用いることが適切であると考える。このような意味での公私の分離を，キャロル・ペイトマン（Pateman, 1989:183）は「家父長的分離」（patriarchal separation）とよんでいる。

この定義を用いることの弱点は，「公」に分類され，専門家によって供給される3タイプの介護，つまり「中央・地方政府・公的保険によるもの」「市場によるもの」「NPOや組織されたボランティアによるもの」の間の区別をつけることができないという点である。藤村正之はこの3つは異なる資源配分の様式をもつとし，順に「再分配」「市場交換」「互酬」とよんで区別している（さらに家族による介護は，「自助」による資源配分様式としている）（藤村，1999）。たしかに人々がこれらのうちのどれを選好するかは重要な論点である。

しかし藤村（1999）によると，1990年代半ばまでの日本においては，専門家による介護サービスはおもに中央・地方政府（そして介護保険導入後の見通しとしては公的保険）によって供給されており，純粋に市場やNPO・ボランティア

組織などによって供給されるものは多くない。また筆者らが2000年夏から翌2001年春に行ったインタビュー調査（第7章「公共領域／家内領域の再構築とその中断」を参照）においても，回答者が自分の介護を頼る先として専門家を選好する場合，そのほとんどが公的保険を通じて供給されるサービスを想定していた。営利団体やNPOによるサービスや施設も，公的保険を通じて利用される場合が多いと考えられる。したがって本書が対象とする第2次大戦後から2000年代初頭の時点では，専門家による介護という場合は，おもに中央・地方政府・公的保険を通じて供給される介護を意味しており，純粋に市場によるものや，純粋にNPO・ボランティアによるものが占める割合はそれほど多くないと想定してよいと思われる。

　以上のような理由で本書では，表2-1の「(4)のc」の定義を用いる。そして，「国家・社会・経済」対「家庭」という分け方（ペイトマンによる「家父長的分離」）をより反映しやすい用語として，「公領域／私領域」ではなく「公共領域／家内領域」という用語を用いる。ここではこれらをさしあたり次のように定義しておく。「家内領域」とは，家族メンバーのみがアクセス可能な領域である。一方「公共領域」とは，その社会のメンバーと見なされている人は誰でも，あるいは，しかるべき貨幣を支払うことができる人は誰でもが，アクセス可能な領域である。

4．自立と依存

「自立＝ノーマル，依存＝ノーマルでない」とする視点

　最後に「自立」と「依存」について検討し，本書におけるこれらの用法を示そう。

　前節で，近代の支配的社会認識においては「自立」が通常の（ノーマルな）状態，したがって「めざすべき」状態とされてきたことを論じた。フェミニストたちはこのような支配的社会認識を批判してきたが，彼女／彼らの多くも，「自立」をノーマルで「めざすべき」状態とする視点から必ずしも自由ではな

かった。

　特に女性がケアする立場であることに注目する研究においては，女性は家族をケアするという役割を担っているがゆえに，有利な職業労働につくことができず，その結果，夫や国家へ「依存」しなければならなくなっていることが批判された（Finch and Grove, 1980 ; Pascall, 1997 : 24-26）。そして，女性が「依存」状態を脱して「自立」できるようにするためにはどうすればよいかが論じられた（たとえば，ひとつの方向としては，ケア役割を公的福祉サービスで支えることにより，女性が職業に有利な条件でつけるようにする，そしてそれを通じて女性の収入と社会保障の権利を保障すべきという方策が検討された。また別の方向としては，職業と同様に家庭でのケア労働に対しても，収入と社会保障の権利を保障すべきという方策が，検討された）。

　筆者はこれらの議論には共感している。しかしこのような「自立」をめざす議論が，意図せざる効果として，「依存」も人間にとってノーマルな状態であることを忘れさせてしまう効果があるのではないかということを危惧する。

「依存＝ノーマル」とする視点

　これらとは別の方向として，「依存」も人間にとって避けられない状態，つまりノーマルな状態であることを強調し，したがって，ケアすることだけでなく，ケアされること，つまり他者の世話に「依存」することも，市民としての権利として保障する，そのような思想と社会のしくみを模索すべきだという議論がある（たとえば Knijn and Kremer, 1997 ; Morris, 1993 ; Sevenhuijsen, 2000 ; 上野, 2005）。

　たしかに老後の経済的扶養については，「依存」を市民的権利とする思想やしくみがかなりの程度整えられているといえるのではないか。つまり，公的年金がない時代においては，自分で働けなくなったら，他者による扶養に「依存」せざるをえなかった。しかし社会保障（世代間・階層間の支えあい）にもとづく公的年金が整備されると，老後は公的年金に「依存」するようになり，しかもそれは市民的権利として位置づけられている。したがって公的年金への

「依存」は「自立と見なされて」さえいるのである。しかしケアや介護については，「依存」を市民的権利とする思想やしくみが十分確立されているとはいいがたい。

　繰り返すと，経済的扶養においては，社会への「依存」が市民的権利として「自立と見なされる」ようになっているのに，介護においては同じ「依存」がまだその段階には達していない。

　介護と経済的扶養におけるこのような違いを際立たせるために，本書では「依存」と「自立」を非常に即物的，文字どおりの意味で用いる。つまり，他者の世話や，他者のお金に頼ることを「依存」，そしてこれらに頼らないことを「自立」とよぶ。たとえば家族による介護に頼り，専門家によるサービスに頼らない場合は，家内領域においては「依存」，公共領域においては「自立」しているとする。また子どもからの扶養に頼らず，公的年金に頼る場合は，家内領域では「自立」，公共領域では「依存」しているとする。

　また，「自立」と「見なし自立」を区別する。「自立」とは先に述べたように文字どおり他者に頼らないことをさす。一方「見なし自立」は，文字どおりには他者への「依存」だが，社会保障の制度と思想により市民的権利として位置づけられているために，「自立と見なされている」状態である。

　「「自立」はノーマルでよいこと，「依存」は逸脱で悪いこと」といった従来の含意になじんだ思考からすると，本書のような用法は違和感があるかもしれない。しかしあえてこのような用法を用いるのは，第1に，「依存」も「自立」も人間にとってノーマルな状態であることを強調し，両者をあえて価値中立的に扱うことを試みたいからである。そして第2に，高齢期において多くの人間は，介護面でも経済面でも他者に「依存」せざるをえないが，経済面においては，「依存」を市民的権利と見なし，さらには「自立と見なす」ような思想としくみが発達していることを示したいからである。そしてこれらを通じて，「依存」を権利として保障するしくみを，ケアや介護にも広げていくにはどうすればよいかを考えたいからである。

「自立／依存」と「支配／従属」

「自立／依存」にまとわりつくもうひとつの含意（支配的社会認識の影響を受けた含意）は，「自立＝上位（支配），依存＝下位（従属）」という含意である。これは「自立／依存」の軸と「支配／従属」の軸を同一の次元とする見方である。これにしたがうと，ケアの与え手―受け手の関係は次のようになる。

ケアの与え手（＝他者のケアに頼らない＝「自立」）＝「**支配**」… (**X**)
ケアの受け手（＝他者のケアに頼る　　＝「依存」）＝「**従属**」… (**Y**)

しかしケアの与え手―受け手の関係はこれだけではない。カリ・ウァーネス (Waerness, 1984) はケア関係において，「依存者に対するケア」(caring for dependants) と「上位者に対するケア」(caring for superiors) を区別している[(4)]。前者は自分で自分をケアできない人（たとえば乳幼児）をケアすることであり，ケアを受ける人が従属的地位にある。これは先に見た (X)－(Y) の与え手―受け手関係に近い。それに対して後者は，ケアする人がたとえば家族の中で従属的地位にある結果として，上位者のケアをしなければならない場合である（ウァーネスは夫に対する妻のケアを例としてあげている）。後者のケアをヒラリー・ランドとヒラリー・ローズ (Land and Rose, 1985) は「強制的利他主義」(compulsory altruism) とよんでいる。

この分類が示しているのは，ケアの与え手／受け手（本書の用語にしたがうと「自立／依存」）と，「支配／従属」は別の次元だということである。これを整理すると，表2-2のようになろう。

表2-2　「自立／依存」と「支配／従属」の関係

	支配	従属
ケアの与え手（＝自立）	(**X**)	(**a**)
ケアの受け手（＝依存）	(**b**)	(**Y**)

この表からわかるのは，先に示した（**X**）―（**Y**）というケアの与え手―受け手関係のほかに，（**a**）―（**b**）という与え手―受け手関係もあるということであり，それは次のような関係である。

　　　ケアの与え手（＝「自立」）＝「**従属**」… （**a**）
　　　ケアの受け手（＝「依存」）＝「**支配**」… （**b**）

この（a）―（b）という与え手―受け手関係は，ウァーネスが「上位者に対するケア」とよんだものである。

　以上の議論にしたがって本書では，「自立／依存」と「支配／従属」は別の次元と考える。「自立／依存」は，他者に「頼らない／頼る」という文字どおりの意味で用いる。そして「依存」者が，ある場合は上位者（支配）として位置づけられ，ある場合は下位者（従属）と位置づけられるのは，他の社会・経済的要因によると考える[5]。

「自立／依存」についての視点

　以上をまとめると本書では，第1に，人間にとって「依存」は避けることのできないノーマルな状態であるという視点をとる。第2に，「自立／依存」を，他者の世話・お金などに「頼らないこと／頼ること」という文字どおりの，価値中立的な意味で用いる。第3に，文字どおりの「自立」と，「見なし自立」を区別する。そして第4に，「自立／依存」と「支配／従属」は別の次元であり，同じ「依存」状態を，「支配」と「従属」に分かつのは，他の社会・経済的要因だと考える（「自立」についても同様である）。

　これらの視点はおもに第7章「公共領域／家内領域の再構築とその中断」で用いられる。

【注】
(1) 経済面と介護面の関連に注目した研究として，介護と遺産相続との関連についての研究は近年さかんに行われている（たとえば小林・Liang, 2007；松浦・滋野, 2001；直井・小林・Liang, 2006）。しかし，本書のような，介護と扶養の関連に注目した研究は，あまり多くない。
(2) ただし McClintock（1995）は，家事使用人は，表向きには雇い主の定義にしたがいつつ，その裏ではさまざまな戦略を用いて，自分自身や自分の労働を可視化し，雇い主の定義に対抗しようとしたと論じている。
(3) Fraser and Gordon（1994）は，ある種の「依存」が「契約」（つまり自立した個人と個人の関係）として位置づけられ，別の「依存」が「慈善」（つまり依存）として位置づけられていることを，アメリカの福祉制度の文脈において論じている。
(4) Waerness（1984）はこの2つに加えて，「対称関係にある者どうしのケア」（caring in symmetrical relations）（たとえば対等な友人どうしのケア）をあげている。
(5) たとえば，家族内の意思決定や力関係においては，家計支持力の大小が大きな影響をもつことはよく知られている。ケア関係においてもこの影響は大きいだろう。そして，引退後の家計支持力を支えているのは，現在ではおもに公的年金であり（第5章「生涯家計支持者と生涯ケアラーの誕生」を参照），この制度が整えられたことが家族内の力関係に及ぼす影響は大きいと考えられる。

第3章
介護する意識とされる意識

1. 女性は「家族を介護する」ことを避けているのか？

　第1章「なぜ介護を専門家に頼るのか」で見たように，日本においては1980～90年代にかけて，家族による介護より専門家によるサービスを利用したいという人が増えた。しかもそのように考える人は男性より女性に多い。ではこのような変化はなぜ起こったのか。

　これに対する「通常の解釈」は同章で述べたように，「女性は介護をする立場になることが多く，また介護の負担が重いので，専門家によるサービスを利用したいという人は女性に多い」というものである。つまり「通常の解釈」では，「専門家によるサービスを利用したい」という女性の意識を，介護する立場の意識と暗黙のうちに想定し，「家族を介護することを避けようとする女性」というイメージで解釈している。しかしながらこのような解釈はデータから見て妥当なのか。

　たしかに女性はケアする役割を社会的に期待されている。しかし第2章「ケア，世代関係，公共／家内領域，自立／依存をどうとらえるか」で論じたように，高齢期になると女性もケアされる立場になる。つまり「ケアすることを自分の役割として引き受けているが，それと同時に高齢期には自分がケアされるようになることも十分予想している」という両義的な位置におかれた存在とし

て，女性をとらえることが必要である（それに対して男性の社会的位置はもっと単純で，ライフコースを通じてケアされる存在として位置づけられている）。

　この章では公表されている調査データをもとに，3種類の介護意識，つまり「自分の介護」（介護される立場），「親や配偶者の介護」（介護する立場），そして「一般論」としての介護意識を比較する。そして，「通常の解釈」つまり「専門家によるサービスを利用したいという人が女性に多いのは，女性が介護する立場にあるからだ」という解釈が，調査データからみて妥当なのかについて検討する。

さまざまな介護意識

　介護に関連する意識はさまざまな側面から，さまざまな枠組みで調査されてきた。これらの研究は，社会的ネットワーク（social network）の枠組みを用いた研究と，その枠組みを用いない研究の2つに，大きく分けることができる。

　ひとつめの社会的ネットワークの研究とは，個人がもつさまざまな人間関係をとらえるための枠組みである。その中でも主流派の研究では，交際・相談・軽い実際的援助などをどのような人間関係に求めるかという枠組みで調査がされてきた（大和，2000）。まず交際・相談の具体的内容としては，「会った人」（Young and Willmott, 1957），「交際関係のある人」（Allan, 1979），「（友人・親戚として）つきあっている人」（菅野，1998a；1998b），「親しい友人」（Campbell et al., 1986），「親しい人」（大谷，1995），「重要なことを話しあった人」（Marsden, 1987；Campbell et al., 1986），「余暇を一緒に過ごす人，社交的な訪問をする人，家庭でもてなす人」（Goldthorpe et al., 1969），「社交的に会った人，経済的問題について相談に乗ってくれる人，個人的なことについて相談できる人」（Willmott, 1987），「接触した人，相談事があったとき助言を求める人」（前田・目黒，1990），「個人的なことについて話し合える人，アドバイスを頼める人，社交的な訪問や外出を一緒にする人，趣味について話し合える人，仕事について話し合える人」（Fischer, 1982）といった項目が用いられてきた。

　また軽い実際的援助としては，「子どもが病気のとき手助けをしてくれる人，

子守をしてくれる人，買い物を手伝ってくれる人，家の修理を手助けしてくれる人，留守番を頼める人，お金を貸してくれる人」(Willmott, 1987)，「家のまわりのことについて手助けを頼める人，お金を貸してくれる人」(Fischer, 1982) といった項目が用いられてきた。

　以上のように社会的ネットワーク研究のうち主流派の研究においては，交際・相談・軽い実際的援助など比較的負担の軽い項目について調査され，介護という負担の重い援助が調査されることはあまりなかった。また主流派の研究では，親族，近所の人，友人，同僚など，おもにインフォーマルな人間関係を対象にして調査が行われ，フォーマルな専門家・専門機関を調査対象に含めることは少なかった。

　しかし近年，介護に関する社会的・学問的な関心の高まりにともない，社会的ネットワークの枠組みを用いて，介護についての研究も行われるようになった。そしてその際には，インフォーマルな人間関係だけではなく，ホームヘルパーや介護施設といったフォーマルな専門家・専門機関も，援助源として選択肢の1つに含めて調査されるようになった（笹谷, 2003）。

　介護についての社会的ネットワークを測定する方法としては，①現実に介護を必要としている人を対象として，その人が実際に，誰に介護をしてもらっているかを調査する方法と，②自分の介護が必要になったという状況を想定して，そのとき誰を頼りにするかを調査する方法がある。②の介護が必要という状況を想定して測定したネットワークは，自分の介護を誰に頼るかについての意識でもある。したがって介護意識を主たるテーマとする本書では，②の方法で行われた研究について検討する。

　以上が社会的ネットワークの枠組みを用いた研究である。しかしながら介護に関連するさまざまな意識は，社会的ネットワークの枠組みを用いない形でも研究されてきた。両者を比較すると，次のような方法の違いがある。まず，社会的ネットワークの枠組みを用いた研究では，ある個人がもつパーソナル・ネットワークを明らかにするという枠組みにしたがって行われるので，必然的に「自分の介護」，つまり介護される立場としての意識を対象とすることになる。

それに対して社会的ネットワークの枠組みを用いない研究では,「自分の介護」についての意識以外にも,「親の介護」についての意識や,「一般論」としての介護意識などさまざまな意識を対象にすることができ,実際にもさまざまな意識について調査が行われてきた。

また社会的ネットワークの枠組みを用いた研究では,さまざまなカテゴリーの人や機関の中で「どれに介護を頼るか」という質問法によって調査が行われる。それに対して社会的ネットワークの枠組みを用いない研究では,ホームヘルパーや介護施設などフォーマルな援助源をとりあげ,「これらを利用したいか,したくないか」を尋ねるという形式や,望ましい介護の方法として「在宅で家族による介護／在宅でホームヘルパーなどによる介護／施設内での介護」などの選択肢の中から1つを選択するよう求める形式など,さまざまな質問法が用いられてきた。

介護する／されるによる解釈の違い

このように介護意識にはさまざまなものがあるが,この章では特に,介護する立場としての意識（たとえば「親や配偶者の介護」についての意識）と,介護される立場としての意識（「自分の介護」についての意識）の違いに注目する。その理由は,介護意識についての調査結果を解釈する際に,それがする立場としての意識なのか,される立場としての意識なのかによって,その意味するところが違ってくるからである。

第1章「なぜ介護を専門家に頼るのか」で述べたことの繰り返しになるが,表3-1によって再度確認しておこう。ある人が「(1) 専門家による介護を選好」するという場合,その人が家族を「(a) 介護する立場」にあるならば,「(1-a) 自分が負う介護負担を軽減」するような選択をしていることになる。このような意識をもつ人物のイメージは,自己の利益（自分にとっての介護負担の軽減）を追求する「利己的」存在である。一方,「(b) 介護される立場」にある人が,「(1) 専門家による介護を選好」するという場合は,「(1-b) 家族が負う介護負担を軽減」するような選択をしていることになる。このような

表3-1　介護する立場とされる立場による解釈の違い

	(a) 介護する立場	(b) 介護される立場
(1) 専門家による介護を選好	(1-a) 自分の負担の軽減 （利己的）	(1-b) 家族の負担の軽減 （利他的）
(2) 家族介護を選好	(2-a) 自分の負担の増加 （利他的）	(2-b) 家族の負担の増加 （利己的）

意識をもつ人物のイメージは，家族に負担がかからないこと（家族の利益）を優先して考える「利他的」存在である。

　同様に，ある人が「(2) 家族介護を選好」するという場合も，その意味はその人が介護する立場にあるのか，される立場にあるのかによって異なる。まず，家族を「(a) 介護する立場」にある人が，「(2) 家族介護を選好」するという場合は，たとえ「(2-a) 自分が負う介護負担が増加」することになっても，その負担より，自分の手で家族を介護してあげることを重視するという「利他的」選択をしていると解釈できる。一方，「(b) 介護される立場」にある人が，「(2) 家族介護を選好」するという場合は，たとえ「(2-b) 家族が負う介護負担が増加」するとしても，自分の介護はあくまで家族にしてもらいたいという「利己的」選択をしているといえる。

社会的ネットワークの枠組みを用いた研究の知見

　先に見たように，社会的ネットワークの枠組みを用いた研究では「自分の介護」，つまり介護される立場における意識について調査してきた。これらの研究では男女間の意識の違いについて，ほぼ共通した知見が報告されている。それは「自分の介護」を頼る人として，男性の回答は配偶者にかたよるのに対して，女性の回答は配偶者のほかに子どもや他の親族，専門機関など，より多様な人や機関に分散するということである（高齢者を対象にしたものとして笹谷(1994)，野辺(1999) などの研究があり，より若い年齢層の人々を含めたものとして大和(2000)，春日井(2000) などの研究がある）。

つまり社会的ネットワークの研究では,「自分の介護」つまり介護される立場として,専門家に頼りたいという意識をもつ人は,女性により多いことが明らかになっている。この意味を表3-1でみると,「(b) 介護される立場」として,「(1) 専門家による介護を選好」する人 (1-b) は女性により多く,逆に「(2) 家族介護を選好」する人 (2-b) は男性により多いということである。つまり先行研究の結果によると,利他的選好をする人は女性により多いのであり,このようなデータに表れた女性のイメージは,「通常の解釈」が想定する「自己の負担軽減という利己的選好をもつ女性」とは異なる。

分析の課題

それでは,「親や配偶者の介護」つまり介護する立場としての意識や,「一般論」としての意識ではどうだろうか。先に見た「自分の介護」つまり介護される場合と同様の男女差が見られるのだろうか。

以下では,これまでに行われた介護意識についての調査の中から,全国的な調査であり,しかも,自分が介護する立場であるときの意識(「親や配偶者の介護」)と,自分が介護される立場であるときの意識(「自分の介護」),そして「一般論」としての意識の3つを同時にたずねている調査をとりあげ,それぞれの場合で男女の意識がどのように異なるのかについて検討しよう。

2. データ

上記の条件にあう調査はそう多くはないが,いくつか存在する。本章でとりあげるのは次の4つの調査である。ひとつめは1987年に生命保険文化センターが全国の40～50歳代の夫婦を対象に行った調査(生命保険文化センター,1987),2つめは1995年に総理府が全国の20歳以上の男女に対して行った調査(総理府広報室,1996),3つめは2003年に内閣府が全国の20歳以上の男女に対して行った調査(内閣府大臣官房政府広報室,2004)である。さらに,1994年に毎日新聞社世論・選挙センターが全国の20歳以上の男女に対して行った

調査（毎日新聞社世論・選挙センター，1994）は，「一般論」としての意識については質問していないが，「自分の介護」についての意識と「親の介護」についての意識は両方ほぼ同じ質問でたずねているので，この結果も検討に加える。つまり上記4つの調査結果について検討する。

3．介護する立場／される立場／「一般論」としての介護意識

「一般論」としての介護意識

まず，「一般論」としての意識について見ていこう。「一般論」としての意識を最初にとりあげるのは次の理由からである。本章で検討する調査の報告書や，調査結果を紹介した論文においては，「自分の介護」や「親の介護」についての意識より，「一般論」としての意識のほうがより中心的な位置で取り扱われ，解説が加えられている。これはおそらく調査結果を紹介した研究者たちが，回答者自身の個人的立場とは離れた一般的な世論の動向を見るためには，「自分の介護」や「親の介護」についての意識より，「一般論」としての意識の方が適切であると考えたためだろう。しかもその報告書や論文では，「一般論」としての意識が，ある共通した前提にしたがって解釈されている。この前提が適切かどうかを批判的に検討する必要があると考えるからである。

まず表3-2の生命保険文化センター（1987）の調査で「一般論」についての意識をみると，「介護はできるだけ家庭で家族がすべき」という回答は夫61.8％＞妻53.7％，「介護は必ずしも家庭で家族がすべきとは思わない」という回答は夫38.0％＜妻45.6％であった。後者の回答を，専門家による介護を選好する回答とすると，「一般論」としての回答では，家族介護を選好する人は男性により多く，専門家による介護を選好する人は女性により多い。次に政府広報室による2つの調査（総理府広報室，1996；内閣府大臣官房政府広報室，2004）でも，「一般論」についてこれとほぼ同じ回答パターンが見られた。つまり「子供が親の介護をするのは当たり前のことだ」と家族介護を選好する人

表3-2 「一般論」「自分の介護」「親の介護」の回答 （生命保険文化センター, 1987）

(%)

	一般論[a]			自分の介護[b]		親の介護[c] （上段：自分の親） （下段：配偶者の親）	
	夫	妻		夫	妻	夫	妻
【家族介護】 介護はできるかぎり家庭で家族がすべきだ	61.8 >	53.7	【家族介護】 家庭で家族に介護してほしい（したい）	73.3 >	56.3	63.5 ≒ 58.6 59.3 ≒ 60.2	
【専門家による介護】 介護は必ずしも家庭で家族がすべきとは思わない	38.0 <	45.6	【専門家による介護】 家庭でホームヘルパーや地域のボランティアの人に介護してほしい	4.6 <	9.7	10.4 ≒ 12.2 10.1 ≒ 11.3	
			老人病院や老人ホームなどの施設に入所したい（させたい）	21.8 <	32.9	25.0 ≒ 26.1 25.3 ≒ 25.8	
			不明	0.4	1.1	1.1　　3.1 5.3　　2.6	
計 （ケース数）	100 (1655)	100 (1655)	計 （ケース数）	100 (1655)	100 (1655)	100 (1023) (1098)	100 (1098) (1023)

質問：[a] 寝たきり老人やボケ老人（ママ）の介護についてはどのようにすべきだとお考えになりますか（○は1つ）。
[b] あなたが介護を受ける場合、次にあげる中で、あなたのお考えに一番近いのはどれでしょうか。
[c] 万が一、あなたご自身（あなたの配偶者の方）のご両親のいずれかを介護する必要が出てきた場合、あなたのお考えに一番近いのはどれでしょう（○は1つ）。

は男性により多く、「子供だからといって必ずしも自ら親の介護をする必要はない」という回答（専門家による介護を選好しているとみなせる）は女性により多い（表は省略）。

つまり「一般論」としての質問がある上記3つの調査に共通する結果として、「一般論」としての意識を男女で比較すると、家族介護を選好する人は男性により多く、専門家による介護を選好する人は女性により多いことがわかった。

女性の意識を介護する立場の意識とする前提

次にこれらの結果を紹介した報告書や論文で，上記のような「一般論」としての意識がどのように解釈されているかについて検討しよう。まず生命保険文化センター（1987）の報告書では次のように解説されている。

「……実際に家庭での介護の主役となる妻において，「必ずしも家庭で家族がすべきとは思わない」という意見が半数近くを占めているのが注目される。……」（生命保険文化センター，1987：62）（傍点は大和による）。

つまりこの解説は，「一般論」としての女性の意識を，介護する立場に結びつけて解釈している。

次に岡崎（1990）には，この生命保険文化センターによる調査結果が引用・紹介されている。その中で，専門家による介護を選好する人が女性により多いという「一般論」の結果について，次のように解説されている。

「このような結果になった理由は，……現実に妻にとって介護の負担がより大きいからだと推測される」（岡崎，1990：163）（傍点は大和による）。

ここにおいても，「一般論」としての女性の意識は，介護する立場にある人の意識として解釈されている。

また総理府広報室（1996）による調査結果を紹介した論文では，「一般論」として「子が親の介護をすることについてどう思いますか」という質問に対し，「当たり前」という答えをした人は男性により多く，「当たり前とは思わない」という答えをした人は女性により多いという結果について，次のように解説されている。

「……介護に直接あたることの多い女性の方で当然とは思わない傾向が強くなっている」（藤村，2000：302）（傍点は大和による）。

つまりこれら先行研究は共通して，「一般論」としての女性の意識を，介護する立場にある人の意識として解釈しているのである。

　このような解釈は妥当だろうか。たしかに実際に介護を担当している人は男性より女性に多いので（厚生労働省『国民生活基礎調査』平成13年），女性を介護する存在と見なす上記の解説の理解は一応正しい。特に，女性から介護されることが多い男性の視点からはそのように見えるであろう。しかしながら，女性自身の視点に立つと，女性は介護する立場で一生を終えるわけではなく，高齢期になると介護される立場に移行する存在である。同じ調査によると，要介護者に占める女性の割合は約7割と男性よりずっと多い。このような女性が「一般論」として回答した場合，自分が介護する立場として回答したのか，あるいは介護される立場として回答したのかは，「一般論」としての回答からだけではわからない。したがって女性の「一般論」としての回答を，介護する立場に先験的に結びつけて解釈することには，慎重でなければならない。

「自分の介護」「親や配偶者の介護」についての意識

　そこで次に，回答者の立場が明確にわかる「自分の介護」と「親や配偶者の介護」についての回答で，男女の意識がどのように異なるのかについてみていこう。

　まず先に見た表3-2の生命保険文化センター（1987）による調査で，「自分の介護」についての回答をみると，「家庭で家族に介護してほしい」という人は夫73.3％＞妻56.3％，それに対して「家庭でホームヘルパーや地域のボランティアの人に介護してほしい」という人は夫4.6％＜妻9.7％，また「老人病院や老人ホームなどの施設に入所したい」という人は夫21.8％＜妻32.9％であった。この結果によると，「自分の介護」については，家族介護を選好する人は男性により多く，逆に専門家による介護を選好する人は女性により多い。

　次に「親の介護」（自分の親・配偶者の親）についての意識をみると，「自分の介護」の場合に比べて，男女間の意識の隔たりはかなり小さい。

最後に「一般論」としての意識は，先ほど見たように，家族介護を選好する人は男性により多く，逆に専門家による介護を選好する人は女性により多い。

　そしてこれら3種類の意識について男女の回答パターンを比較すると，「一般論」としての意識は，「自分の介護」つまり介護される立場としての意識と同じパターンを示しているのである。

　次に政府広報室による2つの調査（総理府広報室，1996；内閣府大臣官房政府広報室，2004）をみると，これら調査においても，先に見た生命保険文化センターの調査とほぼ同様の回答パターンが見られた。つまり「自分の介護」については男女で意識差があり，家族介護を選好する人は男性により多く，専門家による介護を選好する人は女性により多い。しかし，「自分の親や配偶者の介護」については，男女間で意識の隔たりはほとんどない。そして「一般論」としての男女の回答パターンは「自分の介護」についての回答パターンとほぼ同じであった（表は省略）。

　さらに毎日新聞社世論・選挙センター（1994）の調査では，「一般論」としての意識は調査されていないが，「自分の介護」と「親の介護」（自分や配偶者の親）については，それぞれについて2種類の質問で調査されている。そのうち1つの質問の結果を表3-3に示した。この結果も，今まで見てきたパターンと同様であり，「自分の介護」については男女差があり，家族介護を選好する人は男性により多く，専門家による介護を選好する人は女性により多い。しかし「親の介護」については，男女間で意識の隔たりはほとんどない。もうひとつの質問の結果もこれと同じであった（表は省略）。

　つまりここで検討した4つの全国調査すべてに共通して，「自分の介護」については男女差があり，家族介護を選好する人は男性により多く，専門家による介護を選好する人は女性により多い。しかし「親や配偶者の介護」については，男女間で意識の隔たりはほとんどないのである。

　また，全国調査ではないが直井道子は，1994年に東京都下のK市で，夫婦のどちらか一方が70歳を越える世帯で行った調査結果を報告している。それによると，「配偶者」が寝たきりになったとき介護をする人として，在宅サー

表3-3 「自分の介護」「親の介護」の回答 (毎日新聞世論・選挙センター, 1994)

(%)

	自分の介護(a)		親の介護(b) (自分や配偶者の親)	
	男性	女性	男性	女性
【家族介護】				
配偶者	62.3	29.6	37.6	18.8
息子	7.7	5.2	12.7	3.6
娘	5.1	20.3	9.7	32.8
嫁	5.6	8.0	16.3	20.6
その他の親族	0.7	2.0	1.5	1.1
小計(親族)	81.4 >	65.2	77.8 ≒	76.8
【専門家による介護】				
家政婦	0.4	0.3	0.4	0.3
公的なホームヘルパーや訪問看護婦(ママ)	5.1	9.9	4.7	5.3
病院や老人ホームなど施設の介護者	10.6	21.6	9.1	10.5
小計(専門家)	16.1 <	31.9	14.3 ≒	16.2
無回答	2.5	2.9	7.9	7.0
計	100	100	100	100
(ケース数)	(1422)	(1572)	(1422)	(1572)

質問：(a) あなたは，老後，体が不自由になった場合，主として誰に身の回りの世話をしてもらおうと思いますか（1つだけ）。
(b) では，あなたの親（配偶者の親を含む）が，体が不自由になったとき，主として誰が身の回りの世話をするのがよいと思いますか（1つだけ）。

ビスや施設・病院を選んだ人の割合には，男女でほとんど差がなかった。しかし，「自分」が寝たきりになったとき（そして配偶者が元気である場合）に介護してもらう人として，これら専門家・専門施設を選んだ人の割合には男女差があり，専門家・専門施設を選んだ人は女性でより多かった（直井，2001：174-175）。

以上，1980年代後半，1990年代の前半・後半，そして2003年に行われた4つの全国調査，および1990年代半ばに行われた東京都K市での調査の結果から，共通の知見として，次のことがわかった。第1に，「自分の介護」つまり

自分が介護される立場として回答した場合は、どの調査においても男女差があり、家族介護を選好する人は男性により多く、逆に専門家による介護を選好する人は女性により多かった。つまり自分が介護される立場にある場合、家族の負担軽減につながる専門家による介護を選好する人は、女性により多く、逆に家族の負担増加につがなる家族介護を選好する人は、男性により多いのである。これは先に見た、社会的ネットワークの枠組みを用いた介護意識の研究と同様の結果である。

第2に、「親や配偶者の介護」つまり自分が介護する立場として回答した場合は、どの調査においても、男女間で意識の差はほとんどなかった。

そして第3に、「一般論」としての回答パターンは、「親や配偶者の介護」についての回答よりむしろ、「自分の介護」についての回答に近いことがわかった。つまり「一般論」としての意識は、自分が介護する立場であるときの意識ではなく、介護される立場であるときの意識により近いのである。

男性の利己的選好と女性の利他的選好

さらに表3-4は、この章で見てきた4つの全国調査の回答を、男女それぞれについて、「自分の介護」についての回答と、「親や配偶者の介護」についての回答が比較できるように並べ直したものである（毎日新聞世論・選挙センター（1994）においては2種類の質問に対応して2つの結果を示した。また総理府広報室（1996）の調査は、「自分の介護」と「親や配偶者の介護」の質問形式が異なるので、単純な比較はできない。そこで〈参考〉として表の末尾に示した）。

この表を見ると、男性では、家族介護を選好する回答は、「自分の介護」により多く、逆に専門家による介護を選好する回答は、「親や配偶者の介護」により多いというパターンが多く見られる[2]。つまり男性の意識は、「自分の介護」は家族に頼るが、「親や配偶者の介護」はより積極的に専門家を利用するというものである。

一方、女性はその逆であり、家族介護を選好する回答は「親や配偶者の介護」により多く、専門家による介護を選好する回答は、「自分の介護」により

表3-4 再集計による「自分の介護」「親や配偶者などの介護」の回答の比較

(%)

	男性の回答			女性の回答		
	自分の介護		親や配偶者の介護	自分の介護		親や配偶者の介護
① 生命保険文化センター (1987)						
家庭で家族による介護	73.3	＞	63.5	56.3	≒	58.6
家庭でホームヘルパーや地域のボランティアによる介護	4.6	＜	9.7	10.4	≒	12.2
老人病院や老人ホームなどの施設	21.8	＜	32.9	25.0	≒	26.1
② 毎日新聞世論・選挙センター (1994)						
親族による介護[a]	84.0	≒	86.0	67.0	＜	82.0
専門家による介護[b]	16.0	≒	15.0	32.0	＞	17.0
③ 毎日新聞世論・選挙センター (1994)						
自宅	67.4	＞	59.6	56.7	≒	58.2
病院	9.9	＜	16.2	16.1	≒	19.6
老人ホームなど	19.5	≒	16.0	24.8	＞	14.8
④ 内閣府大臣官房政府広報室 (2004)						
可能な限り自宅で	52.3	＜	58.9	38.6	＜	56.7
特別養護老人ホームや老人保健施設など	27.7	≒	23.0	37.8	≒	24.7
介護つきの有料老人ホームや痴呆性高齢者グループホームなど	5.6	≒	4.5	11.7	≒	5.4
〈参考〉総理府広報室 (1996)						
施設への入所意向　なし（自宅で介護を受けさせたい）[d]	60.8	＞	54.9	16.9	＜	51.1
施設への入所意向　あり（場合によっては施設を利用してもよい）[e]	25.2	＜	35.1	68.8	＞	35.1

[a] 配偶者＋息子＋娘＋嫁＋その他の親族
[b] 家政婦＋公的なホームヘルパーや訪問看護婦＋病院や老人ホームなど施設の介護者
[d] [e] 「親や配偶者の介護」の選択肢

多いという回答パターンが多く見られる。つまり女性の意識は、「親や配偶者の介護」は家族で行うが（その場合，中心となるのは，回答者自身を含む家族内の女性であろう），「自分の介護」は専門家に頼るというものである。

4.「家族に介護される」ことを避けようとする女性

　この章では，介護する立場，される立場，そして「一般論」としての意識の違いに注目して，男女の介護意識を比較した。

　まずそれぞれの意識について，男女で比較すると次のことがわかった。「自分の介護」つまり介護される立場としての意識においては，それを専門家に頼るか家族に頼るかに関して，男女で差があり，専門家を頼るという人は女性により多く，家族を頼るという人は男性により多かった。それに対して「親や配偶者の介護」つまり介護する立場としての意識には，ほとんど男女差はなかった。最後に「一般論」としての意識は，「自分の介護」つまり介護される立場としての意識により近いものだった。

　これらの結果から，「専門家による介護を利用したいという人は，女性により多い」というデータは，「自分の介護」つまり介護される立場の意識として解釈すべきであり，それを介護する立場の意識だと想定した「通常の解釈」は適切ではないことがわかった。

　次に，男女それぞれにおいて，「自分の介護」と「親や配偶者の介護」についての意識を比較すると，男女の回答パターンには次のような違いがあった。男性では，「自分の介護」は家族に頼るが，「親や配偶者の介護」にはより積極的に専門家を利用するという回答パターンが多く見られた。女性はその逆であり，「親や配偶者の介護」は家族でするが，「自分の介護」はより積極的に専門家に頼るというパターンが多く見られた。

　これらの結果から明らかになったのは次のことである。「通常の解釈」は，「家族を介護することを避けようとする利己的（＝合理的）行為者」というイメージで女性をとらえていた。しかし実際には，利己的（＝合理的）行為者と

いうイメージがよりよく当てはまるのは男性の介護意識であった。それに対して女性の介護意識は，自分が介護する場合はたとえ自分の負担が増えようとも家族介護を選好し，逆に自分が介護される場合は家族の負担にならないよう専門家による介護を選好するというものである。つまり本章の分析から浮かんできたのは，「通常の解釈」とは異なり，「家族に介護されることを避けよう」とする女性であり，介護する場合もされる場合も一貫して，家族に対して「利他的」であろうとする女性であった。

このような女性の意識をどのように理解したらよいのだろうか。次の章で検討したい。

【注】
(1) 総理府広報室（1996）と内閣府大臣官房政府広報室（2004）の結果をそれぞれ報告した，『月刊世論調査』1996年2月号と『月刊世論調査』2004年1月号では，数値を紹介するだけで，男女の意識差について解説はしていない。
(2) この回答パターンは5つの表のうち，①③および〈参考〉で見られる。④はこれとは逆のパターンを示しているが，「自分の介護」と「親の介護」のパーセンテージの差は，隣の女性の回答のそれと比べるとごく小さく，逆のパターンといってもそれほど強い逆の傾向を示しているわけではない。
(3) この回答パターンは5つの表のうち，②④および〈参考〉で見られる。また③においても部分的に（「老人ホームなど」という回答で）見られる。さらに女性では，これとは逆の回答パターンは見られない。

第4章
女性とケア・アイデンティティ

1. なぜ女性は「利他的」選好をするのか？

　介護する立場としての意識とされる立場としての意識の比較から，男性は，自分が介護される時は家族介護を選好するが，自分が介護する場合はより積極的に専門家による介護（自分の負担を減らすこと）を選好することがわかった。このような男性の選好は，介護を「労働」や「負担」ととらえるならば，自分の負担の軽減という自己の利益を追求するものであり，合理的行為者のそれであるといえる。

　それに対して女性は，自分が家族を介護すること（自分の負担を増やすこと）には積極的であるが，自分が家族に介護されることは避ける（家族の負担を軽減しようとする）という「利他的」な意識をもっていることがわかった。このような女性の選好は，介護を「労働」や「負担」ととらえる限り，自分の負担の増加という自己の不利益をわざわざ追求していることになり，まったく合理的でない。それではなぜ女性は，合理的でない選好をするのか。

　この章では，第2章「ケア，世代関係，公共／家内領域，自立／依存をどうとらえるか」で示した枠組みにしたがい，ケアは「労働」であるだけでなく女性の「アイデンティティ」と深く結びついているという視点をとる。したがって「労働」という面では合理的には見えない女性の選好も，「アイデンティテ

ィ」という面から見ると合理的である可能性がある。またライフコースの視点から見ると，女性は壮年期まではケアすることを期待されながら，高齢期にはケアされる立場になるという両義的な立場におかれているということにも注目する。

　これらの視点を念頭において本章では，調査データの分析をもとに，家族をケアすることが近代日本において女性に期待され続けてきたこと，そして性別役割分業意識が一見弱まったように見える現代においても，これが女性のアイデンティティの中心であり続けていることを確認する。そしてこの結果をもとに，家族を介護することには積極的でありながら家族に介護されることは避けようとするという，一見合理的でない女性の意識を背後で規定しているのは，家族をケアする存在（ケアラー＝carer）としての女性のアイデンティティであることを論じる。

老親の介護と女性

　柳谷慶子によると近世においては，親の介護を管理することは，一家の主人としての男性の役割だった（柳谷，2001）。一方実際の世話を行ったのは誰かについては，論者によって意見が異なる。柳谷は，男性も実際の介護を多く行っており，女性であるだけで介護の現場にはりつけになるような性別分業の固定化はなかったと論じている（柳谷，2001）。

　それに対して菅野則子は，実際の介護は女性の役割とされていたという立場をとっている（菅野，1993；1998）。菅野は江戸時代，幕府によってまとめられた孝子・節婦・忠僕の記録である『孝義録』を分析し，自分が介護される身になってもそれをあたりまえのこととして受けようとはせず，逆に何とか家族の役に立とう，負担にならないようにしようとした女性たちの事例を紹介している。たとえば，息子や嫁から扶養・介護を受けながらも，それが息子たちに過重の負担になるのを恐れて「お救い」（公的救済）を求めようとした老母，介護される身になってもできるかぎり布織り・足袋縫いなどの手作業をして，息子や嫁の役に立とうとした老母などの事例である。特に前者の例などは，前章

の統計データに表れた「自分の介護は専門家に頼りたい」という現代女性の意識とそっくりではないか。『孝義録』中の老母たちは，子どもから孝養をつくされる立場になってもそれに甘んじず，逆にできるだけ子につくそうとしたという点において賞賛されている。親につくすことが「孝」であるとすれば，それとは正反対の「孝」に逆らう行為をしたことによって，彼女たちは賞賛されているのである。そして菅野によると，このような事例に見られる老親はすべて女性であるという（菅野，1998：55-57）。

　日本においては，老親が子から孝養をつくされることに対してさまざまなプラスの意味が付与されてきた。しかし『孝義録』で賞賛された老母の例は，子から孝養をつくされるのではなく，逆に孝養を遠慮することによって賞賛されている。このことから，同じ老親といえども，老母の場合は，老父ほどには子からの孝養をあたりまえのこととして受けるべきではなく，できるだけ子どもたちの負担にならないようにすべきと考えられていたことが伺える。このように考えられた理由の1つとして，女性の価値は他の家族員をケアすることにあるとされ，女性自身もその考えを受け入れていたからではないだろうか。この考えにしたがうと，女性自身が子どもに介護されるようになっても，なるべく子に負担をかける度合いを少なくすることが望ましい行為となる。そのためにこれら老母たちは，手仕事をして子を助けたり，公的救済を求めようとしたと考えられる。

　明治期になると，介護の実行はいうまでもなく，（江戸時代には家長の勤めとされていた）介護の管理も，ともに「女子の職分」とされるようになり，女性はますます家族をケアする存在として位置づけられていった（折井，1997；柳谷，2001）。高齢者の介護について，戦前の修身教科書ではどのように教えられていたのかを見ていこう。

　1892（明治25）年の東久世通禧による『尋常小学修身書』では，巻之三の「第二　孝行」において，父母が病にかかった時は，女は化粧せず，常にかたわらに在って介抱すべしと説かれており，また「第八　女訓」では，女はひとたび夫の家に嫁いだら，これを自分の家と思い，舅姑に孝養をつくすべしと教

えていた。また1910（明治43）年の『尋常小学修身書　巻六』によると，「第二十四条　男子の務めと女子の務め」として，男子は成長の後，家の主人となって職業を務め，女子は妻となって一家の世話をするものとされていた（折井，1997；新村，1999）。これを老親の扶養・介護に当てはめるならば，老親に対する扶養は男性の役割，介護は女性の役割ということになる。

　女学校の家事科の教科書（ただしこの読者層は，女学校に進学した階層である中流以上の女子に偏る）においても，老親の介護は，内を治める主婦の義務と位置づけられていた。たとえば，1890（明治23）年の清水文之輔による『家政学』は，第四篇第十五章を「老者の看護」として，老者の看護も家政の一部なりと位置づけている。また1893（明治26）年の下田歌子による『新撰　家政学　上下』は，第三章全部を「養老」にあて，老人の保護加養は，家政をつかさどる者が最も重要視すべき事なりと述べている。また1903（明治36）年の高等女学校教授細目によると，第4学年の家事（毎週2時間）に養老および育児が当てられている。養老の内容は，衣食住の注意，起居の介抱，精神の休養，看病，伝染病の予防となっており，これらは「女子の職分」であるとされた（折井，1997；新村，1999）。

　戦後になっても，嫁は老親の介護をする存在として，その役割が強調された。熊沢知子の研究によると，1970年代以降も一部の地域で，介護役割を担った嫁を行政が表彰する「模範嫁」表彰が行われた。これはその後も「優良介護家族表彰」と名をかえて実施されているが，そこで「介護家族」として表彰されるのはおもに嫁である（熊沢，1993）。また1970年代末から1980年代初めにかけて，政府や自民党により宣伝された「日本型福祉社会」論では，老親と同居し介護をする嫁の役割が強調された（自由民主党，1979；大沢，1993）。

子どものケアと女性

　また子どもに対するケアにまで視野を広げると，子どもをケアするという役割は，近代以降，女性の中心的な役割となった。女性向けの雑誌の分析によると，明治後期から子どもを愛育すること，健康に育てることが母親の責任とし

て強調されるようになった（宮坂，2000；沢山，1987）。これらの雑誌は主に新中間層を対象としたものである。また山村賢明は，はるかに広範な読者をもつ書物，つまり戦前の修身・国語の国定教科書（1904～1941＝明治37～昭和16年）をとりあげ，そこに見られる母のイメージを分析している。山村によると，国語・修身の両方をあわせて，「母」という主題はおよそ5課に1課の割合で現れ，「父」という主題よりはるかに頻繁に扱われている。また「父」の主題の中にはマイナスの価値を付与されたものも存在するが，「母」の主題に付与された価値はすべてプラスである。そしてその中で最も多く描かれているのは，「自分を無にして子につくす」という母の姿である（山村，1984［1971］）。

　このような母親像は戦後にも受け継がれ，医学・心理学などの「科学的知識」としての装いをまとってより強められていった。1960年代ごろの育児書の内容の主流は，子どもを優良児に育てることであった。さらに1970年代においては，子どもが幸せな一生を送りうるかどうかは，3歳までに母親と密度の濃いスキンシップを経験できるかどうかによる，といったことを説く育児書がベストセラーになった。つまり，母親が自分の欲求を後回しにしても，小さな子どもを自分の手でケアすることが重要であると説かれたのである（宮坂，2000）。また山村賢明はより大衆的な母親像として，戦後のテレビドラマや著名人が母について語るラジオ番組を分析し，「自分を無にして子につくす」という母の姿が一貫して見られることを報告している（山村，1984［1971］）。

　このように戦前から戦後を通じて，女性は母親として子どもをケアし，自分を無にしても子どもの幸福のためにつくすことを期待されてきた。

1990年代以降の変化

　しかし，母親役割についてのこのような考え方は1980年代を境に少しずつ変化し始め，1990年代になると育児雑誌は，母親が子どもをかわいく思えなくて悩んでいるというトピックを積極的に取り上げるようになった。また読者である母親たちも，そのような「母親らしからぬ」気持ちを誌上で表現するようになってきた。さらに雑誌で取り上げられる育児の方針も，「子どもにとっ

図4-1 「男は仕事,女は家庭」に対する意識の推移

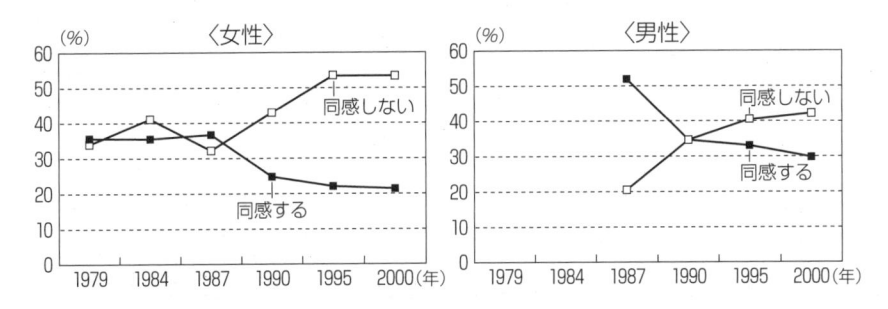

(資料) 総理府広報室『月刊世論調査』1980年2月号;1985年4月号;1987年9月号;1991年3月号;1995年12月号;2000年9月号。

て良き母」であることをめざすより,「母親自身にとって楽しい育児」をめざすといった内容に変化していった(宮坂,2000)。

さらに1990年代は,「男は仕事,女は家庭」という性別役割分業意識が大きく変化した時期でもある。図4-1は総理府広報室が全国の20歳以上の男女を対象に実施した調査の結果であり,「男は仕事,女は家庭」という考えに対して「同感する/しない/どちらともいえない」をたずねたものである。女性では1979年以降,男性については1987年以降,ほぼこの選択肢で調査されている。調査結果を見ると,女性では1987年までは「同感する」と「同感しない」がともに3～4割とほぼ同じ割合だったが,1990年には「同感する」が25.1％と減ったのに対し「同感しない」は43.2％と増えて両者の差が拡大した。そして1995年と2000年ではこの傾向がさらに強まっている。

このように1990年代から「男は仕事,女は家庭」に賛成する女性は,もはや多数派とはいえなくなったのである。このことは女性にとって,家族をケアするという役割がもはや重要でなくなったということを意味するのだろうか。

多次元化する性別役割分業意識

先ほど見た「男は仕事,女は家庭」という考えに対する賛否を問うという質問は,性別役割分業に対する意識を測る質問項目として代表的なものであり,

総理府広報室の調査やNHK世論調査部の調査でも，この質問が中心的なものとして取り上げられてきた。また性別役割分業についてのさまざまな論考においても，この質問を中心とした考察が行われている[(2)]。そしてこの質問はこれまで，「女は家庭」つまり「女性が家庭でケア役割を担うこと」に対する，人々の意識を測定していると考えられてきた。

しかしながら1980年代以降に行われた研究は，「男は仕事，女は家庭」という質問では「女性が家庭でケア役割を担うこと」に対する意識，特に女性の意識を，正確にとらえることができなくなったことを示唆している。たとえば神田道子は，「男は仕事，女は家庭」といった伝統的・固定的な性別役割は崩れてきたが，その後どちらの方向に向かうのかという方向性については不明確であり，流動化ともいうべき状況にあると現状をとらえている。そして性別役割の流動化は多様な意識の混在となって現れ，一人の人間の中でも意識と意識のずれが生じていることを指摘している（神田，1984）。

このような見解は木村敬子による調査によって支持されている。木村によると，同じ対象者（女性）に対して，「男は仕事，女は家庭」に対する意識と「理想の職業パターン」に関する意識の両方を調査した場合，2つの回答の間にずれが見られた。すなわち「男は仕事，女は家庭」には否定的でも，より具体的な職業パターンに関しては，女性のケア役割を前提とする職業パターンに肯定的になる人（つまり仕事をもたない・結婚退職・出産退職・中断再就職といったパターンを理想とする人）がかなりの比率で存在したのである（木村，1984）。

また尾嶋史章も1995年に行われたSSM（社会階層と社会移動）全国調査の結果を分析し，成人女性では「男は仕事，女は家庭」に賛成する人が減少したこと，しかし性別役割分業意識には多次元化が見られることを報告している。尾嶋によると，「男は仕事，女は家庭」に賛成する女性は，1985年SSM調査では約6～8割（年齢によって異なる）と多数派だったのが，1995年調査では約4～6割と大きく減少し，もはや多数派とはいえなくなった。しかし1995年調査において「男は仕事，女は家庭」という質問と「女性も自分自身の職業生活を重視した生き方をするべきだ」という質問への同一回答者の回答を比較した

場合，成人男性は2つの質問に対する回答の一貫性が高い（つまり「男は仕事，女は家庭」に反対の人は「女性も自分の職業生活を重視した生き方をするべきだ」に賛成する）のに対して，成人女性の回答は一貫性が低い（つまり「男は仕事，女は家庭」に反対したからといって，必ずしも「女性も自分の職業生活を重視した生き方をするべきだ」に賛成するわけではない）ことを報告している（尾嶋，2000）。

またNHK世論調査部による調査結果は，「男は仕事，女は家庭」という意識のみが「女性のケア役割」を肯定する意識ではないことを示唆している。同調査によると，理想の家庭像として「父親は仕事に力を注ぎ，母親は任された家庭をしっかり守っている」を選ぶ人が1973年の第1回調査においては最も多かったが，それ以降は調査のたびに減少していった。その一方で「父親はなにかと家庭のことにも気をつかい，母親も暖かい家庭づくりに専念している」を選ぶ人は調査のたびに増加し，1988年では逆転して後者が最も多くなっている。2003年においては，前者が14.7％なのに対し後者は45.8％を占める（男女計の結果）（NHK放送文化研究所，2004：52）。両項目とも基本的には「男は仕事，女は家庭」を肯定する内容であるにもかかわらず，ちょっとしたワーディングの違いにより前者は拒否され，後者は支持されているのである。

以上のような知見が明らかにしているのは，もはや「男は仕事，女は家庭」という質問に対する回答だけでは，「女性のケア役割」に対する人々の意識を正確に把握することはできないということである。そこで次のように考えることができる。「男は仕事，女は家庭」とは「性によって固定的に役割を振り分ける」という論理をもった意識である。しかし近年の性別役割の流動化の中で，「性による固定的な役割の振り分け」という論理は否定しつつも，それとは別の論理によって，結果的に「女性のケア役割」を肯定するような意識が分化してきたのではないか。そうであるとすれば，性別役割分業に関する意識を多次元的なものとして把握することが必要である。

因子構造からみた性別役割分業意識

　従来，性別役割分業意識の社会学的研究においては，時系列的変化や社会・経済的変数との関係が関心の中心であった。そのため性別役割分業意識の内部における，次元の問題についてはあまり研究されてこなかった。また，心理学的研究においても，一次元的尺度の作成がめざされたため，性別役割分業意識を多次元的にとらえようとした研究はそれほど多くない。

　その中で注目されるのは，ドレイヤーら (Dreyer, Woods, and James, 1981) によるISRO (Index of Sex Role Orientation) を用いた研究である。ドレイヤーらによると，ISROで測定した性役割志向性（ドレイヤーらはこの用語を用いているが，その意味するところは本章でいう性別役割分業意識と同じであると考えてよい）[3]には次の3つの因子が含まれている。

　　第1因子「家族における男女の責任分担」
　　　　　（例：特別な場合をのぞいては妻は料理やそうじをし，夫は家族のために金を稼いでくるべきだ）
　　第2因子「子どもをもつこととキャリアをもつこととの間の葛藤」
　　　　　（例：母親が働いていると就学前の子どもに害を及ぼす）
　　第3因子「仕事の領域における性別役割」
　　　　　（例：仕事の機会は男女平等に与えられるべきだ）

　また，ISROを応用した日本での調査として，関井友子ら（関井・斧出・松田・山根，1991）の研究がある。関井らは保育園児をもつ母親の性別役割分業意識を因子分析し，次の4つの因子を抽出している。

　　第1因子「役割の固定化」
　　　　　（例：妻が料理やそうじをやり，夫が家族のために金をかせいでくるべきだ）
　　第2因子「女性の家庭役割」

(例:職業をもっていても女性の本来の仕事は家事や育児である)

第3因子「男女の役割逆転」

(例:夫が家事を受けもち,妻がかせいでもいいと思う)

第4因子「キャリア追求」

(例:職業をもつということは自分の人生の中で一番重要なことだ)

表4-1に整理したように,ドレイヤーらと関井らの研究は,性別役割分業意識の構造について共通の傾向を報告している。第1に,家庭での役割に関する意識と,仕事におけるそれとは別の因子を構成している。[4] 第2に,家庭での役割についてはさらに2つに分かれている。[5] 1つめは「男は仕事,女は家庭」と同様に「性によって役割を振り分ける」という論理をもつ因子であり,ドレイヤーらの第1因子と関井らの第1・第3因子に該当する。2つめは「女性が仕事役割につくことを性によって禁じるということはしないが(この点が第1因子とは異なる),家庭でのケア役割については,それをもっぱら女性に振り分ける」という意味をもつ因子であり,ドレイヤーらおよび関井らの第2因子に該当する。それでは,家庭での役割についてのこの2つめの意識は,「性によって役割を振り分ける」とは別のどのような論理によって,家庭でのケア役割を女性に当然の役割と見なすのだろうか。

これを明らかにするにあたって本章で注目したいのは,家族史の次のような

表4-1 Dreyer et al. (1981) と関井ら (1991) の因子の比較

		Dreyer et al. (1981)	関井ら (1991)
仕事での役割		第3因子「仕事の領域における性別役割」	第4因子「キャリア追求」
家庭での役割	性によって役割を振り分ける	第1因子「家族における男女の責任分担」	第1・3因子「役割の固定化」「男女の役割逆転」
	?	第2因子「子どもとキャリアの葛藤」	第2因子「女性の家庭役割」

知見である。近代以降，母性愛を女性に生得的な本能とする考えが人々に広まり，この「本能としての母性愛」という観念が，女性を家庭でのケア役割に結びつけるイデオロギーとして用いられた（Badinter, 1980＝1991）。さらに，この母性愛という観念が拡大解釈された結果，「家庭愛」という観念が生まれた。「家庭愛」とは「母親と乳飲み子の間につくり上げられた情緒の輪がしだいにその範囲を広げ，年長の子供や夫をも包み込むようになった」（Shorter, 1975＝1987）ものである。これらの知見が，現代においても，ケアする役割を女性に結びつける論理を理解する鍵になると思われる(6)。

分析の課題

以上のような先行研究の検討にしたがい，本章の分析課題を次のように設定する。第1に，「性によって役割を振り分ける」という論理をもった意識のほかに，それとは異なる論理によって結果的に，家庭でのケア役割を女性に振り分けるような意識を発見すること，そしてその論理を明らかにすることである。

第2に，こうして複数の次元の性別役割分業意識が発見されたとすれば，次の課題は，それぞれの次元の性質を明らかにすることである。本章ではこれを，男女の平等に関する意識との関係を検討することによって行う。性別役割分業と男女の平等の関係については2つの考え方がある。ひとつめは，性別役割分業と男女の平等は異なる次元のものであり，したがって両立可能である（いわゆる different but equal）という考え方である。2つめは，性別役割分業をしていること自体が男女の不平等を意味する（いわば different therefore unequal）という考え方である。この2つめの考え方は，性別役割分業と男女の平等は，不平等―平等という同一次元上の両端にあり，両立することはないというものである。フェミニズム第2の波以降，2つめの意識が広まってきたとはいえ，ひとつめの意識も根強い(7)。

もし，性別役割分業意識の次元（第1の課題を参照）によって，平等意識との関係が異なるということが見いだされれば，そのことによって，それぞれの

次元の性質がより明らかになる。そればかりでなく，性別役割分業意識と男女の平等意識との関係について，先の2つの考えを止揚する新しい知見を提供することができる。つまり性別役割分業意識の複数の次元のうち，ある次元は男女の平等と両立可能だが，別の次元は両立不可能であるということを明らかにすることができるのである。

第3に，性別役割分業意識の各次元（第1の課題を参照）と，学歴や職業に関する属性との関係を検討する。先行研究では，性別役割分業意識と学歴は関連することが報告されている。また職業に関しては，職業の有無より，職種や，職業に対する態度が，性別役割分業意識と関連があることが報告されている（東・鈴木，1991）。しかしながらこれらの研究は，性別役割分業意識が複数の次元からなることを明確に意識して行われてはいない。そこで本章では，性別役割分業意識の各次元が，学歴や職業とそれぞれどのような関係にあるかを明らかにする。

2. データ

本章で用いるデータは，近畿圏の高校4校（公立共学高校3校，私立女子高校1校）の卒業者名簿から，1965〜1966（昭和40〜41）年卒業の女性を合計1,449名選び，1993年7月から8月にかけて実施した調査から得られたものである。

表4-2 分析対象者の基本属性 （ケース数＝472）

(%)

本人の年齢		学歴	（本人）	（夫）	本人の職業		子ども	
44歳	0.4	中学校	－	3.7	なし	36.4	あり	94.7
45	44.5	高校	52.3	35.0	パートタイム	35.8	なし	5.3
46	45.8	高専・短大	33.3	4.8	フルタイム	12.4		
47	8.9	4年制大・院	14.0	55.3	自営・内職等	14.8		
48	0.4	その他	0.4	1.3	その他	0.6		
計	100	計	100	100	計	100	計	100

調査は郵送法によって行われ，回収率は41.0％，有効回答率は40.1％であった。有効回答者のうち，夫がある人は88.1％，なしの人は10.8％，不明が1.1％である。分析対象者の属性をそろえるため，本章では夫ありの人のみを分析の対象とする。分析対象者の基本属性は表4-2に示した。この表からわかるとおり，本章で分析対象となる女性は40歳代の後半であり，小さな子どもを育てるライフステージはほぼ終了していると考えられる。

3.「性による役割振り分け」と「愛によるケア役割」の2つの次元

性別役割分業意識の構造

まず，性別役割分業意識の構造を明らかにするために因子分析を行った（固有値1以上の基準で2因子が抽出され，バリマックス回転を行った）。その結果を表4-3に示した。

2つの因子はそれぞれ性別役割分業に対するどのような意識を示しているか。まず第1因子は，「国や地域や会社などで重要な決定をする仕事は，女性より男性に適している」「家事や育児には，男性より女性が適している」「舅・姑の世話や介護をするのは，妻の役割である」といった項目と関連が強い。すなわち「適性や役割を，性別に応じて固定的に振り分ける」という論理によって，「女性のケア役割」を正当化する因子である。したがって第1因子は「性による役割振り分け」の因子と解釈することができる。

一方，第2因子は「3歳になるまでは母親がそばにいてやることが，子どもの成長には必要だ」「愛情があれば，家族のために家事をすることは苦にならないはずだ」「母性愛は，女性にもともと自然にそなわっているものである」といった項目と関連が強い。すなわち，「女性にはもともと愛情（母性愛）が備わっており，その愛情によって女性が家庭でケア役割を担うことが，家族の成長や安心のために役立つ。しかも，そうすることは女性にとって苦にならない」といった論理によって，「女性のケア役割」を正当化する因子である。

第1因子が性別と適性・役割を直接結びつけるという論理，つまり【性別】→【適性・役割】であるのに対し，第2因子は性別と適性・役割の間に愛情（母性愛）という媒介項をおき，それによって性別と適性・役割を結びつけるという論理，つまり【性別】→【母性愛の有無】→【適性・役割】である点に特徴がある。これは，近代家族において「女性→母性愛（家庭愛）→家庭でのケア役割」を結びつけるイデオロギーと同様の論理である。したがって，第2因子は「（女性の）愛によるケア役割」の因子と解釈することができる。

　さらに同じ表4-3で平均値を見ると，「性による役割振り分け」に関連の深

表4-3　性別役割分業意識の因子負荷行列（ケース数＝459）

	第1因子	第2因子	共通性	平均値	標準偏差
①国や地域や会社などで重要な決定をする仕事は，女性より男性に適している。	.846	−.086	.723	2.75	.94
②職場では男性がリーダーシップを発揮し，女性が補助や心配りをすることで仕事がうまくはかどる。	.824	−.174	.710	2.75	.95
③家事や育児には，男性より女性が適している。	.654	−.299	.517	2.30	.96
④舅・姑の世話や介護をするのは，妻の役割である。	.621	−.266	.457	3.10	.85
⑤3歳になるまでは母親がそばにいてやることが，子どもの成長には必要だ。	−.112	.696	.497	1.36	.69
⑥愛があれば，家族のために家事をすることは苦にならないはずだ。	−.168	.677	.487	1.95	.91
⑦母性愛は，女性にもともと自然にそなわっているものである。	−.195	.655	.467	2.11	1.01
⑧女性は，子どもを産んではじめて一人前になる。	−.203	.548	.341	2.49	1.16
⑨夫が安心して仕事に全力投球できるように，支えるのが妻の役割である。	.525	.530	.557	1.96	.90
固　有　値	3.68	1.07	4.75		
寄　与　率	.289	.239	.528		

（注）「そう思う」＝1，「どちらかといえばそう思う」＝2，「どちらかといえばそう思わない」＝3，「そう思わない」＝4（点数が高いほど，性別役割分業に否定的であることを示す）。

い項目（①〜④）では，平均値が3に近く「どちらかといえばそう思わない」という回答が多いことを示している。一方「愛によるケア役割」に関連の深い項目（⑤〜⑨）では，平均値は1と2の間が多く，「そう思う」「どちらかといえばそう思う」という回答が多いことを示している。また因子得点の分布を見ても，「愛によるケア役割」についてはそれを肯定する方向に分布が偏っているが，「性による役割振り分け」についてはこのような偏りはほとんど見られない（図表は省略）。これらのことから「性による役割振り分け」に対しては否定的な女性が多いが，「愛によるケア役割」に対しては肯定的な女性が多いといえる。

　以上から，女性の意識の中で，「性による役割振り分け」と「愛によるケア役割」という2つの次元が併存していることがわかった。このことから，たとえ一方の次元においては「女性が家庭でケア役割を担うこと」に否定的な人でも，もう一方の次元においてはそれを肯定するといったことが起こりうるのである。したがって，「女性のケア役割」に対して人々がどのような意識をもっているかを判断するためには，「性による役割振り分け」に対する意識だけでなく，「愛によるケア役割」に対する意識もあわせて見る必要がある。

性別役割分業意識と男女平等意識

　次に，それぞれの因子と男女平等意識との関係を見よう。本章における男女平等意識は，次の3項目から成っている（表4-4を参照）。第1の項目は「男性と女性は平等に取り扱われるべきだ」というもので，一般的価値の領域での平等意識をたずねている。第2の項目は「女性も男性も，職業に関して平等な機会を与えられるべきだ」というもので，職業領域における平等意識をたずねている。第3の項目は「男性も女性も，家事や子育てなどを平等に担うべきだ」というもので，家庭でのケア役割における平等意識をたずねている。

　この平等意識の3項目それぞれの得点と，性別役割分業意識の2因子それぞれの因子得点との相関係数を表4-4に示した。「性による役割振り分け」の因子は，いずれの平等意識とも負の相関を示す。したがって「性による役割振り

表4-4　性別役割分業意識の2次元と平等意識の3領域との相関

	第1因子 (性による役割振り分け)	第2因子 (愛によるケア役割)
① 男性と女性は平等に取り扱われるべきだ。	－.259**（対立）	－.054（両立可能）
② 女性も男性も，職業に関して平等な機会を与えられるべきだ。	－.320**（対立）	－.040（両立可能）
③ 男性も女性も，家事や子育てなどを平等に担うべきだ。	－.391**（対立）	－.211**（対立）

$** (p<.01)$, $* (p<.05)$

(注)「そう思う」＝1,「すこしそう思う」＝2,「あまりそう思わない」＝3,「そう思わない」＝4,（点数が高いほど，性別役割分業に対しては否定的であり，平等意識は高いことを示す）。

分け」に否定的な人は，一般的価値，職業，ケアのいずれの領域においても，平等意識が高い。すなわち「性による役割振り分け」を肯定する意識は，男女平等を肯定する意識とは相対立する意識である。

一方「愛によるケア役割」の因子は，一般的価値および職業における男女平等意識とは有意な相関がない。すなわち「愛によるケア役割」を肯定する意識は，一般的価値および職業における男女の平等を肯定する意識とは相互に独立である。したがって，一般的価値あるいは職業において平等意識が高く，かつ「愛によるケア役割」にも肯定的ということが十分ありうる，つまり両者は両立可能なのである。

唯一，「愛によるケア役割」を肯定する意識と有意な相関（負の相関）があるのは，家庭でのケア役割に関する平等意識であり，この2つは対立関係（両立不能の関係）にある。

以上から，性別役割分業意識と男女平等意識との関係，つまり「different but equal」（性別分業をしていても男女は平等）なのか「different therefore unequal」（性別分業をしていれば男女は不平等）なのかは，性別役割分業意識がどちらの次元なのかということと，男女平等意識がどの領域のものなのかによって，異なるということがわかった。したがって，男女平等意識から「女性のケア役

割」に対する意識を推測するためには，一般的価値や職業における平等意識ではなく，家庭でのケア役割についての平等意識を見る必要があるのである。

性別役割分業意識と属性

次に性別役割分業意識の2つの次元と属性との関係を見よう。取り上げた属性は「妻（本人）の学歴」「世帯収入に対する妻の収入の割合（以下「妻の収入比」と略記する）」「妻の職業」「夫の学歴」「世帯収入」である。これらの項目[8]

表4-5　性別役割分業意識の2次元と属性との関係（1元配置の分散分析）

			第1因子 (性による役割振り分け)		第2因子 (愛によるケア役割)	
		（ケース数）	平均	標準偏差	平均	標準偏差
妻の学歴	高校	(236)	−.13	1.01	.00	1.00
	高専・短大	(149)	.03	.99	−.07	.93
	大学・大学院	(64)	.39	.87	.11	1.18
	F		7.27**		.73	
妻の収入比	0割	(136)	.06	.91	−.16	1.01
	1〜2割	(187)	−.10	1.00	.09	.91
	3割以上	(76)	.19	1.03	.27	1.21
	F		2.81		4.71**	
妻の職業	なし	(166)	.01	1.00	−.13	.99
	パート	(162)	.04	.95	.05	.93
	フルタイム	(57)	.19	1.00	.39	1.21
	自営・内職・他	(66)	−.21	1.01	−.12	.90
	F		1.81		4.41**	
夫の学歴	中学・高校	(177)	−.08	1.05	.07	.97
	高専・短大・大学・大学院	(268)	.07	.95	−.06	1.03
	F		2.41		2.04	
世帯収入	1000万円未満	(275)	−.05	.98	.00	.99
	1000万円以上	(168)	.09	1.00	−.02	1.04
	F		2.37		.03	

** ($p<.01$), * ($p<.05$)

（注）因子得点が高いほど，性別役割分業に否定的であることを示す。

をそれぞれ独立変数として 1 元配置の分散分析を行った。その結果が表 4-5 である。

まず「性による役割振り分け」の因子と関連があるのは，「妻の学歴」だけであった。学歴が高いほど，「性による役割振り分け」には否定的であった。しかしながら「妻の学歴」は，「愛によるケア役割」とは有意な関連がなかった。一方「愛によるケア役割」と関連があるのは，「妻の収入比」「妻の職業」といった，職業や経済力に関連する属性である。妻がフルタイムの職業をもっている，あるいは妻の収入が世帯収入に占める割合が高い場合は，「愛によるケア役割」を否定する意識が強まる。しかしながらこれら職業や経済力に関する属性は，「性による役割振り分け」とは有意な関連を示さなかった。

最後に「世帯収入」および「夫の学歴」は，どちらの因子とも有意な関連はなかった。

以上の分析から，性別役割分業意識の 2 つの次元は，それぞれ別の要因によって形成されるのではないかという解釈が可能である。まず「性による役割振り分け」に否定的な意識は，高等教育を受けることによって形成される。これは先行研究の知見と一致している。しかし高等教育は，「愛によるケア役割」に否定的な意識を育てることはできない。「愛によるケア役割」を否定する意識を形成するのは，妻自身の職業労働における安定した地位や，家計支持力である。つまり，「女性は母性愛があるので，家庭でのケアは女性の役割である」（愛によるケア役割）という意識に対して，女性が「必ずしもそうではない」と考えることができるためには，その女性が職業領域でも重要な役割を果たしているという事実，またケアだけでなく収入によっても家族に貢献しているという事実が必要なのである。

では，そのような女性はどの程度の割合で存在するのだろうか。本章の分析対象者で見ると，フルタイムの仕事をもっている女性は 12.4 ％（表 4-2 参照），妻の収入が世帯収入に占める割合が 3 割以上という女性は 19.0 ％（表 4-5 参照）とともに少ない。つまり「愛によるケア役割」を否定するための支えとなるような，職業上の地位や収入をもつ女性はごく少数なのである。先述の「性

別役割分業意識の構造」の項で,「性による役割振り分け」に対しては否定的な女性が多いが,「愛によるケア役割」に対しては肯定的な女性が多いことを示したが,その理由はこの点にあると思われる。

4.「生涯ケアラー」としてのアイデンティティ

「性による役割振り分け」と「愛によるケア役割」の2つの次元

本章の分析では次のことがわかった。第1に,女性においては,性別役割分業意識が多次元的なものに分化している。本章では「性による役割振り分け」と「愛によるケア役割」という2つの次元を抽出した。「性による役割振り分け」に対しては否定的な女性が多いが,「愛によるケア役割」に対しては肯定的な女性が多い。

第2に,一般的価値としての男女平等に賛成する意識との関係を見ると,「性による役割振り分け」を肯定する意識は男女平等意識と対立関係にある。しかし「愛によるケア役割」を肯定する意識は男女平等意識とは独立であり,男女平等に賛成しつつ「女性のケア役割」にも賛成するということは十分可能である。

第3に,「性による役割振り分け」に否定的な態度は高等教育によって形成される。一方「愛によるケア役割」を否定する態度は,高等教育では形成されず,女性自身がフルタイムの職業をもったり,世帯収入における貢献度が高いことによってはじめて形成される。しかしそのような女性は少ない。

1次元的とらえ方と2次元的とらえ方

以下ではこれらの結果をもとに,「男は仕事,女は家庭」という考えが支配的でなくなった現代でも,多くの女性が,家庭において家族をケアすることを自分の役割として重視していることについて考察したい。

性別役割分業意識を,従来のように「性による役割振り分け」(すなわち「男は仕事,女は家庭」)によって1次元的にとらえるとすれば,人々の意識のパタ

図4-2　性別役割分業意識を1次元的にとらえる場合と2次元的にとらえる場合の比較

【1次元的にとらえる場合】

「性による役割振り分け」

肯定
Ⅰ
────────
Ⅱ
否定

【2次元的にとらえる場合】

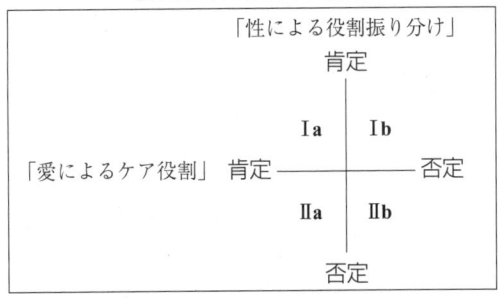

「性による役割振り分け」
肯定

　　　　　　Ⅰa　　Ⅰb
「愛によるケア役割」　肯定 ──────── 否定
　　　　　　Ⅱa　　Ⅱb

否定

ーンは図4-2の左側に示したように，「性による役割振り分け」を肯定する／否定するという2つのパターンに分けられるだけである。このとらえ方によると，Ⅰは性別役割分業を肯定する意識，Ⅱは否定する意識と類型化される。そして，Ⅰの性別役割分業を肯定する意識は，1990年代になるともはや支配的なものではなくなった。この1次元的とらえ方によると，性別役割分業の否定は女性のケア役割の否定ということになるので，1990年代以降は女性のケア役割を肯定する意識は弱まっているということになる。

しかしながら性別役割分業意識に「性による役割振り分け」と「愛によるケア役割」という2つの次元があるとするならば，それぞれに対する肯定・否定によって，人々の意識は図4-2の右側に示したように4つのパターンに分けることができる。まずⅠaは，「性別」と「愛の有無」との両方を基準に，女性には家庭役割を，男性には仕事役割を割り当てる意識である。次にⅠbは「愛」の媒介なしに，「性別」という基準だけによって男女に役割を振り分けるという意識である。以上ⅠaとⅠbは，その論理は異なるとはいえ，両者とも性別役割分業を肯定し，結果として「女性のケア役割」を肯定する。

次にⅡaは「性による役割振り分け」は否定する（すなわち女性が仕事に就くことに反対はしない）が，「愛によるケア役割」は肯定する（すなわち家庭でのケ

アは女性の役割であると考える）というパターンである。このパターンは，「男は仕事，女は家庭に加えて仕事」という女性の二重労働や中断再就職型の就労パターンを支持する意識とつながる。しかしそれだけではない。このパターンは，「仕事役割は担わず，家庭でのケア役割のみ担う」という女性のライフスタイルを支持する意識にも十分つながりうるのである。このことについて，ボニー・スミス（Smith, 1981＝1994）の研究を参考に論じよう。

「男は仕事，女は家庭」に反対でも「女性のケア役割」に賛成するしくみ

　第2章「ケア，世代関係，公共／家内領域，自立／依存をどうとらえるか」で論じたように，近代の支配的イデオロギーにおいて公共領域は，労働・政治・金銭的取引が行われる領域であり，そこでの支配的原理は自立と競争である。一方，家内領域はケアが行われる領域であり，そこでの支配的原理は相互依存と愛である。そしてこのイデオロギーにおいては，公共領域と家内領域は対等な関係ではなく，家内領域は愛の原理によって，公共領域を補完し支えるものとして位置づけられていた（たとえば「家庭は競争社会での疲れを癒し，再び競争社会へ発ち帰って行くための一時的避難所」という家庭観に代表されるような位置づけ）。

　ところがスミスの分析によると，19世紀フランスにおいて，中産階級の女性たちは，2つの領域の関係をこれとは別のしかたでとらえていた。家庭外の生活から撤退し家事・育児に専念した彼女たちは，産業社会の合理主義（理性の重視）に対して信仰を，そして自由主義的な競争の原理に対して家庭の原理（すなわち愛の原理）を信奉していた。彼女たちの価値意識において愛の原理は，産業社会の原理を補完し支えるものではなく，むしろ，産業社会の原理と鋭く対立するものとして表象されていた。この考え方にもとづき中産階級の女性たちは，夫たちが信じる競争の原理を嫌悪し，それを愛の原理に置き換え，愛の原理を家庭の外の世界にも広げるべきだと感じていた。そして，宗教勢力の復興や慈善活動等を通じてそれを実践しようとしていた。

　この研究によってスミスは，公共領域と家内領域の関係について2つの考え

方があることを示した。ひとつめは支配的イデオロギーである産業社会の原理にしたがった考え方で、家内領域は公共領域の従属物であり補完物であるという考え方である。もうひとつは中産階級の女性たちの考え方で、両者は価値的に対立し、家内領域の愛の原理のほうがより高い価値をもつという考え方である。ただしもちろん、中産階級の女性たちの経済生活は、夫たちおよび産業社会から生み出される富によって支えられていた。したがって彼女たちの意図とは別に、公共領域において愛の原理が支配的になることは実際には難しく、愛の原理は競争の原理を支えることに終始しがちであった。

　以上のようなスミスの分類を参考にして、「性による役割振り分け」と「愛によるケア役割」がそれぞれどのような意味をもつのかを考察してみよう。

　まず「性による役割振り分け」の論理にしたがうと、仕事（職業）と家庭はどのような関係にあることになるのか。先に見たように「性による役割振り分け」と男女平等意識が対立関係にあったことからみて、「性による役割振り分け（つまり男は仕事、女は家庭）」という意識は、男性（の職業労働）に比して女性（の家事・ケア労働）を低くみるというニュアンスを色濃くにじませている。つまり「家庭」は「仕事」の従属物・補完物にすぎず、家庭領域での「愛」は、仕事領域での競争原理がよりうまく機能するための支えにすぎないということになる。

　それに対して「愛によるケア役割」の論理は、「仕事」については一切言及せず、もっぱら「愛」という原理が人間にとって重要であることを強調する。そしてその「愛」を女性の特性として割り振るというものである。「愛によるケア役割」が一般的価値としての男女平等の意識と両立しうるという分析結果からしても、女性は「愛」という特性をもつがゆえに、男性と対等の（あるいは男性を上回る）価値をもつという含意が、この因子に含まれているのである。

　以上のように、性別役割分業意識の2つの次元がこのようなものであるとすれば、「性による役割振り分け」は否定する一方で、「愛によるケア役割」は肯定するというIIaのパターンは、産業社会を拒否して家庭の原理に価値を見いだす、つまり「仕事役割は担わず、家庭でのケア役割のみを担う」という女性

のライフスタイルを支持する意識とも十分つながりうる。しかも一般的価値として男女平等を支持しつつ，この意識をもつことも十分可能なのである。そしてこのパターンは「愛によるケア役割」という次元の分化によって生まれたものである。

　最後にIIbは，性別役割分業意識の2つの次元を両方とも否定するというパターンであり，このパターンによってはじめて「家庭でのケアは女性の役割」という意識は否定されるのである。

　以上から，現在，男女の平等意識が広まり「男は仕事，女は家庭」（性による役割振り分け）を否定する女性は増えた。しかし「愛によるケア役割」の次元が分化してきたことによって，男女平等に賛成し，「男は仕事，女は家庭」に反対するにもかかわらず，「女性のケア役割」は肯定するという意識が維持されているのである。本調査より後に行われた他の調査もこの知見を支持している（たとえば西村（2001），岡本（2000），島（1999）を参照）。しかも本章の分析によって示されたのは，40歳代後半という小さい子どもの子育てがほぼ終わったライフステージにおいても，女性のケア役割を肯定する意識が強いということである。

「生涯ケアラー」としてのアイデンティティ

　本章の分析から，家族（特に子ども）をケアするという役割は，現代においても，そして小さい子どもの子育てが終わったライフステージにおいても，さらに「男は仕事，女は家庭」という「性による役割振り分け」に反対している場合でさえも，女性のアイデンティティの中心を占めていると論じることができる。[9]

　このようなケアラーとしてのアイデンティティが，「家族を介護する」ことには積極的でありながら，「家族に介護される」ことは避けようとするという女性の意識を背後で規定しているのではないだろうか。つまり女性は，高齢期になってケアされることが必要になっても，家族にだけは迷惑をかけたくない，家族に対してはあくまでケアする存在でいたいという意識，つまり「生涯

(にわたる)ケアラー」としての意識をもっているのである(「生涯ケアラー」という用語については,注(10)を参照)。

そしてこの「生涯ケアラー」としてのアイデンティティをもつ女性にとって,家族を介護することは引き受けるが,家族に介護されることは避けるという選好は,労働や負担という側面からは自己の利益に反するので合理的ではないかもしれない。しかし「生涯ケアラー」としてのアイデンティティの維持という意味では,きわめて合理的なのである。

母性愛イデオロギーの「意図せざる結果」

このことはケアの社会化という点から見ると,非常に皮肉な「意図せざる結果」を生んでいるかもしれない。母性愛やケア役割を強調するイデオロギー政策を実施し,母親が自分の手で育児をすることを推奨すれば,育児面におけるケアの社会化はそれほど求められないかもしれない。しかしその意図せざる結果として,ケア役割を内面化し「生涯ケアラー」としてのアイデンティティをもった女性は,介護面では一転して,子どもや夫に迷惑をかけないよう自分の介護を専門家に頼りたいと考えるのではないか。つまり,母性愛やケア役割をイデオロギー的に強調すればするほど,そしてそれが女性たちに受け入れられれば受け入れられるほど,女性たちは介護面では,ケアの社会化をよりいっそう求めるようになる。このようなパラドクスが実際に起こっているかもしれない。「自分の介護は専門家に頼る」という女性の意識の高まりは,まさにこの表れかもしれないのである。

ところで本章の先行研究でも確認したように,かつて高齢者(男女に関わらず)を介護することは嫁の役割とされていた。このような規範があるならば,女性は壮年期まではケアラーであったとしても,高齢期になると,少なくとも嫁に対してはケアラーである必要はなくなり,「自分の介護は嫁に頼る」という老後イメージをもてたはずである。それではいつ頃どのようにして女性は,「介護を嫁に頼る」ことをあてにできなくなったのか。つまりいつ頃どのようにして,女性は「(嫁の介護に頼れない)生涯ケアラー」となったのか。次の章

ではこの点について検討する。

【注】
(1) 江原由美子は性別分業を次のように定義している。「男女の性別役割の分化を，労働における分業という観点から捉えるとき，それを性別分業という。この定義からすれば，性別分業という語は，かなり広い現象に使用することができるが，通常は近代社会における「男は仕事，女は家庭」といった家族内での役割分化に対応させた，市場労働と家事労働の夫婦間での分業を意味する」(江原，1993)。本章では「性別役割分業」を，江原のいう「性別分業」と同じものとして用いる。
(2) 例として，原・肥和野 (1990)，長津 (1982)。
(3) 心理学においては「性役割態度」，社会学においては「性役割意識」という用語が一般的に用いられている。本章では，これらと「性別役割分業意識」はほぼ同じものを意味していると考える。性別役割分業意識に関連する研究のレビューについては，東・鈴木 (1991)，東・小倉 (1984) を参照。
(4) 家庭での役割に関する意識と，仕事でのそれが異なる次元を構成しているということは，鈴木 (1991)，Mason and Bumpass (1975) などによっても指摘されている。
(5) 関井らの第3因子「男女の役割逆転」はドレイヤーらの分析では第1因子に含まれている。日米女性の性別役割分業意識の違いとして興味深いが，本章ではこの点の考察は行わない。
(6) 山田 (1989) も，感情についての社会規範という観点から，女性と家事・育児役割の関係を理解するためには，女性と愛情（情緒性）とを結びつける規範の考察が必要であると述べている。また近代の日本においても，【女性】→【母性愛（家庭愛）】→【家事・育児役割】の結びつきについて，西欧と同様の関係がみられることについては，牟田 (1990b)，山本 (1991)，大和 (1994) を参照。
(7) 塩田 (1992) は後者のような意識を「主婦フェミニズム」と呼び，1980年代の日本においてはこれが主流であったと論じている。
(8) 本章で用いた調査の設計においては，回収率があまり小さくならないようにするため，プライバシーに深く立ち入る項目を直接的にたずねることは避けた。したがって収入については，「世帯収入」と「世帯収入に対する妻の収入比」のみをたずねている。
(9) このように考えると，子どもがかわいく思えないことを公言するという1990年代に顕著になった「新しい」母親像は，実のところ，母として子のケアをすることが，現在でも女性のアイデンティティの中心でありつづけているということを示すものではないだろうか。山根 (2008) は「子どもがいてもファッシ

ョンには気を配り『とてもママに見えない』と言われたい」といった「新しい」母親意識が，子どもへの献身・母性愛などを強調する意識と並行して存在しているという調査結果を報告している。たしかに女性は「子どもをかわいく思えない」といった「母親らしからぬ」感情を公に表現するようになった。しかし多くの場合，彼女らは自分がそのような感情をもつこと自体に傷つき悩んでいるのである。このことは，彼女らが「自分は子どもの世話をすべき存在である」と深く内面化しているからこそ，子どもがかわいく思えないことは，そのアイデンティティを脅かす切実な悩みになるということを示しているのではないだろうか。また，「母親自身にとっての楽しい育児」を追求するという傾向にしても，「自分は子どもの世話をすべき存在である」と内面化しているからこそ，他のことではなく，子育てという役割自体を何とか楽しいものにすることを真剣に追求するのではないだろうか。

(10) 「生涯ケアラー」は，家族に対しては生涯にわたってケアする側でいたいと考えているが，それゆえに，自分自身の介護については，専門家にケアされたい（つまり専門家に対してはケアされる側に立ちたい）と考えている。したがって正確には「生涯家族ケアラー」と命名すべきかもしれない。しかし，自分自身のケアが必要になっても，家族に対しては「あくまでケアラーでいたい」という女性の意識（そしてこのような無理な意識を，女性にもたせてしまう女性の社会的位置づけ）を強調するために，本書ではあえて「生涯ケアラー」という用語を用いることにする。

第5章

生涯家計支持者と生涯ケアラーの誕生

1. なぜ嫁をあてにできなくなったのか？

　ここまでの章で次のことを論じた。「専門家による介護を選好する人は女性により多い」というデータについて、「通常の解釈」では「家族を介護することを避けようとする女性」というイメージで解釈されていた。しかし介護する意識とされる意識の比較から、女性は実際には「家族に介護される」ことを避けようとしているのであり、「家族を介護する」ことにおいてはむしろ積極的であることがわかった。そして、このような女性の意識を背後で規定しているのは、「生涯（にわたる）ケアラー」としてのアイデンティティであった。
　ところで家制度の時代においては、高齢者の介護は嫁の役割とされていた。あるカテゴリーの人（たとえば高齢の親）を介護するという役割を社会規範・制度によって期待されている人を、そのカテゴリーの人にとっての「準制度化された介護者」とよぶならば、高齢者にとって「嫁」はまさに「準制度化された介護者」であった。したがって女性は壮年期まではケアラーであっても、高齢期になると、少なくとも嫁に対してはケアラーでいつづける必要はなく、自分の介護について嫁を当てにすることができたはずである。それでは、いつ頃どのようにして、嫁は「準制度化された介護者」でなくなったのか、つまり「嫁には介護を頼れない」という意識が広まったのか。

この章では，第2章「ケア，世代関係，公共／家内領域，自立／依存をどうとらえるか」で論じたようにポリティカル・エコノミー・パースペクティブにしたがい，資源へのアクセスや社会政策の変化が，世代関係についての人々の意識に影響を与えたことを見ていく。その際には身体的介護と経済的扶養の2側面を区別した上で両者を比較し，その相互関係を検討するという視点をとる。

2. 日本における高齢者の扶養・介護に関する制度

第2次世界大戦前の制度

戦前における高齢者の扶養・介護は，家制度のもと，家族による私的なそれが原則だった。しかも経済的扶養と身体的介護は同居により一体のものとして行われることが普通だった。民法の公布以前には扶養について定めた成文法はない。ただし新律綱領（1987＝明治4年）や改定律例（1873＝明治6年）といった刑法典において，老親に対する扶養義務を前提とした条文が存在する。また1871（明治4）年の戸籍法においては，戸主が老親を扶養・介護するものと考えられていた。このように民法制定以前においても，老親に対する扶養・介護は子の義務と観念されていた（小川，1958）。

1980（明治27）年に公布された民法（以下「旧民法」とよぶ）では，扶養について定められた。扶養権利者の順位については，親と子は直系血族として同順位とされた。また配偶者間の扶養義務については，親子間の扶養とは別の箇所に定められており，したがって親の扶養と配偶者の扶養のどちらが優先されるかについては，条文上は明示されていなかった。ただし第一草案の理由書によると，夫婦の相互扶助の義務は婚姻より生じる義務で，親族間（親子間を含む）の扶養義務に優先すべきであるのは当然であり，明文をまたないとされていた（石井，1958）。

このような内容をもつ旧民法は，公布後，日本の伝統的な家族道徳を破壊するという反対にあい，民法典論争を経て廃止された。その後1898（明治31）年に新たな民法（以下「明治民法」とよぶ）が公布・施行された。明治民法にお

ける扶養権利者の順位は，①直系尊属，②直系卑属，③配偶者，…とされ，旧民法とは異なり，子・配偶者より親を優先する規定となった。また，扶養を単なる金銭支給の関係としてではなく，引き取り扶養に重点を置いて位置づけたいという意図から，旧民法の「養料ヲ給スル義務」という用語は，明治民法では「扶養ノ義務」に変えられた（石村，1958）。ここにおいて，成人子が老親と同居して扶養・介護をする，そしてそれは自分の子や配偶者に対するそれより優先されるべきであるという原則が，明文化されたのである。

しかし同じ戦前期に，明治民法とは逆の扶養順位，つまり親の扶養より，子・配偶者の扶養を優先することを原則とする制度が存在する。それは，軍人・官吏などの遺族に対する公的扶助制度である。この制度においては，国家からの遺族扶助料を受け取れる人として，残された妻と子どもが父母より優先される扱いになっている。そして，実際に遺族（妻と義父母）の間で紛争が生じたときも，裁判所は妻の権利の方を保護した（白石，1990）。この遺族扶助制度と明治民法の規定とのくい違いは，次のように理解できる。将来の労働力・兵力である子ども（とその養育者である寡婦）に対しては，国家が公的に財政的援助をする。しかし高齢の親の扶養に対しては，国家による扶養の優先順位は低く，老親の扶養はあくまで家族によって私的に行われねばならない。そのために，家族による私的扶養の権利者としては老親を最優先すべし，という明治民法の規定が必要だったのである。

この私的扶養の原則のもと，戦前の公的扶養制度は非常に限定的でスティグマ的なものだった（以下で「スティグマ的」とは，支援を受けることが「権利」ではなく「恥」とみなされるような性質を意味する）。戦前の制度としては恤救規則（1874＝明治7年）と救護法（1929＝昭和4年）があるが，これらはともに本人に労働能力がある場合は保護対象からはずし，家族や隣保による扶助が得られない場合にのみ公的扶助を行うという，制限扶助主義にもとづくものだった。そして困窮者を援助する縁者や隣保の義務は，困窮者その人に対する義務というより，国に対する義務，すなわち「お上に迷惑を掛けない義務」と観念されていた（小川，1958）。

スティグマ的でない老後の経済的支援としては，軍人や官吏に対しては恩給があった。また民間企業の労働者に対しては，1941（昭和16）年に労働者年金保険制度がつくられ，それを拡充して1944（昭和19）年には厚生年金保険制度が発足した。しかし20年間の拠出が必要であり，また年金額もわずかであることが予想されたため，当時においては老後の頼りとなるような制度ではなかった（百瀬，1997；山崎，1985）。

　以上のように戦前においては，家族が老親を私的に扶養・介護することが原則とされた。したがって「孝」規範を人々の心に叩き込むことが求められ，儒教的家族道徳による教育によってそれが行われた（折井，1997；新村，1991）。川島武宜によると，戦前における儒教的家族道徳の中心は忠孝一致のイデオロギーであった。これは忠（天皇―人民の関係）と孝（親―子の関係）の同一性ないし類似性を強調するという論理をもち，その論理によって家族に対する情緒的反応を天皇についても条件付け，それによって権力的な関係を見えにくくするというものであった（川島，2000a［1955］）。

国家による「孝」規範の動員

　ただし，明治期の修身教科書を分析した牟田和恵によると，孝や忠が意味する内容は時代とともに変化している。親子関係と，天皇との関係に注目して，その変化を見よう。

　まず，明治初年から明治10年代半ば（1882年ごろ）までは，親子関係に関しては，子から親への一方的・絶対的・不合理なまでの徹底的服従と奉仕が，内容のほとんどを占めた（たとえば病気の親に対して子が，自らは満足な栄養も睡眠もとらずに生計を支え懸命に孝養をつくす，親の命を子が自ら身代わりになって救うといった例に見られるように，不徳があったり無理な要求をする親に対しても，子は徹底的な服従をする，子は自らの生命までも犠牲にして親の要求・希望をかなえるといった内容である）。天皇については，この時期までの教科書では基本的に扱われていなかった。

　次の明治10年代半ばから明治20年代半ば（1882～1892年ごろ）になると，

まず親子関係については，前の時期に見られた，親子の隔絶した上下関係や不合理な絶対的服従の描写はあまり見られなくなり，むしろ親子の情愛的関係に言及が始まった。天皇については，神格化された存在として教科書に登場するようになったが，そこでの天皇は常に歴史的題材によっており，現実に存在する明治天皇のイメージは感じられなかった。

最後に明治20年代半ば以降（1892年ごろ以降）になると，親子関係については，親への絶対的服従や身分的隔絶のイメージは影を潜め，父母の愛や家庭の親しみが強調されるようになった。天皇については，この時期の教科書には明治天皇や皇后自身が登場し，その行動や意思が描写され，具体的人物像が作り上げられていった。そこでの天皇や皇后のイメージは，民衆から隔たった支配者ではなく，国民の父母としてその慈愛が強調されるようになった。さらにこの時期以降はそれ以前とは異なり，父母への孝ではなく，天皇への忠が第一の徳とされることになった（牟田，1990a）。

また川島武宜は，昭和に入り日本が恒常的な戦争状態に突入した時期に書かれた，家族制度イデオロギーを宣伝・解説する書物について分析している。川島によると，それらの書物に見られる「孝」のイメージは，親子の身分的隔絶や絶対的服従よりは，親子の一体感・和・愛情を強調するものとなっている。さらにこれらの書物において，天皇と人民の関係は，親子関係と同一性あるいは類似性をもつものとして，ますます強調されるようになった（川島，2000b［1957］）。つまり国家によって動員された「孝」規範は，親に対する敬愛を強調するだけでなく，それからの類推によって，天皇や国家に対する敬愛・忠誠をもイメージさせるものとなっていったのである。

また次の点も指摘しておきたい。「孝」のイメージは，日本人としてのナショナル・アイデンティティ（日本人らしさ）に結びついたものとして語られることが多い。しかしそれだけではなく，普遍的な「人間らしさ」とも結びつけられていた。たとえば1882（明治15）年に刊行された『幼学綱要』は，川島武宜（2000b［1957］）によって，忠孝一致のイデオロギーの基礎を築いた書物として位置づけられているが，その中では，父母の恩は人間に普遍的なことで

あり，その恩に応えることも人間に普遍的なこと，つまり「人間らしさ」として位置づけられている。

また川島は，昭和の戦争状態の中で刊行された家族制度イデオロギーを宣伝・解説する書物において，「孝」は「人類の自然の情」としてその普遍性を強調されるようになってくると論じている。その一例として，『国体の本義』（日本の国体に関する解釈書として1937（昭和12）年に文部省より刊行された）における次のような一節を引用している。「我が国民の生活の基本は，西洋の如く個人にもなければ夫婦にもない。それは家である。家の生活は，……その根幹となるものは，親子の立体的関係である。……生み生まれるといふ自然の関係を本とし，……すべての人が，まずその生れ落ちると共に一切の運命を託するところである。……わが国の孝は，人倫自然の関係をさらに高めて，よく国体に合致するところに真の特色が存する」。ここでは「孝」の「日本人らしさ」の側面と，「人倫自然の関係」つまり普遍的な「人間らしさ」が巧みに結合されている（川島，2000b［1957］：192）。

これらの研究から，戦前において国家によって動員された「孝」規範は，相互に矛盾する内容を同時に含みつつも（たとえば，「親に対する子の絶対的服従」対「親子の愛情・親しみ・和」，「日本人らしさ」対「普遍的な人間らしさ」，「親への敬愛」対「天皇や国家への忠誠」など），一貫して肯定的な意味を付与されていたことがわかる（ただし女性高齢者に対する「孝」は，男性高齢者に対するそれほどには強調されていなかった可能性については，第4章「女性とケア・アイデンティティ」で指摘した）。

第2次世界大戦後から1960年頃まで

第2次世界大戦後になると，民法改正により家制度は廃止された。しかし，親子相互の扶養義務は改正後の民法（以下「戦後民法」とよぶ）においても定められた。ただし戦後民法では，扶養の順位・程度・方法などは定めず当事者間の協議にゆだね，協議が調わないときは家庭裁判所がこれを定めることとなった。このことは扶養に関して，事前の予想ができないという頼りがいのなさを

図5-1 産業別労働者人口（全年齢）

(資料) 国勢調査。

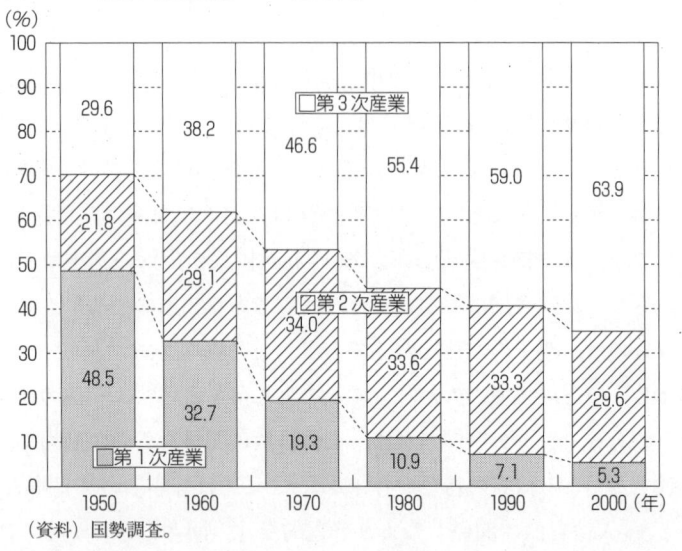

　人々に印象づけるものとなった（湯沢，1970）。また戦後民法の法的家族像の中心は，戸籍の編成に見られるように，夫婦と未婚の子からなる家族である（利谷，1991）。これらのことは「戦後民法によって親の扶養義務はなくなった」という印象を一部の人に与え，高齢者の不安を強めた（川島，2000a [1955]）。

　また1950年代後半から始まった経済の高度成長は，産業構造や家族の構造を大きく変えた。図5-1に示したように，1950年以降，第1次産業人口は大きく低下した一方で，第2次・第3次産業人口は増加した。このことは，自営業世帯が減少した一方で，サラリーマン世帯が増加したことを意味する。さらに，第1次産業人口の低下の幅に注目すると，1950年代と1960年代の変化が大きく，1970年代は変化の度合いがにぶり，1980年代以降は大きな変化は見られなくなった。

　このような産業構造の変化は，世帯形態の変化をともなった。国勢調査によると，日本における65歳以上人口の比率は，1920（大正9）年から1950（昭和25）年頃までは5％前後で推移しほぼ一定だった。しかし図5-2aに示したよ

図5-2a 65歳以上人口の全人口に対する比率

図5-2b 65歳以上の世帯形態

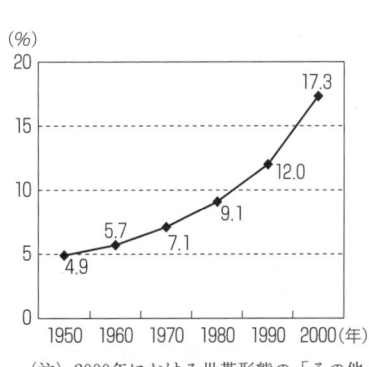

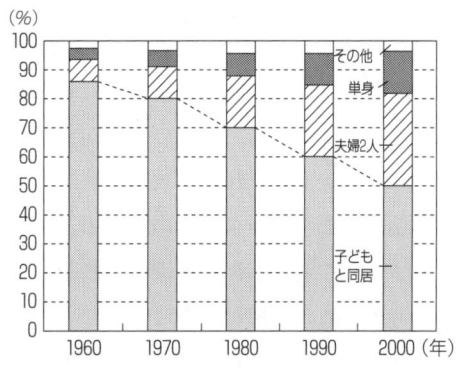

(注) 2000年における世帯形態の「その他」には施設に入所している者は含まない。
(資料) 国勢調査。

うに，高度経済成長が始まる頃から増加し始め，1970（昭和45）年に7％，1985（昭和60）年に10％，そして1995（平成7）年には14％を越え，2000（平成12）年には17.3％となった。

　図5-2bでこれら65歳以上の人々がどのような世帯形態で暮らしているかをみると，1960（昭和35）年においては，9割近くが子どもと同居していた。湯沢雍彦は，1955（昭和30）年より前においては，9割以上が子どもと同居していたと推測している（湯沢，1998：240-242）。さらに高度経済成長が終わりに近づいた1970（昭和45）年の時点でも，約8割が子どもと同居していた。しかしその後，同居率はほぼ一定の割合（10年間で10％前後）で減り続け，2000（平成12）年では，子どもと同居している高齢者の割合は約5割にまで減少した。一方，夫婦2人暮らしや単身の高齢者は，1960（昭和35）年においてはそれぞれ7％と3.8％，あわせて1割強に過ぎなかったが，その後は増加し続け，2000（平成12）年ではそれぞれ3割強と1.5割強，あわせて5割弱を占めるようになった。夫婦2人暮らしと単身の合計でその増加の度合いを見ると，1960年代より，それ以降における増加の度合いが大きい。

　このような就業構造や世帯形態の変化は，世代関係についての人々の意識に

何らかの影響を及ぼしたことはたしかであろう。サラリーマンは家業を継がないので，親のビジネス上の資産や人脈に依存する必要がない。また経済成長により子世代は収入が増加し，将来の資産確保に対する見通しも容易になった（河畠，2001）。戦前の「孝」意識には，親から家業や資産などの生活基盤を譲られることにより，子世代の生活が立ち行くという親の恩に対して，子が報いるという意味も含まれていた（田中，1998）。しかし経済成長はこのような親子の関係に変化をもたらしたのである。こうして子世代が親世代に依存する度合いが少なくなるにつれ，親世代の側でも，老後の扶養を子世代に頼ることを当然と考えることが難しくなった。

　さらに，高度成長による長期安定雇用，年功賃金（＝家族賃金）といった慣行の広がりによって，夫1人の収入で妻子を養うことが望ましい家族のあり方であるという，家族や男らしさについての新しいイメージ（男性家計支持者モデル）も広まった。このイメージに影響を受けた人々（特に家計支持者であることを期待された男性）は，子どもに扶養されるという老後を，望ましいものとは感じにくくなっただろう。

　しかしながら1960年当時，恩給や年金を受けていた人は65歳以上人口の1割にも満たなかった（河畠，2001）。したがって多くの人々は老後の扶養を子どもに頼らざるをえなかった。図5-3a〜3cは1969年と1973年に行われた調査の結果である。図5-3aをみるとどちらの時点においても，60歳以上の回答者のうち，老後は自分たち夫婦の収入や財産だけで「生活できる」という人は約3割だけであり，「生活できない」という人が約6割と多数派であった。

　「生活できる」と答えた人についてその主な収入源をたずねると，図5-3bに示したように，事業・勤労収入や財産収入をあげる人が多く，年金・恩給をあげた人は複数回答にもかかわらず35〜36％と少数派であった。一方「生活できない」と答えた人に，何に頼ろうと思っているかをたずねた結果を見ると，図5-3cに示したように，9割以上の人が子ども・親戚と答えている。

　このように高度成長の末期においても，多くの高齢者は子どもに頼らざるをえなかった。先に見たように国勢調査によると，1960（昭和35）年においては

図5-3a 老後，自分（たち夫婦）の収入・財産だけで生活できるか

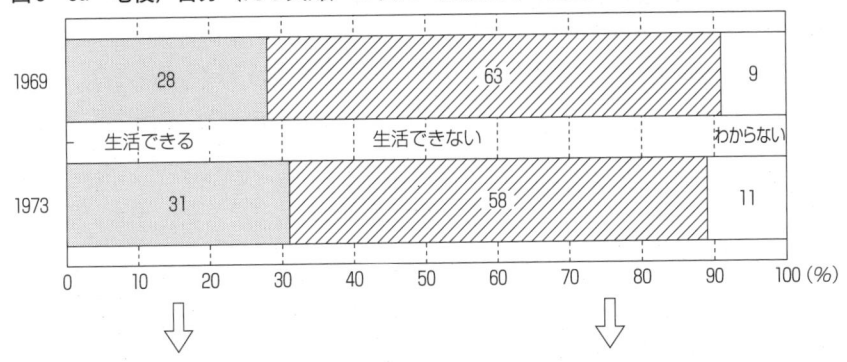

年	生活できる	生活できない	わからない
1969	28	63	9
1973	31	58	11

図5-3b 「生活できる」と答えた人のおもな収入源（複数回答）

	1969	1973
事業・勤労収入	52	52
財産収入	45	30
年金・恩給	35	36
その他・わからない	6	2

図5-3c 「生活できない」と答えた人が何に頼るか（複数回答）

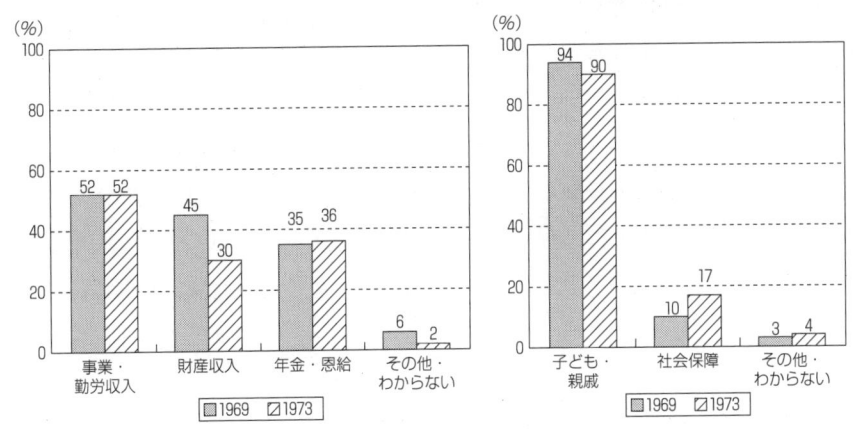

	1969	1973
子ども・親戚	94	90
社会保障	10	17
その他・わからない	3	4

（質問）「あなたは将来（これから先）お子さんか誰かに頼らなくても，あなた（や配偶者）の収入や財産だけで生活できそうに思いますか，それとも何かに頼らなければ生活できそうにないと思いますか」。（生活できると答えた人に）「それはおもにどんな収入ですか」。（生活できないと答えた人に）「それでは何に頼ろうと思っていますか」。
（回答者の年齢）60歳以上。
（資料）表5-2の②③の調査。

65歳以上人口の約9割が子どもと同居しており，1970（昭和45）年の時点でも約8割が子どもと同居していた。このような高い同居率の背後には，高齢者が老後の経済を子どもに頼らざるをえないという現実があったのである。

老人福祉法は，このような時代を背景に1963（昭和38）年に制定された。同法第二条には，「老人は，多年にわたり社会の進展に寄与してきた者として，かつ，豊富な知識と経験を有する者として敬愛されるとともに，生きがいを持てる健全で安らかな生活を保障されるものとする」という規定がおかれている。橋本宏子は，特にこの前半部分を「敬愛規定」とよび，戦前の「孝」イデオロギーにかわって，子による高齢者の同居扶養を正当化する政策上の論理であったととらえている。同時に「敬愛規定」においては，敬愛されることの理由として「多年にわたる社会の進展への寄与」がおかれており，これによって，高齢者に対する普遍主義的な敬愛ではなく，業績主義にもとづく敬愛が強調されていることも示唆している（橋本，1990）。つまり老人福祉法において同居扶養は，高齢者が「子世代から敬愛されていること」の目に見える形であり，「社会に貢献してきたこと」の証しであると位置づけられたのである。

以上のように高度成長期の頃までは，同居によって老親の経済的扶養と身体的介護を一体のものとして行うというやり方が広く維持されていた。しかし公的支援制度に目を向けると，経済的扶養の制度と身体的介護の制度は，1960年代からしだいに別のものとして発達していく。このことを次に見ていこう。

1960年代以降における経済的扶養の制度

まず経済的扶養に関しては，スティグマ的でない支援制度として，1950年代から1970年代の初めにかけて，公的年金がしだいに整備されていった。戦中に発足した厚生年金制度は，戦後のインフレのため休止状態にあったが，1954年の改正により立て直しが図られた。しかし20年間の拠出後，受け取る年金額は平均的夫婦で月3500円（当時の工業労働者の平均賃金の20％）というわずかなものだった（山崎，1985）。また1961年から農業者や自営業者を対象とする国民年金が発足するが，発足当時に予定された給付額は，25年間の拠

出で月額2000円，夫婦2人で4000円だった。しかもこの金額は，当時すでに高齢期に入っていた人が受け取れたわけではなかった。そこで法施行時すでに高齢で拠出制の国民年金の対象者とならなかった人々に対しては，無拠出の老齢福祉年金が採用された。しかしその金額はさらに微々たるものだった(Campbell, 1992＝1995)。

　その後，厚生年金においては1965年の改正（「1万円年金」)，国民年金においては1966年の改正（夫婦2人で月額1万円）を契機として，老後の頼りになるような支給額がめざされ，年金額は上昇していく。特に画期となったのは，「5万円年金」の支給をめざして行われた1973年の厚生年金保険法の改正である。この改正により，標準的な年金額は現役労働者の平均標準報酬の60％程度を確保するという原則と，物価スライド制が打ち出され，以後この原則にしたがって，年金額は毎年のように引き上げられることとなった。また国民年金についても1973年に，夫婦で月額5万円の支給をめざすという改正が行われた（山崎，1985；1988)。この年金額の上昇に対応するため，公的年金制度はそれまでの積み立て方式（将来の年金を自分が積みたてる）の性格から，賦課方式（現役世代の保険料によって支えられる）の性格を少しずつ強めていった（駒村，2003：49；小島，2002：94)。

　このように年金額が上昇していった結果，1980年代に入ると，老後の生活費において公的年金が中心的位置を占めるようになる。山崎広明によると，厚生省の厚生年金・老齢年金受給者に関する実態調査において，厚生年金受給者のうち男子が世帯主の世帯では，生活費に占める厚生年金の割合は，1972年では2割強であったものが，1981年には4割強へと増加している（女子が世帯主の世帯でもほぼ同じ)。また厚生年金受給者に限らない高齢者世帯（男65歳以上，女60歳以上の者のみで構成するか，またはこれらに18歳未満の者が加わった世帯）について，『国民生活基礎調査』とその前身である『厚生行政基礎調査』によって，総所得に占める年金・恩給の割合を見ると，1976年の26.6％から1982年の43.2％へ上昇している。さらに山崎のモデル的計算によると，平均的勤労者は，1972年までは厚生年金と貯金利子を合わせても老後生活費の4

割程度をまかなえたに過ぎないが，1980年には老齢年金のみで43.0％，これに貯金利子を加えると65.3％をまかなうことが期待できるようになった（さらにモデル年金の場合だと，老齢年金のみで58.1％，貯金利子を加えると80.4％をまかなうことができる）（山崎，1985）。つまり1980年代初めには，年金によって，子とは経済的に独立した生活を営める高齢者が増えていったのである。

1960年代以降における身体的介護の制度

一方，身体的介護に関しては，貧困でなくかつ家族もある高齢者が利用可能な，スティグマ的でない公的支援制度は，1990年代に入るまで非常に貧弱だった。1950年の新生活保護法では，高齢者を世話する施設として養老施設（救護法の養老院を継承する施設）が設けられたが，これが利用可能なのは低所得層であった。1963年の老人福祉法では養護老人ホームと特別養護老人ホームが設けられた。養護老人ホームは生活保護法の養老施設を継承する施設であり，入所資格として経済上の理由は必要要件であった。一方，介護を必要とする人を対象とする特別養護老人ホームに関しては，経済的要件は課されなかった。にもかかわらず実際の入所判定においては，生活困窮度を考慮に入れざるをえず，また介護家族のいる高齢者は多くの場合利用が難しかった。また老人家庭奉仕員制度においても，国の運営要綱（1962年）では国庫補助の対象を要保護老人世帯と規定した（河畠，2001；百瀬，1997）。以上のように高齢者に対する公的な世話・介護は，低所得で家族のない者を対象とするという原則が，実質的にさまざまな場面で維持された。

この間，1970年代後半から1980年代初めにかけて，政府・自民党を中心に「日本型福祉社会」論が喧伝された。「日本型福祉社会」論において，家族は高齢者の扶養・介護を含む福祉の担い手と位置づけられ，個人・家族の「相互扶助」と，国家からの「自立」が強調された。また三世代同居は「日本固有」の文化であり，日本社会の「強み」として賛美された（原田，1988；自由民主党，1979）。

しかしながら先に見たように公的年金については，この時期，支給額は上が

り続けた。つまり「日本型福祉社会」論が強調した，家族による高齢者のサポートとは，おもに介護だったのではないか。公的年金は（イデオロギーとは別に，事実上）充実させるが，介護についてはイデオロギーによって家族介護を鼓舞する。政府・自民党が描いた世代関係のシナリオは，公的年金によって経済面では子世代（息子）には依存しないが（そして健康な間は別居も可能だが），介護は従来どおり子世代（おもに嫁）が行うというものだったのではないか。それでは，このようなシナリオを高齢者自身は受け入れたのだろうか。

「日本型福祉社会」論によるイデオロギー的宣伝の一方で，1980年代になると，家族による私的介護を問題視する動きが社会的に目立つようになった。高齢者を介護する家族が自助グループを立ち上げることなども始まった（河畠, 2001）。これらに促されて厚生省は，1982年に老人家庭奉仕員の派遣要件から所得制限を廃し，家族があり低所得でもない高齢者も，公的サービスを利用できる方向に政策を転換した（百瀬, 1997）。ただしこの政策転換が，（多くの人が利用可能で一般の人にもたやすく目につくほど）大規模な形で展開されるのは，1989年の「高齢者保健福祉推進十か年戦略」（通称ゴールドプラン）の策定以降である。1990年代に入りゴールドプランの実施が進むと，ホームヘルパーの数は急増し一般世帯にも普及するようになった。さらに2000年からは公的介護保険制度が始まったことから，介護施設が急増した（染谷, 2003）。

しかし染谷淑子（2003）によると，在宅介護の充実が謳われながら，介護保険の実施後においても，経済的負担のために，保険のサービスだけで高齢者が最後まで在宅介護を続けることは困難であり，家族による介護支援は不可欠であるという。また施設介護についても，特に大都市近郊においては，需要が供給を上回り，利用したくてもできない状況が続いている（『日本経済新聞』大阪版，2005年2月22日）。以上から介護保険の実施後においても，制度的現実として，公的介護サービスは家族介護の代替というよりは，補助の位置にあるといわざるをえない。

以上のような戦後における制度の変化をまとめると，表5-1のようになる。まず経済的扶養（これはおもに男性つまり息子に期待される役割である）について

表5-1　経済的扶養と身体的介護の制度の発達

	経済的扶養 （男性役割）	身体的介護 （女性役割）
公的支援制度の開始	1960s 初〜	1990s 初〜
〃　　拡充	1970s 初〜	2000s 初〜
〃　　成熟 （親世代：子世代からの自立 　子世代：親をサポートする役割からの解放）	1980s 初〜	未

の公的支援制度は，1960年代の初めに国民皆年金によって開始され，1973年の年金制度の改革により拡充し始め，1980年代になると老後の生計は，子どもに依存せずとも公的年金によってある程度まかなえるようになった。つまり子世代（特に息子）は，親を経済的に扶養する役割から解放されたのである。

一方，身体的介護（これはおもに女性つまり嫁や妻に期待される役割である）についての公的支援制度は，ゴールドプランによって1990年代初めから本格的に開始され，2000年の介護保険によって拡充しはじめた。しかしその後も公的サービスは，家族介護を補助する位置にとどまっており，公的年金のようにそれをほぼ代替するところまではいっていない。つまり子世代（特に嫁や娘）は，親を介護する役割からまだ解放されていない。

また規範については，戦後においても政府は「孝」規範を動員し，少なくとも1980年代までは，老親が子に頼ることに対して「敬愛」「社会の進展への寄与」「自立」「相互援助」「日本固有の文化」「日本の強み」といった肯定的意味を付与し続けてきた。しかもこの頃までは，扶養と介護は厳密に区別されていなかった。しかしながら1980年代に入ると，公的年金が成熟し始めたため，その後の「孝」規範は事実上，介護面で強調されることになった。

以下ではこのような制度の変化が，人々の世代関係についての意識，特に扶養・介護についての意識にどのような影響を与えたかを見ていこう。

3. データ

　本章では表5-2にあげた全国規模の意識調査の結果（報告書などで公表されたもの）を用いる。これらの調査は次のような方法によって選ばれた。

　まず，「戦後日本家族調査総覧」（石原，1977），「家族に関する統計調査と白書および世論調査・実態調査一覧」（菊池，1996），および『月刊世論調査』（総理府広報室，のちに内閣府政府広報室）の2005年までの全既刊をデータベースとしてその中から，(1) 全国規模の意識調査であること，(2) 経済的扶養についての意識と身体的介護についての意識を分けた上で，その両方あるいはどちらか一方について質問していること，(3) ほぼ同じ質問がある程度の期間継続的に用いられていること，という3つの条件を満たす調査を選んだ。意識についての継続的全国調査としてよく知られている『国民性調査』（統計数理研究所）や『日本人の意識調査』（NHK）は，(2) の条件に当てはまらなかったので除いた。また上記のデータベースには入っていないが，毎日新聞社がアメリカンファミリー生命保険会社の協力のもと，1992年から2000年まで毎年行った高齢化社会をテーマにした全国世論調査は，上記の3条件に当てはまるので分析に加えることにした。さらに厚生労働省の厚生労働統計一覧（http://www.mhlw.go.jp/toukei/itiran/index.html），内閣府高齢社会対策室の高齢社会対策に関する調査・資料（http://www8.cao.go.jp/kourei/）で，漏れている主要な調査がないかを確かめたが，特になかった。

　分析対象として選ばれたこれらの調査は，質問項目や集計方法が完全に同じというわけではない（表5-2の注を参照）。しかし，同じような質問項目がある程度の期間にわたり繰り返し用いられている場合も多いので，戦後の高齢者－成人子関係について，人々の意識の大きな変化をとらえることができる。

　本章では60歳以上の人々の回答を分析対象とする。その理由は，表5-2の調査の中で，1966年という最も早い時期に行われた①の調査が60歳以上を調査対象としているからである。1960年代からの変化を見るために，この調査と比較可能なように，60歳以上という年齢層を分析対象にした。表5-2の中

表5-2 分析対象とする調査

No	実施	調査名	実施主体	調査対象	本研究の分析対象	参照した出典
①	1966	老人福祉	総理府広報室	60歳以上	60歳以上	「老後の生活」「月刊世論調査」1969年10月号からの引用
②	1969	老後の生活	総理府広報室（協力：厚生省）	50歳以上	50歳以上	「月刊世論調査」1969年10月号
③	1973	老人問題	総理府広報室（協力：厚生省・総理府老人対策室）	50歳以上	50歳以上	「月刊世論調査」1973年11月号
④	1974	老後の生活と意識	総理府老人対策室	40歳以上（沖縄県除く）	60歳以上	「月刊世論調査」1974年9月号
⑤a	1981	老後の生活と介護に関する調査	内閣総理大臣官房老人対策室	60歳以上70歳未満お よび30歳以上50歳未満の有配偶者	60〜69歳	「老人の生活と介護に関する調査結果の概要」(1987)からの引用
b	1987		総務庁老人対策室			「老後の生活と介護に関する調査結果の概要」(1987)
c	1992					「老後の生活と介護に関する調査結果報告書」(1992)
⑥a	1981	老人の生活と意識：国際比較調査	内閣総理大臣官房老人対策室	60歳以上（施設入所者は除く）	60歳以上	「老人の生活と意識：国際比較調査結果報告書」(1982)
b	1986					「老人の生活と意識：国際比較調査結果報告書」(1987)
c	1990		総務庁老人対策室			「老人の生活と意識：第3回国際比較調査結果報告書」(1992)
d	1996	高齢者の生活と意識：国際比較調査	総務庁高齢社会対策室			「高齢者の生活と意識：第4回国際比較調査結果報告書」(1997)
e	2001		内閣府			「高齢者の生活と意識：第5回国際比較調査結果報告書」(2002)
⑦a	1992	高齢化社会全国世論調査	毎日新聞社（協力：アメリカンファミリー生命保険会社）	20歳以上	20歳以上	「92年「高齢化社会」全国世論調査報告書」(1992)
b	1993					「93年「高齢化社会」全国世論調査報告書」(1993)
c	1994	高齢化・介護全国世論調査				「94年「高齢化・介護」全国世論調査報告書」(1994)
d	1995					「95年「高齢化・介護」全国世論調査報告書」(1996)
e	1996	高齢化社会全国世論調査				「96年「高齢化社会」全国世論調査報告書」(1997)
f	1997					「97年「高齢化社会」全国世論調査報告書」(1998)
g	1998					「98年「高齢化社会」全国世論調査報告書」(1999)
h	1999					「1999年「高齢化社会」全国世論調査報告書」(2000)
i	2000					「2000年「高齢化社会」全国世論調査報告書」(2001)
⑧a	1994	公的年金制度	総理府広報室	20歳以上		「月刊世論調査」1994年1月号
b	1998		内閣府政府広報室			「月刊世論調査」1998年9月号
c	2003		総理府広報室			「月刊世論調査」2003年8月号
⑨a	1995	高齢介護	内閣府政府広報室	60歳以上	60歳以上	「月刊世論調査」1996年2月号
b	2003		内閣府政府広報室			「月刊世論調査」2004年1月号

（注）本書で分析する回答について、
男女別の数値が出典に示されていないもの：①②③④⑤ａ～⑤b（ただし⑤⑤a～⑤b は介護の項目については示されている）。
男女計の数値が出典に示されていないため、男女別の数値から男女計を再集計したもの：⑦b～e。
小数点以下の数値が出典に示されていないもの：①②③④。

104

では⑤a〜⑤cをのぞいたすべての調査が，60歳以上という年齢層を調査対象に含み，その年齢層についての集計結果が公表されている（または公表された数値から再計算が可能である）。⑤a〜⑤cの調査は60〜69歳を対象に調査が行われているので，それを分析対象とする。したがってこの⑤a〜⑤cの結果を他の調査の結果と比較する際には注意が必要である。しかしそれでも⑤a〜⑤cを分析対象に含めることは，本章の目的にとって意味があると判断した。

以下では人々の意識の変化について，経済的扶養と身体的介護の側面を分けて見ていこう。

4. 扶養と介護についての意識の変化

経済的扶養についての意識の変化

先に見たように，高度経済成長による子世代のサラリーマン化，収入増加や資産確保の見通し，親の家から離れた都市への移住などによって，子世代が親世代に経済的に依存する度合いが少なくなっていった。また，自分1人の収入によって家族を養い，他の家族員の収入に依存しないこと（男性家計支持者モデル）を「男らしい」とする意識も広がっていった。これらにともない親世代においても，老後を子世代に依存することを当然とは考えにくくなった。しかし現実には子に頼る以外，老後の生活を支える方法は乏しかった。

このような現実は，図5-4に示した経済的扶養についての高齢者の意識に反映されている。まず上に示した〈男女計〉の図を見よう。①1966年の調査では，老後の経済生活の責任について「子ども・家族」という人が50％で最も多く，「自分たち夫婦」「国・社会」という人はどちらもその半分にも満たなかった。つまり1960年代半ばにおいては，老後の扶養は子どもの責任という意識が支配的だったのである。しかし②1969年，③1973年と時代が進むにつれて「子ども・家族」という人は減っていった。にもかかわらず，「自分たち夫婦」「国・社会」と明快に答える人はあまり増えず，そのかわり「わからない・一概にいえない」という人の増加がめだった。つまりこの時期，老親の経

図5-4　老後の経済的扶養は誰がすべきかについての意識

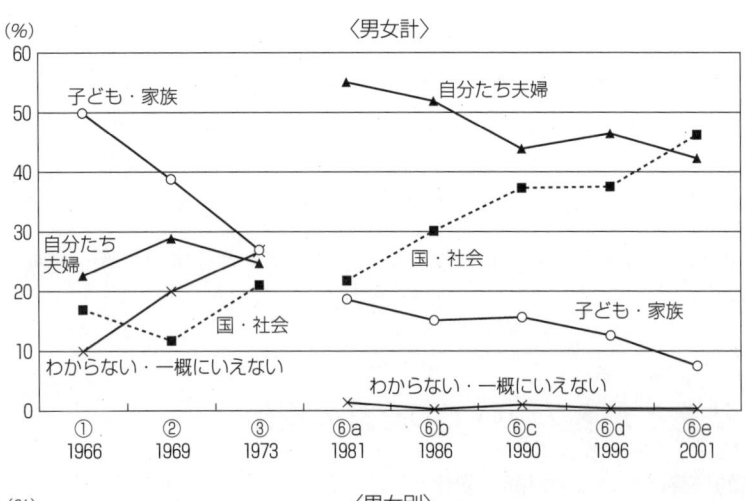

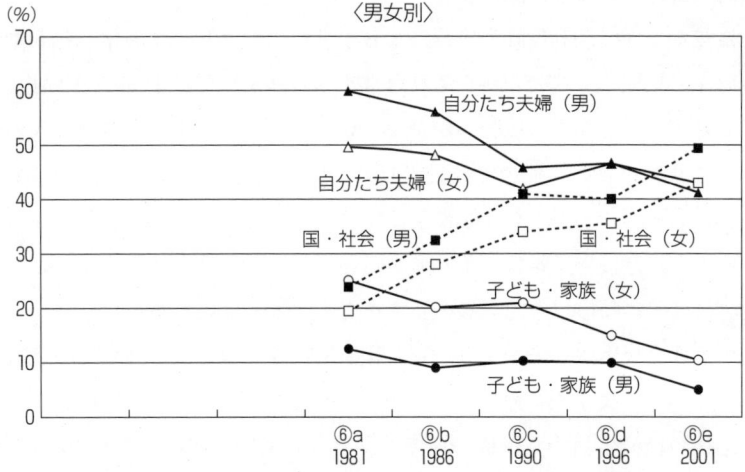

〈男女計〉

〈男女別〉

(質問)　①②「あなたは，老後の生活責任は本来だれが負うべきだと思いますか」。
　　　③「あなたご自身のことではなく，一般的なこととしてうかがいますが，老後の生活についての責任は誰にあると思いますか」。⑥a〜⑥d「老後の生活費についてあなたはどのように考えますか」。⑥e「『老後の生活』における生活費について，あなたは主にどのようにまかなわれるべきだと思いますか」。
(選択肢)　①②③「子ども（家族）の責任」「自分（たち夫婦）の責任」「国（社会全体）の責任」。⑥a〜⑥e「家族が面倒をみるべき」「働けるうちに準備し家族や公的援助には頼らない」「社会保障によってまかなわれるべき」（⑥eは「社会保障や公的援助によってまかなわれるべき」）。
(回答者の年齢)　60歳以上。
(資料)　表5-2の①，②，③，⑥a〜⑥eの調査。

済生活の責任を子が負うべきという意識は弱まった。しかしそれにもかかわらず老親世代は，自分たち夫婦の収入だけで生活できる，あるいは公的年金に頼れるという実態にはなかった。そのため「自分たち夫婦」「国・社会」という意識は高まらず，「わからない・一概にいえない」と答えるほかなかったのである。

しかしながらこのような意識は，1980年代初めには大きく変わる。同じく図5-4の上の〈男女計〉に示した⑥a～⑥e（1981～2001年）の調査を見ると，「子ども・家族」と答える人は1981年で2割をきっており，その後も減り続けて2001年には1割にもみたない少数派になった。一方，「自分たち夫婦」という人は，1981年で55％と最も多くの人が選んでいた。この「自分たち夫婦」で老後の生計を準備するということの中心は，先に見た山崎（1985）の分析から考えると，公的年金であると思われる(1)。つまり1980年代の初めには，老後の生計を子どもではなく公的年金に頼るという意識が支配的になり，その後この傾向はさらに強まったのである(2)。

また男女別の結果が公表されている調査で男女の意識の違いを見ておこう。図5-4の下に示した〈男女別〉の図は，⑥a～⑥eの結果を男女別に示したものである。これによると1980年代を中心とした時点（1981, 1986, 1990年）においては，老後の生計について「子ども・家族」と答える人が女性ではまだ2割をこえ，男性の2倍もいた。しかし1990年代以降（1996年, 2001年）になると，「子ども・家族」と答える人はごく少数になり，男女差も小さくなった。

このような意識の変化をもたらしたのは，先に見たように，1973年の改革によって公的年金の受給額が上昇し始め，1980年代には老後の生計をある程度まで年金に頼れるようになったことであると思われる。このことは図5-5に示した公的年金についての意識によく表れている。⑧a～⑧c（1993～2003年）の調査によると，いずれの時点においても，老後の生活費を「ほぼ全面的に公的年金に頼る」と「公的年金を中心とする」という人が，あわせてほぼ8割あるいは8割以上となっている。特に2003年では「ほぼ全面的に公的年金に頼る」という人が，それ以前より大きく増加し5割を占めるようになった。そしてこのような「公的年金を頼りにする」という意識において大きな男女差は見られない。

図5-5 老後の経済的扶養と公的年金についての意識

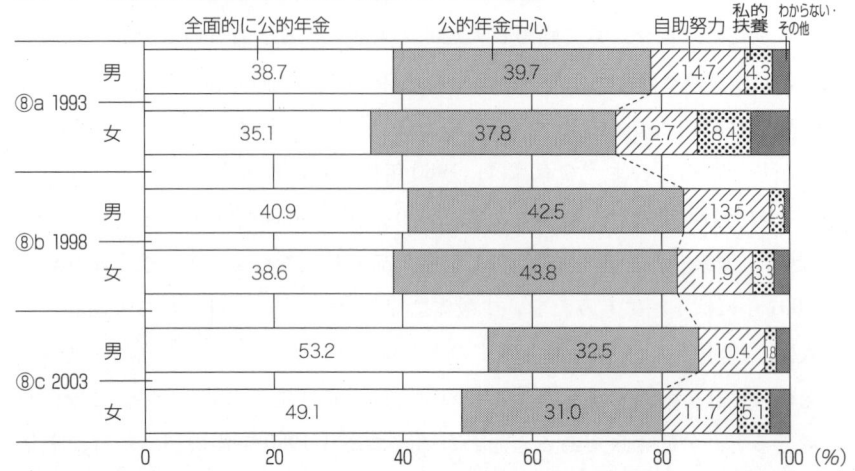

		全面的に公的年金	公的年金中心	自助努力	私的扶養	わからない・その他
⑧a 1993	男	38.7	39.7	14.7		4.3
	女	35.1	37.8	12.7	8.4	
⑧b 1998	男	40.9	42.5	13.5		2.3
	女	38.6	43.8	11.9	3.3	
⑧c 2003	男	53.2	32.5	10.4		1.8
	女	49.1	31.0	11.7	5.1	

(質問)「あなたは,高齢期の生活設計の中で,公的年金をどのように位置づけていますか」。
(選択肢)「ほぼ全面的に公的年金に頼る」「公的年金を中心とし個人年金や貯蓄などの自助努力を組み合わせる」「公的年金にはなるべく依存せずできるだけ個人年金や貯蓄などの自助努力を中心に考える」「公的年金には依存しないで子どもなどによる私的扶養に頼る」。
(回答者の年齢)60歳以上。
(資料)表5-2の⑧a～⑧cの調査。

経済的扶養の意識(まとめ)

以上から経済的扶養の意識について次のことがわかった。1960年代半ばまでは,老後の生計を子どもに頼るという意識をもつ人が多数派だった。しかしその後,子どもに頼るという人は減少し,1980年代初頭には公的年金に頼るという人が多数派になった(ただし女性については,子どもに頼るという人が,1980年代の間はまだまだ無視できない割合で存在し,男女の間に意識の違いが見られた。しかし1990年代に入ると,子どもに頼るという女性は減少し,男女の意識差はほとんど見られなくなった)。

つまり老後の生計についての人々の意識は,1960年代半ばまでは子どもに頼るという家モデルにそったものだったが,以後そのような意識は弱まり,1980年代初頭には,公的年金(男性の場合は自分の年金,女性の場合はおもに夫の年金)に頼るという夫婦家族モデルにしたがった意識が多数派になった。つ

まり扶養における世代関係は，公的年金の成熟によって再構築され，男性は「(息子の扶養に頼らない)生涯家計支持者」になったのである。

1970年代における身体的介護についての意識

　先に見たように身体的介護に関しては，貧困でなくかつ家族もあるような高齢者が利用できる公的制度は，1980年代末までほとんどなかった。人々の意識もこのような制度的現実を反映している。まず表5-2の②1969年の調査では，子どもとの同居，健康，仕事，生計，余暇活動，社会参加など，老後の生活に関するさまざまな質問が取り上げられているが，介護そのものに関する質問は取り上げられていない（ただし老人ホームに関する質問は取り上げられているので，これは後で紹介する。また①1966年の調査については，この②1969年の調査との比較のために引用された結果が部分的に公表されているだけなので，それ以外でどのような項目が調査されているのか，全容は不明である）。

　介護に関する質問は，③1973年と④1974年の調査ではじめて取り上げられた。この結果を表5-3で見よう。③1973年の調査では，「自分が病気で寝込んだときに面倒をみてくれる人」を複数選択の形式で答えるという形になっている。面倒をみてくれる人が「いる」と答えた人（全回答者の96％）のうち，男性では7割の人が「配偶者」を，同じく7割の人が「子ども夫婦」を選んでいる。一方女性では9割の人が「子ども夫婦」を選んでいるが，「配偶者」を選んだ人は2割にすぎない。そして「老人家庭奉仕員」（当時のホームヘルパーの呼称）などが含まれる「その他」を選んだ人は，男女ともほとんどなく，この点においては男女間で意識の差はなかった。

　隣に示した④1974年の調査では，「配偶者に頼めない場合」という条件をつけて，同様のことを単数選択の形式でたずねている。同じ表でその結果を見ると，子どもがいる人では，同居・別居にかかわらず約8割の人が「子ども」を選んでおり，「家庭奉仕員」「老人ホーム」を選んだ人はほとんどいない。一方，子どもがいない人では，「家庭奉仕員」「老人ホーム」に「家政婦」を加えると，33％もの人がこれらを選んでいる。しかし「その他・わからない」と

表5-3　自分の介護を頼る人（1970年代）

(%)

	③ 1973 （複数選択）	④ 1974 （単数選択）（男女計）		
(A) 配偶者	男　70 女　20	（配偶者に頼めない場合）		
		子と同居	子と別居	子なし
(B) 息子	子どもと その配偶者 男　72 女　89	子ども		
(C) 娘		84	78	―
(D) 嫁		子ども以外の身寄り （子どもの配偶者も含む）		
(E) 兄弟姉妹	男　1 女　3			
(F) 孫	男　2 女　6	12	7	28
(G) その他の親族				
(H) 家政婦(a)	その他(e) 男　1 女　2	1	1	2
(I) 老人家庭奉仕員や訪問看護婦(ママ)(b)		1	2	17
(J) 病院や老人ホームの介護者(c)		1	5	14
その他(d)		1	7	39
小計（親族） (A)+(B)+(C)+(D)+(E)+(F)+(G)	― ―	96	85	28
小計（専門家） (H)+(I)+(J)	― ―	3	8	33
計	男　148% 女　123%	100%	100%	100%

(質問) ③「あなたが，かりに病気をして寝込んだようなときには，どなたか面倒をみてくれる人がいらっしゃいますか。どなたですか」（④については出典に正確な質問文の記載なし）。

(回答者の年齢) 60歳以上。

(注) ④の選択肢は，(a)「家政婦などを自分で雇う」，(b)「家庭奉仕員など役所からの援助」，(c)「老人ホームに入る」，(d)「その他」「わからない」。

(e) この中には「親せき」「近所の人」「老人家庭奉仕員，婦人相談員，民生委員」「その他」という選択肢が含まれるが，公表されている年齢別・男女別の集計では「その他」として一括されている。

(資料) 表5-2の③④の調査（③④は小数点以下の数値が出典には示されていない。④は男女別の数値が出典に示されていない）。

答える人が39％もいることから，たとえ子どもがいなくてもできるなら「家庭奉仕員」や「老人ホーム」は選びたくないという人が多かったといえる。

大きな変化がない男性の介護意識

　以上のように1970年代前半の時点では，自分の介護を家族外の専門家に頼るという意識をもつ人はほとんどいなかった。しかしこのような意識は1980年代に変わっていく。表5-4は1981〜2000年の間に行われた複数の調査で，「自分の介護を頼る人」は誰かという質問に対する回答の変化を示したものである。回答者の年齢は，1990年代以降の調査（表5-4の⑦a〜⑦i）が60歳以上（これは表5-3の1970年代の回答者と同じ年齢層），それに対して1980年代〜90年代初めの調査（表5-4の⑤a〜⑤c）が60〜69歳と異なる。しかし1970年代と1990年代以降の比較と，1980年代から90年代への変化は，それぞれ同じ年齢層で見ることができるので，大きな変化はとらえることができる。またこの表5-4のうち，回答に大きな変化が見られた「配偶者」「娘」「嫁」「専門家（小計）」のみを抜き出して，男女別にグラフ化したものが図5-6である。

　まず男性について，1980年代を中心とした変化を図5-6の⑤a〜⑤c（1981〜1992年）の調査で見よう。1981年では，単数選択で「配偶者」を選んだ人が7割を占める。この「配偶者」を選んだ人に対して，「配偶者が頼れないとき」という条件をつけて再度質問すると，表5-4の⑤a'に示したように，「嫁」と答えた人が約4割，「息子」＋「娘」＋「子ども全員」と答えた人があわせて約4割であり，合計約8割の人が「子どもとその配偶者」を選んでいる。つまり男性では，「配偶者が頼れる限りは配偶者に頼るが，頼れない場合は子ども夫婦（特に嫁）に頼る」という意識が多数派であった。つまり男性にとっては「配偶者」と「嫁」が「準制度化された介護者」だったのである。つづく1987年，1992年の調査でも男性では「配偶者」中心という傾向は変わっていない（ただし表5-4の⑤b'と⑤c'を見ると，「配偶者が頼れないとき」に「嫁」に頼ると答えた人はやや減少した）。

　つづいて男性における1990年代の変化を図5-6の⑦a〜⑦i（1992〜2000年）

表5-4 自分の介護を頼る人（1980年代～90年代）

(上段が男、下段が女、（ ）内は男女計)（％）

		⑤a 1981	⑤b 1987	⑤c 1992	⑤a' 1981	⑤b' 1987	⑤c' 1992	⑦a 1992	⑦b 1993	⑦c 1994	⑦d 1995	⑦e 1996	⑦f 1997	⑦g 1998	⑦h 1999	⑦i 2000
(A) 配偶者	男	68.8	71.6	70.9	（左欄で配偶者と答えた人に対し配偶者に頼めない場合）			70	65.4	60.7	58.2	63.5	57.7	69.4	63.8	66.5
	女	17.9	17.9	19.7				24	17.9	17.0	19.6	23.2	17.9	16.1	19.3	18.1
(B) 息子	男	3.6	4.8	3.6	15.7	15.7	15.8	10	7.6	9.8	6.6	3.0	7.9	4.3	4.4	4.4
	女	4.3	4.6	3.0	6.6	6.3	12.3	14	11.4	8.4	10.3	3.3	12.7	8.7	8.1	9.6
(C) 娘	男	4.9	4.0	4.5	16.9	15.6	18.7	6	3.6	6.2	7.3	7.4	7.6	5.3	5.8	5.0
	女	16.7	16.3	15.8	18.7	18.8	20.5	20	20.1	19.8	17.7	18.7	24.9	21.9	23.9	23.6
(D) 子ども達全員	男	2.5	1.3	1.3	8.9	5.7	9.0	-	1.0	0.8	1.0	1.7	1.7	1.0	1.0	-
	女	4.4	2.4	3.8	4.8	3.2	1.4	-	2.0	0.3	1.7	1.7	1.7	0.7	0.3	1.3
(E) 嫁	男	10.6	7.2	4.9	36.8	32.5	28.8	7	6.8	7.3	7.3	4.7	6.9	3.0	5.1	6.0
	女	41.4	31.5	28.2	45.2	40.4	33.6	24	22.8	20.9	19.0	14.8	17.3	16.2	13.4	16.2
(F) その他の親族	男	0	0.3	0.6	1.1	1.0	0.2	0	0.5	0.6	0.7	0.7	0.7	1.0	1.0	1.0
	女	1.0	1.4	2.2	1.4	1.8	2.1	1	0.8	3.9	1.7		1.7		2.0	1.4
(G) 家政婦(a)	男			1.2		1.7	1.7	0	1.0	0.3	1.0	1.7	0.4		0.3	-
	女			2.2			3.4	5	2.0	0.3		0.7	1.7	0.7	0.3	1.3
(H) ホームヘルパー・訪問看護婦(b)	男	(a)(1.1)	(a)(1.4)	1.5			4.0	3	1.1	3.9	3.8	4.1	4.1	4.0	6.3	5.4
	女	(a)(1.3)	(a)(1.5)	2.6			6.8	6	1.8	7.5	8.9	10.7	9.7	10.3	9.6	9.6
(I) 病院・老人ホームの介護者(c)	男	(a)(5.6)	(a)(10.7)	7.2			13.7	-	11.4	7.9	13.2	13.3	9.8	11.3	10.7	10.3
	女			14.7			12.3	-	16.9	17.0	20.3	24.7	13.3	23.4	21.8	17.4
小計（専門家）(G)+(H)+(I)	男	4.7	7.8	9.9	12.4(e)	20.9(e)	18.5(e)	3	13.5	12.6	17.0	17.4	14.3	16.3	17.3	15.7
	女	11.5	20.0	19.5	13.2(e)	22.8(e)	19.4(e)	11	20.7	24.8	30.2	37.1	24.7	34.4	31.7	28.3
その他	男	(a)(0.5)	(a)(0.8)	0.3			0									
	女			0.3			0.2									
わからない・N.A.	男	4.9	2.8	4.0	8.2	8.5	8.0	4	2.7	2.8	2.9	3.9	4.9	1.7	2.6	1.4
	女	9.9	6.0	7.8	10.1	6.8	7.5	6	1.8	4.2	1.3	2.3	2.0	1.7	1.7	2.7
計		100%	100%	100%	100%	100%	100%	100%	100%	100%	100%	100%	100%	100%	100%	100%

*質問 ⑤a～⑤c「もし仮にあなた自身が寝たきりとなって、おむつ等の下を受けなければならない状態になった場合には、主としてだれに身の回りの世話をしてもらうつもりですか。」

⑦a「あなたには、老後からだが不自由になった場合、主としてだれに身の回りの世話をしてもらおうと思いますか。」
⑦b、⑦c「あなたには、老後からだが不自由になった場合、主としてだれに身の回りの世話をしてもらおうと思いますか。」
⑦d～⑦i「あなたは、老後、ほぼ寝たきりになるなど体が不自由になった場合、主としてだれに身の回りの世話をしてもらおうと思いますか。」

*回答者の年齢：⑤a～⑤c は60～69歳、⑦a～⑦i は60歳以上。
*注：(a) ⑤a～⑤c「自宅で雇った家政婦」、⑦a～⑦b「家政婦（出張看護婦を含む）」。
(b) ⑤a～⑤c「ホームヘルパー」、⑦a～⑦b「ホームヘルパーやボランティア」、⑦c～⑦i「ホームヘルパーや訪問看護婦（ママ）」。
(c) ⑤f～⑤c「自宅以外の施設など」、⑦c「病院や老人ホームなど施設の介護者」、⑦d～⑦e、⑦g「公的なホームヘルパーや訪問看護婦」、⑦f「ホームヘルパーや看護婦」、⑦h、⑦i「施設や病院などの介護者」、⑦g「老人保健施設や病院などの介護者」。
(d) 男女別の集計結果は報告されていない。
(e) (G)+(H)+(I)の合計に「その他」を含んだ表えた人は表からほぼ1%以下であろうと推測できる。

112

の調査で見ると，いずれの時点でも男性の6～7割が単数選択で「配偶者」を選んでいる。しかし「嫁」を選んだ人はいずれの時点でも1割に満たない。また「専門家」を選ぶ人は前の時代より増加し，1.5割前後の人が選んでいる。しかしその割合は，次に見るように女性の半分程度である。

つまり図5-6で示したように，男性においては，1980年代から2000年まで，「自分の介護を配偶者に頼る」という構図はほとんど変わってない。

介護を嫁に頼れなくなった女性

一方女性では，男性と異なり，1980年代において「自分の介護」を頼る人に大きな変化が生じた。まず図5-6の⑤a（1981年）の調査では，単数選択で「嫁」を選んだ人が最も多く4割で，他はその半数にも満たないという結果だった。つまり1980年代はじめの時点では女性にとって「嫁」が「準制度化された介護者」だったのである。

1980年代におけるその後の変化を，⑤b～⑤c（1987～1992年）の調査で見ると，「嫁」を選ぶ人は大きく減少した。そのかわり1980年代にやや増えたのが，「配偶者」を選ぶ人と「専門家」を選ぶ人であった。「配偶者」を選ぶ人も「専門家」を選ぶ人も，1981年では約1割に過ぎなかったのが，1987年になると約2割になった。

その結果1990年代の初めの時点で，自分の介護を頼る人についての女性の回答は，男性とは異なり，またそれ以前の時期における女性の回答とも異なり，1つの項目に集中するのではなく，「嫁」「配偶者」「娘」「専門家」がそれぞれ似たような割合で選ばれるというように分散した。この結果は次のように解釈できる。1980年代初めにおいては，女性にとって「嫁」は「準制度化された介護者」だったが，80年代が進むにつれ「嫁に頼れない」という意識が高まっていった。その結果女性は，嫁という「準制度化された介護者」を失い，各人が，自分のおかれた状況に応じて介護を頼る人を選ぶというようになった。

つづいて女性における1990年代の変化を図5-6の⑦a～⑦i（1992～2000年）でみると，「専門家」を選ぶ人はさらに増加し，3割前後，年によっては4割

図5-6 自分の介護を頼る人として「配偶者」「娘」「嫁」「専門家」と回答した人の割合（1980年代～1990年代）

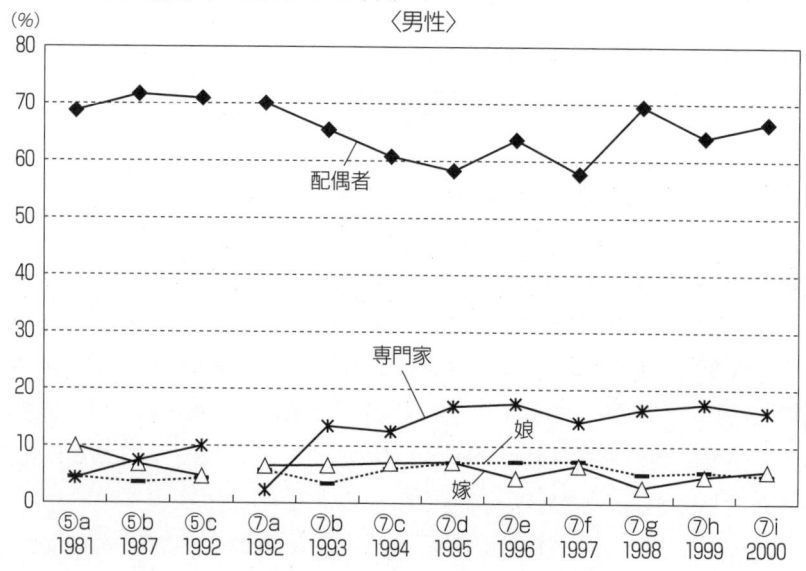

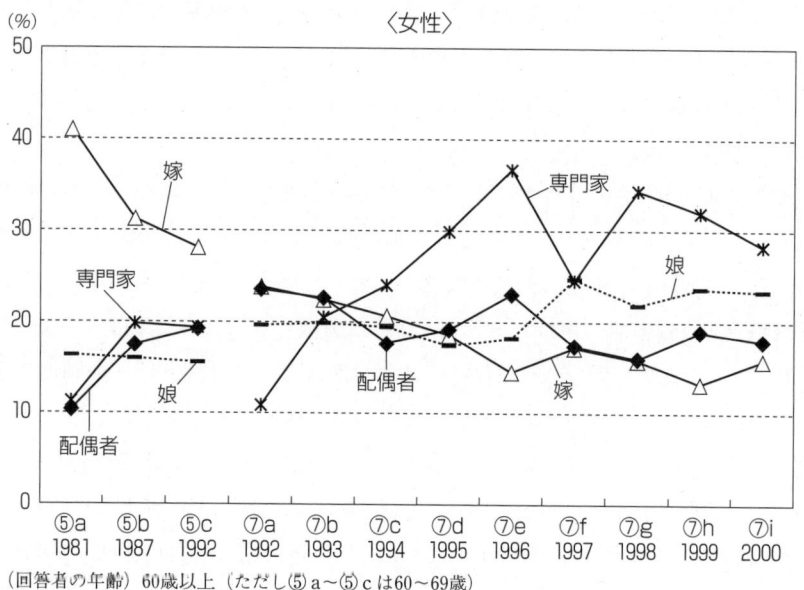

〈男性〉

〈女性〉

（回答者の年齢）60歳以上（ただし⑤a～⑤cは60～69歳）
（資料）表5-2の⑤a～⑤c，⑦a～⑦iの各調査。

近くの人が「専門家」を選ぶようになった。逆に「嫁」を選ぶ人は減少しつづけ，1990年代の後半になると約1.5割と4項目の中で最も少なくなった。また1980年代に増加した「配偶者」を選ぶ人は，1990年代に入ると頭打ちになり，2割前後にとどまったままである。

　この1980年代以降に日本の女性が経験した，「嫁という準制度化された介護者を失う」という変化が，いかに特異なものだったか。それは図5-7に示した⑥aと⑥e（1981，2001年）の国際比較調査の結果からも想像することができる。この2つの調査には「自分の介護を頼る人」についてほぼ同じ質問が含まれている。この2つの調査の両方に調査対象として含まれているのは，日本のほかにはアメリカだけである。図5-7は「自分の介護を頼る人」についての日米の男女の回答を1981年と2001年で比較したものである（選択した人の割合が多い4項目を選んで図に示した）。

　図5-7によると，「自分の介護を頼る人」についての日本の男性とアメリカの男・女の回答は，この2時点間で大きな変化はない（つまり，日本とアメリカの男性は「配偶者」が中心，アメリカの女性は「娘」が中心で，その選択パターンに大きな変化はない）。それに対して日本の女性の回答は，1981年と2001年で大きく変化している。日本の女性が介護を頼る人として，1981年においては「嫁」が中心的な位置を占めていたが，2001年になると「嫁」（子の配偶者）はその位置を失い，そのかわりに「配偶者」や「専門家」（ヘルパー・病院・老人ホーム）を選ぶ人が増えた（そして図には示していないが，日本の女性においてもう1つ目立つのは，2001年で「わからない」と答えた人が大きく増え，その割合が，日本の男性やアメリカの男女に比べて目立って多いことである）。

　これらの結果から日本の女性は，1980年代以降に，「準制度化された介護者を失う」という大きな変化を経験したことがわかる。彼女たちは，「自分の介護を頼る人」についてのある種の合意の崩壊を経験した。そして「頼れる人を探す」というリスクを個人でひきうけなければならない状態（Beck, 1986＝1998）に投げ出されたのである。

第5章　生涯家計支持者と生涯ケアラーの誕生　｜　115

図5-7 自分の介護を頼る人（日・米の男女・についての1981年と2001年の比較）

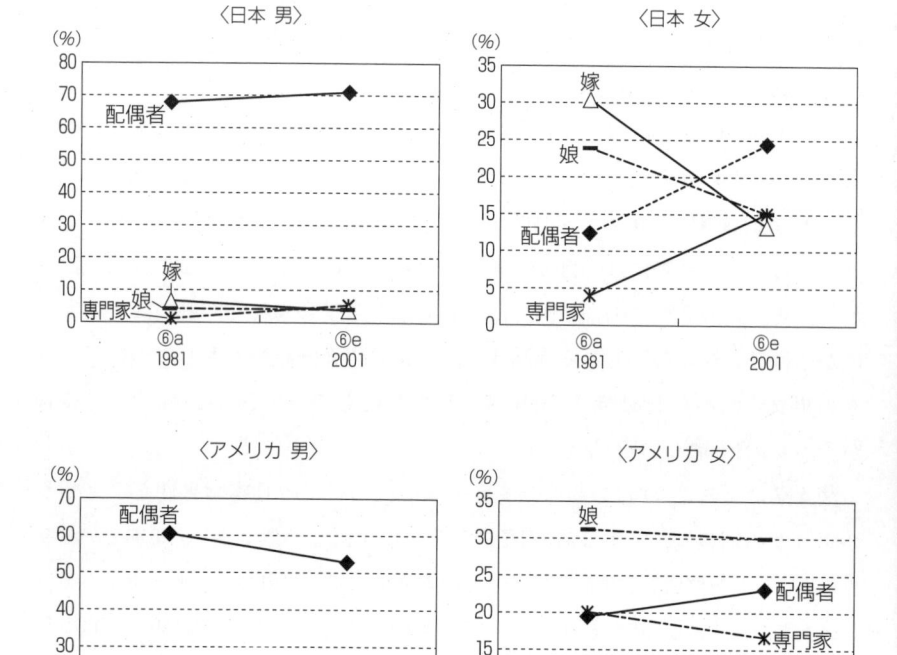

〈日本 男〉　〈日本 女〉

〈アメリカ 男〉　〈アメリカ 女〉

（質問）⑥a「あなたはお体が不自由になったとき主にどなたに世話をしてもらいたいと思いますか」。
　　　　⑥e「もしあなたの身体が虚弱になり在宅で生活する上で誰かの介護が必要になった場合に，主にどのような方に介護をしてもらうことになると思いますか」。
（回答者の年齢）60歳以上。
（資料）表5-2の⑥a，⑥eの調査。

介護の専門家・専門機関の利用意識

　ここまでは，社会的ネットワーク論の枠組みを用いた調査の結果を見てきた。それでは社会的ネットワークの枠組みを用いない調査ではどうか。この方法の調査としては，「自分の介護」における専門家・専門機関の利用意識についての調査がある。

　まず，老人ホームに関する質問は②1969年と③1973年の調査でとりあげられている（図は省略）。②1969年の調査は，さまざまなタイプの老人ホームの中から自分が入ってもよいと思うものを，複数選択の形式で選ぶという形になっている（たとえば「病院などの施設があって病気になっても心配のないところ」「個室や独立家屋などで生活の自由が拘束されないところ」「個室制より気の合った人たちといっしょに生活できるようなところ」「町からあまり離れていないところで子供や孫といつでも会えるところ」など）。この質問に対して7割の人が「どれにも入りたくない」と答えている。次の③1973年の調査では，「老人ホーム」という施設があることを知っている人（全回答者の97％）に対して，入ってもよいかどうかをたずねている。この質問に対してもやはり7割以上の人が「入りたくない」と答えている。

　しかし1980年代に入ると，「自分の介護」に専門家を利用したいという意識はしだいに高まり，1990年代初めになると，そのような意識をもつ人がはっきりと多数派を占めるようになった。まず図5-8でホームヘルパーの利用に関する意識を見ると，1981年では「利用してもよい」という人（つまり「料金を払っても利用したい」「低額なら利用したい」「無料なら利用したい」の合計）と，「利用したくない」という人がそれぞれ43.2％と42.9％でほぼ同じだった。1987年になると「利用してもよい」という人は52.3％と過半数を占めるようになるが，「利用したくない」と「わからない」という人の合計も47.7％であり，「利用してもよい」が多数派だとはまだ言いにくい状態であった。しかし1992年になると，「利用してもよい」という人が6割を越え，逆に「利用したくない」と「わからない」の合計が4割をきるようになり，「利用してもよい」という意識がはっきりと多数派になった。同じ調査で，介護施設に関する意識

図5-8　ホームヘルパーなどの利用に関する意識（1980年代初め～1990年代初め）

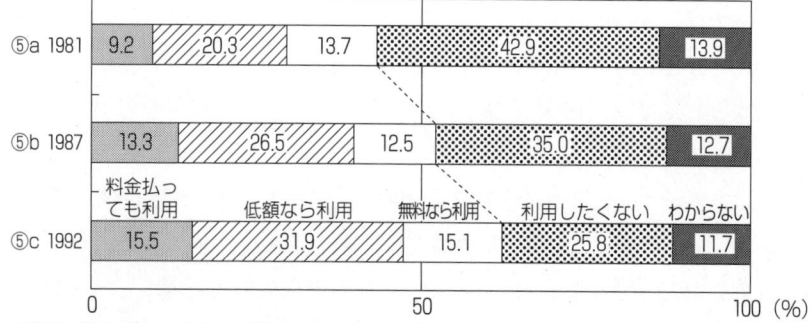

調査	料金払っても利用	低額なら利用	無料なら利用	利用したくない	わからない
⑤a 1981	9.2	20.3	13.7	42.9	13.9
⑤b 1987	13.3	26.5	12.5	35.0	12.7
⑤c 1992	15.5	31.9	15.1	25.8	11.7

（質問）「もし仮に，あなたが誰かの介護を受けなければならなくなった場合に，家族以外の人（家政婦，ホームヘルパーなど）の手助けを利用したいと思いますか」。
（回答者の年齢）60～69歳。
（資料）表5-2の⑤a～⑤cの調査。

の変化を見ても，ホームヘルパーに関する意識とほぼ同じパーセンテージで，同じ変化の趨勢を示していた（図は省略）。

さらに図5-9に示した⑨a～⑨b（1995～2003年）の調査は，質問のしかたは異なるが，同じくホームヘルパーなどの利用について，1990年代後半～2000年代前半までの意識をたずねている。まず上に示した〈男女計〉でその結果を見ると，どのような程度であれ「外部の者の介護を受けたい」と答えた人の割合（つまり「外部者だけ」「外部者中心＋家族」「家族中心＋外部者」の合計）は，1995年で59.1％，2003年では75.9％にも増えている（図の点線を参照）。以上から1990年代に入ると，自分の介護について専門家を利用したいという意識が多数派になったことがわかる。

ただし，分類のしかたを変えて，「外部者だけ」と「外部者中心＋家族」を合わせて「外部者中心」の介護とし，一方「家族中心＋外部者」と「家族だけ」とを合わせて「家族中心」の介護として，再集計してみると，「外部者中心」という人が1995年で2割，2003年でも3割強なのに対して，「家族中心」という人は1995年で7割，2003年でも6割弱を占めている（図の破線を参照）。つまり在宅介護の場合，たしかにホームヘルパー等を利用したいという

図5-9 ホームヘルパーなどの利用に関する意識（1990年代半ば〜2000年代初め）

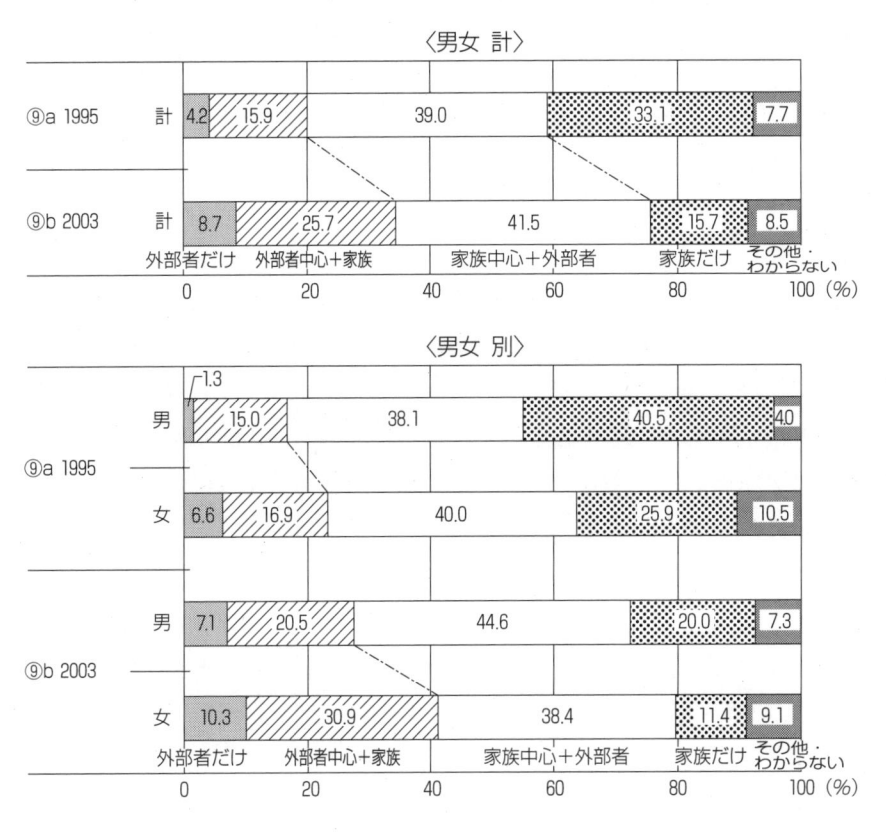

〈男女 計〉

		外部者だけ	外部者中心＋家族	家族中心＋外部者	家族だけ	その他・わからない
⑨a 1995	計	4.2	15.9	39.0	33.1	7.7
⑨b 2003	計	8.7	25.7	41.5	15.7	8.5

〈男女 別〉

		外部者だけ	外部者中心＋家族	家族中心＋外部者	家族だけ	その他・わからない
⑨a 1995	男	1.3	15.0	38.1	40.5	4.0
	女	6.6	16.9	40.0	25.9	10.5
⑨b 2003	男	7.1	20.5	44.6	20.0	7.3
	女	10.3	30.9	38.4	11.4	9.1

（質問）「自宅で介護されるとしたら，あなたは，どのような形の介護をされたいですか」．
（回答者の年齢）60歳以上．
（資料）表5-2の⑨a〜⑨bの調査．

意識は多数派であるが，ホームヘルパーは家族介護の補助に過ぎないと考えられており，あくまでも中心は家族による介護なのである．

また図5-9の下に示した〈男女別〉の集計を見ると，いずれの時点でも，「家族中心」の介護を選択した人は男性により多く，一方「外部者中心」の介護を選択した人は女性により多い．

身体的介護についての意識（まとめ）

　以上から，自分の介護の意識について次のことがわかった。1980年代初めまでは，男女とも「専門家」に頼るという意識はほとんどなく，女性は「嫁」に頼る，男性はまず「配偶者」に頼り，配偶者がいない場合は「嫁」に頼るという意識が支配的だった。つまり，女性の意識は，「介護を頼るのは第一に嫁」という典型的な家モデルにそったものであり，一方男性は，「配偶者がいる限りは配偶者，いない場合は嫁に頼る」という意識，つまり一見すると夫婦家族モデルに見えるが潜在的には家モデルという意識をもっていた。

　しかし1980年代になるとこのような意識に変化が生じた。80年代が進むにつれ，「嫁」に頼るという人は男女ともに少数派になっていき，嫁は「準制度化された介護者」ではなくなった。つまり介護の世代関係は再構築され，人々は家モデルではなく夫婦家族モデルにしたがって自分の介護を考えるようになったのである。

　このことは男女に異なる影響を与えた。男性は嫁に頼れなくても，妻という「準制度化された介護者」がいる。したがって男性では1980年代〜2000年代初頭まで一貫して「配偶者」に頼るという意識が支配的であり続けた。

　しかし女性には「嫁」にかわる人はいない。女性は「準制度化された介護者」を失ってしまったのである。その結果，介護を頼る相手はそれぞれの女性がおかれた状況により「夫」「娘」と分散し，一部に「専門家」に頼るという人が現れた。そして90年代に入ると「夫」や「娘」に頼るという人より，「専門家」に頼るという人が増えていった。

5.「生涯家計支持者」と「生涯ケアラー」の誕生

再構築された世代関係

　本章ではおもに戦後を対象にして，意識の面から，身体的介護についての世代関係がどのような変化をたどって現在に至ったのかを，経済的扶養のそれと比較しながら見てきた。その結果，次のことがわかった。

まず経済的扶養については，男女とも1960年代半ばまでは「子どもに頼る」という家モデルにそったものだったが，以後そのような意識は弱くなり，1980年代初めには，夫婦家族モデルにそった「(夫の)公的年金に頼る」という意識が多数派になった。つまり男性は，「(息子の扶養に頼らない)生涯家計支持者」となったのである。

　一方，身体的介護については，1980年代初めの時点でも，家モデルにそった意識(女性は「嫁に頼る」，男性は「まず妻に頼り，妻がいない場合は嫁に頼る」)が多数派であり，嫁は「準制度化された介護者」だった。しかしその後，80年代が進むにつれ，男女ともに「嫁に頼る」という人は減っていった。男性においては妻が「準制度化された介護者」として残り，「妻に頼る」という意識がその後も支配的であり続けた。

　一方女性は嫁に頼れなくなったことにより，「準制度化された介護者」を完全に失った。その結果，介護を頼る人についての支配的なパターンはなくなり，「配偶者」「娘」「専門家」(そして少数派ではあるが「嫁」)というように，各自の状況に応じて頼る人を選ばなければならなくなった。そして1990年代に入ると，「専門家」をおもな介護者として選ぶ人の割合がさらに増えていき，一方「嫁」を選ぶ人はさらに減っていった。こうして女性は「(嫁の介護を失った)生涯ケアラー」になったのである(「生涯ケアラー」の用語については第4章の注(10)を参照)。

資源へのアクセスと社会政策の影響

　それでは，扶養・介護の世代関係についての意識に変化をもたらしたのは，どのような要因だろうか。

　まず経済的扶養について考察しよう。近代化・産業化にともなう雇用形態や世帯形態の変化は，「子どもに頼る」という意識を弱めるという1960年代〜70年代の変化には影響を与えた。しかしいくら産業化が進んでも，公的年金が十分でなくそれへのアクセスができない状況では，「公的制度に頼る」という意識が多数派になるというような，大きな変化は起こらなかった。このような，

高齢者が依存できる資源が家族しかないという状況においては，「孝」規範とそれを動員したイデオロギーは，その現実を正当化するものとして人々の意識に影響を与えただろう。

しかし1980年代に入ると「公的年金に頼る」という意識が多数派になった。この時期は制度改革を経て年金額が上昇し，高齢期の生計手段としてあてにできるようになった時期と一致する。したがってこの局面の変化においては，社会政策説があてはまる。

次に身体的介護について考察しよう。先に見たように経済的扶養の意識が揺らいだのは1960年代〜70年代であったが，この時期，介護に関しては，女性は「嫁」，男性は「妻と嫁」に頼るという意識はまだ揺らいでいなかった。しかし1980年代が進むにつれ，男女とも「嫁には頼れない」という意識が広がった。なぜだろうか。

1980年代は公的年金が成熟し，その結果として老後の経済的扶養を息子には頼らないという意識が確立した時期である。この時期，「日本型福祉社会」論によって描かれた世代関係についてのシナリオは，扶養は息子に頼らず健康な間は別居もするが，介護は嫁に頼るというものであった。しかしながら当事者である高齢者たちは，経済的には息子に頼らないのに（そして別居もしているのに），介護だけ嫁に頼るというのは「どうもやりにくい」と感じたのではないか。つまり，経済的扶養の面においては夫婦家族モデルにそった世代関係が確立したのに，介護の面においてだけ従来どおりの家モデルにそった世代関係を期待すること（言いかえると，息子との関係は夫婦家族モデルに変化しているのに，嫁との関係は従来どおりの家モデルのままにしておくこと）は，難しくなったのである。その結果，人々は介護についても夫婦家族モデルにそって解釈するようになり，「嫁には介護を頼れない」と感じるようになった。

この結果，男性にとっては妻が唯一の「準制度化された介護者」となった。それに対して女性は，嫁という「準制度化された介護者」を失い，介護を頼れる人を探すというリスクを個人でひきうけるという状態に追い込まれた。

このような1980年代の変化，つまり「嫁には介護を頼らない」という意識

を生じさせたのは，公的年金の成熟が経済面における世代関係を変え，それにともなって，介護面においても世代関係が変化したことである。こうした世代関係の変化によって，嫁という介護資源へのアクセスがしにくくなったのである。言いかえると，息子の役割（扶養）をいわば代行する公的支援制度は作ったが，嫁の役割（介護）を代行する制度は特に整備をしなかったという社会政策上のタイムラグ（あるいはアンバランス）が，女性に対して，「準制度化された介護者がいない」という状況を生じさせたのである。

続く1990年代の大きな変化は，家族介護の補助として専門家による介護を利用したいという意識が，男女に関わらず多数派となったことである。この時期はゴールドプランの実施が進み，スティグマ的でない公的介護サービスへのアクセスが，それ以前に比べ飛躍的に高まった時期である。したがって介護においても，「家族だけに頼る」から「公的制度を利用する」に変わるというような大きな意識変化を引き起こした要因は，（「準制度化された介護者」を失ったということだけではなく）スティグマ的でない公的支援制度がかなりの程度利用可能になったということである。したがってこの時期の変化に対しても社会政策説があてはまる。ただしこの時期に整備された公的サービスは，家族介護を代替するものではなく補助するものだった。人々の意識もこのような制度の実態と呼応している。

この章では，「生涯ケアラー」の誕生を促したのは，公的年金の成熟による，経済面での世代関係の再構築であることを論じた。ところで「生涯ケアラー」であるためには，つまり家族に介護されることを避け専門家に頼ろうとするならば，その費用を払うためにある程度の経済的資源が必要である。また専門家が属する官僚組織と交渉するための知識やコミュニケーション・スキルといったものも必要であろう。これらは人々の階層的地位と関係する。そこで次の章では，社会階層と介護意識の関係について検討する。

【注】
(1) ただし図5-4の⑥a～⑥e（1981～2001年）の調査で，「自分たち夫婦」とい

う人と「国・社会」という人の変化を見ると,「自分たち夫婦」は 55.0 % から減少する一方で,「国・社会」は 21.8 % から増加する。そして 2001 年では「国・社会」が「自分たち夫婦」を逆転して多数派となっている。このような「逆転」が起こった理由として,次の 2 つの解釈が可能である。

　第 1 は,1980 年代初めには,老後の生計は私的貯蓄によると考える人が多かったが,それ以降しだいに公的年金に頼ると考える人が増加したため,逆転が起こったという解釈である。つまり,「自分たち夫婦」という選択肢を選んだ人は私的な貯蓄に頼ると考えており,「国・社会」を選んだ人は公的年金に頼ると考えている,という解釈である。

　第 2 の解釈は次のようなものである。この選択肢のワーディングでは,公的年金に頼ることが,「自分たち夫婦で準備する」(つまり公的保険の保険料を自分で積み立てる)ことに含まれるのか,それとも「国・社会の制度に頼る」(つまり現役世代の拠出に頼る)ことに含まれるのかが曖昧である。そして先に見たように,日本の公的年金自体も,「自分たちで準備する」ものから「国・社会での助け合い」へとその性格を強めていった。これらのことから,1980 年代初めから 2001 年まで,多数派の人々が公的年金に頼ると考えていたという点では変化がないのだが,公的年金の性格についての人々の理解が変化したと考えることも可能である。つまり,1980 年代初めには公的年金を「自分たち夫婦で積み立てる」ものとしてとらえる人が多かったが,しだいに「国・社会での助け合い」ととらえる人が増加し,逆転が起こったと解釈することもできる。

　本書では,1980 年代初めにはすでに,老後の生計費の中心は,貯蓄より公的年金だったという山崎 (1985) の試算を根拠に,第 2 の解釈がより妥当ではないかと考える。

(2)　このことは別の調査でも確認できる。表 5-2 の⑤ a〜⑤ c (1981, 1987, 1992 年) の調査は,対象者が 60〜69 歳であり,⑥ a〜⑥ e の調査 (60 歳以上) とは若干異なるが,⑥ a〜⑥ e とほぼ同じ質問で行われており,その結果も⑥ a〜⑥ e とほぼ同じであった。

(3)　厚生労働省『国民生活基礎調査』(平成 16 年) によると,実際には,同居の主な介護者の中では嫁 (息子の妻) が占める割合が最も多い。しかし人々の意識 (希望) においてはそうではなくなったのである。

第6章

社会階層と介護意識
——「女性中流階級のための福祉国家」

1.「介護を専門家に頼る」と考える人はどの社会階層に多いのか？

　前の章では公的年金の成熟による世代関係の再構築により，嫁という「準制度化された介護者」が失われ，そのことが，「夫や子どもには迷惑をかけたくないので，自分の介護は専門家に頼りたい」と考える女性（生涯ケアラー）を生んできたことを見てきた。

　しかしながら，家族に介護されることを避けて専門家に頼ろうとするならば，その費用を払うためにある程度の経済的資源が必要である。また官僚組織に対応するための知識やコミュニケーション・スキルといったものも必要であろう。これらの条件を備えているのはおもに中流以上の社会階層に属する人々だと想定できる。それでは実際に，女性の中でも中流以上の階層に属する人に「自分の介護を専門家に頼る」と考える人が多いのか。これがこの章のひとつめの問いである。

　2つめの問いは男性についてである。経済的資源や官僚組織に対応するためのスキルという点では，中流以上の階層の男性は他の男性より，それらを多くもっていると想定できる。したがってこの点からは女性と同様に，中流以上の男性は他の男性より，「自分の介護を専門家に頼る」という人が多いという仮

説を立てることが可能である。経済的資源や，コミュニケーション・スキルなどの人的資本に注目するこの仮説を「資源仮説」とよぼう。

しかし男性については逆の仮説を立てることもできる。「介護を専門家に頼る」ことは「公共領域で他者に依存する」ことである。そしてこれは「公共領域＝自立，家内領域＝（家族への）依存」という支配的イデオロギーからはまさに逸脱した状態である。しかもこの支配的イデオロギーはジェンダー化されており，「公共領域での自立」をより強く求められるのは女性より男性である（第2章「ケア，世代関係，公共／家内領域，自立／依存をどうとらえるか」参照）。この点からすると中流以上の階層の男性は，資源をもっているとはいえ，「介護を専門家に頼る」という逸脱状態をわざわざ選ぶことには消極的である可能性がある。この点に注目すると，中流以上の男性の介護意識は他の階層の男性と大きくは変わらないと想定することもできる。イデオロギーに注目するこの仮説を「イデオロギー仮説」とよぼう。

以上の議論から導かれる本章の2つめの問いは，中流以上の階層の男性は，「自分の介護を専門家に頼る」という意識が他の男性より強いのか，それとも階層による違いはあまり大きくないのかというものである。

この章では，日本家族社会学会・全国家族調査委員会が行った『第1回家族についての全国調査』のデータを分析することによって，これらの問いに答えていきたい。

「中流階級のための福祉国家」論

「自分の介護を専門家に頼る」という意識をもっている人は，どの社会階層に多いのか。この問いに答えるために，先行研究を検討しよう。

まず，「中流階級のための福祉国家」あるいは「福祉国家の中流階級化」とよばれる理論がある。この理論によると，社会保障・福祉サービスの普遍主義化が進行するにつれて，これらのおもな受益者・利用者は低所得層から中流階層に移っていく。その理由として，文化的な側面からは，中流階層は低所得層に比べて，サービスの利用情報を得るための知識やスキルをより多くもってい

ることや，サービス提供側の官僚やソーシャルワーカーも中流階層の人間であることが多いため，中流階層が共有する文化やコミュニケーション・スタイルが，サービスにアクセスする際に，間接的に有利に作用しうるということなどが指摘されている（Gilber, 1983＝1995；藤村, 1998）。また経済的な側面からは，サービス利用料が徴収される場合，中流階層のほうが支出しやすいといったこともあるだろう。

　実証研究の結果を見ると，この仮説を検証した東京都区内の高齢者に対する調査において，医療・福祉に対する相談や情報に関しては，たしかに社会階層が高い人のほうがより多くの情報源や相談相手をもっていることが報告されている（藤村, 2001）。また社会階層と社会的ネットワークとの関連に関する研究においても，「相談事があったときの助言」を専門家に求める人は，階層が高い人のほうが多いことが報告されている（前田・目黒, 1990）。

　以上のような「中流階級のための福祉国家」論や「社会階層と社会的ネットワーク」についての先行研究の知見を，介護に適用すると，中流以上の階層では「自分の介護を専門家に頼る」という人が，そうでない階層より多いという仮説を立てることが可能なように思える。

相談・情報と介護の違い

　しかしながら上記の実証研究はどちらも，相談・情報についての研究である。このような比較的負担の小さい援助の場合と，介護を頼るといった負担の大きい援助の場合とでは，人々の意識は異なるのではないか。

　介護意識についての研究の中で，社会階層を分析の視点に入れている研究はあまり多くない（笹谷, 2003）。その中で，毎日新聞社世論・選挙センターによる調査（1992；1993；1994；1996；1997；1998；1999；2000；2001）と生命保険文化センターによる調査（生命保険文化センター, 1987）は，自分の介護を誰に頼るかという意識について，学歴別の集計結果を公表している。まず毎日新聞社世論・選挙センターの調査では，男女計の集計結果が公表されている。それによると，たしかに学歴の高い人のほうが専門家を選択する人が多い。しかし，

男女別での集計結果は公表されていないため，男性と女性で階層の影響が異なるかどうかについては不明である。

それに対して生命保険文化センターの調査では，男女それぞれについての，学歴別集計結果が公表されている。それによると，「自分の介護」に関して，専門家による介護を望む人は，男女ともたしかに学歴が高いほど多くなる。しかし男女を比べると，女性のほうが学歴による差が顕著である。男性で専門家による介護を望む人は，中学卒で20.6％，短大・大学卒で36.5％と，たしかに学歴が高い人の方が多いが，どちらの学歴でもこのような人は半数を大きく下回り，全体の中で少数派である点において学歴による違いはない。一方，女性で専門家による介護を望む人は，中学卒で30.8％，短大・大学卒で59.3％と，両者の間には30ポイント近くの差がある。しかもこのような人は中学卒の中では約3割と少数派にすぎないが，短大・大学卒の中では約6割と多数派になっており，女性では学歴によって意識が大きく異なる。

また全国規模の調査ではないが，介護意識における社会階層の違いを分析した研究として，玉野和志と大和礼子の研究がある。まず玉野（1990）は，東京都内の団地に夫婦もしくは単身で居住する65歳以上の人について調査している。その結果によると，男性民間大企業退職者（調査対象の中では階層が高いほうに分類される）は，他のカテゴリーの住民に比べて，介護について公的施設やサービスより，配偶者や子どもの世話になることを望む人が多い。また大和（2000）は，神戸市における調査で，「自分の介護」を頼る人としてホームヘルパーなどの専門家を選択した人は，女性では階層が高い人に多いが，男性では階層による違いは見られないことを報告している。

つまり，相談相手や情報源といった場合には，男女を問わず，たしかに階層の高い人のほうが専門家に援助を求めるという意識をもつ人が多いかもしれない。しかし自分の介護に関しては，階層の影響は男女で異なり，女性では階層による違いが大きい（つまり階層が高いほうが，専門家による援助を選好する人が多い）が，男性では階層による差は女性ほどには大きくない，ということがいえるのではないだろうか。言いかえると，「福祉国家の中流階級化」の程

度は，援助の種類（相談・情報か，それとも介護か）と，それを利用する人のジェンダーによって異なり，介護という援助の場合，「福祉国家の中流階級化」は男性より女性においてより進んでいるといえるのではないか。

そこで本章では，調査データを分析することにより，どのような階層の人が誰に，自分の介護を頼りたいと考えているのか，特に「専門家に頼りたい」という人はどのような階層の人なのか，そしてそこには男女で違いがあるのかについて，見ていこう。

2. データ

この章で分析するのは，1999年の1月から2月にかけて，日本家族社会学会・全国家族調査委員会が，全国の28～77歳（1998年12月31日現在）の男女を対象に行った『第1回家族についての全国調査』である。層化2段階抽出法によって男性5,163人と女性5,337人の計10,500人が抽出され，これらの人に対して留め置き法によって調査票が配布・回収された。有効回収票は6,985票（66.5％）であった。調査法については，渡辺・稲葉・嶋﨑（2004）に詳しい。

この調査データのうち，本章では「配偶者と子どもがいる男女」を対象に分析を行う。分析対象者の基本属性は，表6-1に示した。

分析に用いる質問は，「あなたは，次のような問題で援助や相談相手がほしいとき，どのような人や機関を頼りにしますか。それぞれの場合について，あてはまるものに○をつけてください（○はいくつでも）」というものである。この中の「あなたが寝たきりなどで，介護を必要とするようになったとき」という問いに対する回答を，「自分の介護」についての意識として分析する。

そしてこれと比較するために，「問題を抱えて，落ち込んだり，混乱したとき」と「急いでお金（30万円程度）を借りなければならないとき」という問いに対する回答も，前者を「相談」，後者を「金銭的援助」を頼る相手についての意識として分析する。選択肢は上記3つの問いに共通であり，「配偶者」

表6-1 分析対象者の基本属性

( )内はケース数(%)

		男性	女性
年齢	28-39歳	16.8	22.0
	40-49歳	22.4	24.3
	50-59歳	25.2	26.5
	60-69歳	23.3	18.2
	70-79歳	12.3	9.0
	計	100% (2602)	100% (2688)
学歴	小中学校	25.2	24.2
	高校	44.1	53.6
	高等教育	30.7	22.1
	計	100% (2535)	100% (2634)
収入	なし	37.6	25.7
	～¥399万		67.1
	～¥799万	43.7	7.3
	¥800万～	18.7	
	計	100% (2556)	100% (2627)
就業上の地位	経営・役員	8.7	2.2
	常雇	51.2	15.5
	パートタイマー	3.2	21.7
	派遣	0.3	0.2
	自営	15.3	3.0
	家族従業	1.7	10.4
	内職	0.0	1.9
	無職	19.6	45.1
	計	100% (2596)	100% (2682)

「親・兄弟姉妹」「子ども・その配偶者」「その他の親族」「友人や職場の同僚」「近所(地域)の人」「専門家やサービス機関」である。以下ではそれぞれ,「配偶者」「親きょうだい」「子夫婦」「他の親族」「友人同僚」「近所の人」「専門家」と表記する。

その他の変数として,年齢と社会階層に関する変数を用いる。年齢については,ほぼ10歳きざみの分類を用いる。社会階層については,学歴と年収を用いる。学歴と年収はそれぞれ,社会階層の文化的側面と経済的側面に対応す

る。

　このデータでは，夫と妻の学歴の間，および夫と妻の年収の間には次のような関係がみられた（図表は省略）。学歴については，夫と妻は同学歴である場合が多く，両者の相関は高い。それに対して年収については，夫の年収と妻の年収の関係はより複雑であり，夫の年収が少ないほど，収入はあるが少ない（年収400万円未満）という妻が多くなり，逆に夫の年収が多いほど，収入なしの妻（専業主婦）と収入が多い妻（年収400万円以上）の両方が多くなる。ただし自分の年収が400万円以上と多い妻は，非常に少なく全体の1割にも満たない。つまり全体として，妻の経済的豊かさは，妻本人の収入ではなく，夫の収入によって規定される傾向が強いといえる。そこで本章では，学歴については男女とも本人の学歴を用い，年収については，男性は本人の年収，女性は本人の年収と夫の年収の両方を分析し，その結果を比べることにする。

3. 専門家の介護に積極的な女性中流階層と消極的な男性中流階層

「自分の介護を頼る人」の範囲

　図6-1は(A)自分の介護，(B)相談，(C)金銭的援助のそれぞれを頼る人として，選択肢の各項目を選択した人の割合を，男女別に示したものである。「他の親族」と「近所の人」を選択した人はどの援助においてもほぼ5％未満と少なかったので，省略した。

　まず，どのような項目が多く選ばれているかに注目すると，(A)自分の介護を頼る人として選択されたのは，男女とも，「配偶者」「子夫婦」「専門家」「親きょうだい」の順であり，この4項目以外の選択肢を選んだ人はほとんどいなかった。これを(B)相談や(C)金銭的援助を頼る人についての結果と比較すると，(C)金銭的援助については，順位は多少異なるがおもにこの4項目が選ばれており，これ以外の項目を選んだ人はほとんどいない。(B)相談については，上記4項目のうち，「専門家」を選んだ人が非常に少なく，そのかわり

図6-1 「自分の介護」「相談」「金銭的援助」を頼る人として各項目を選んだ人の割合（複数選択）

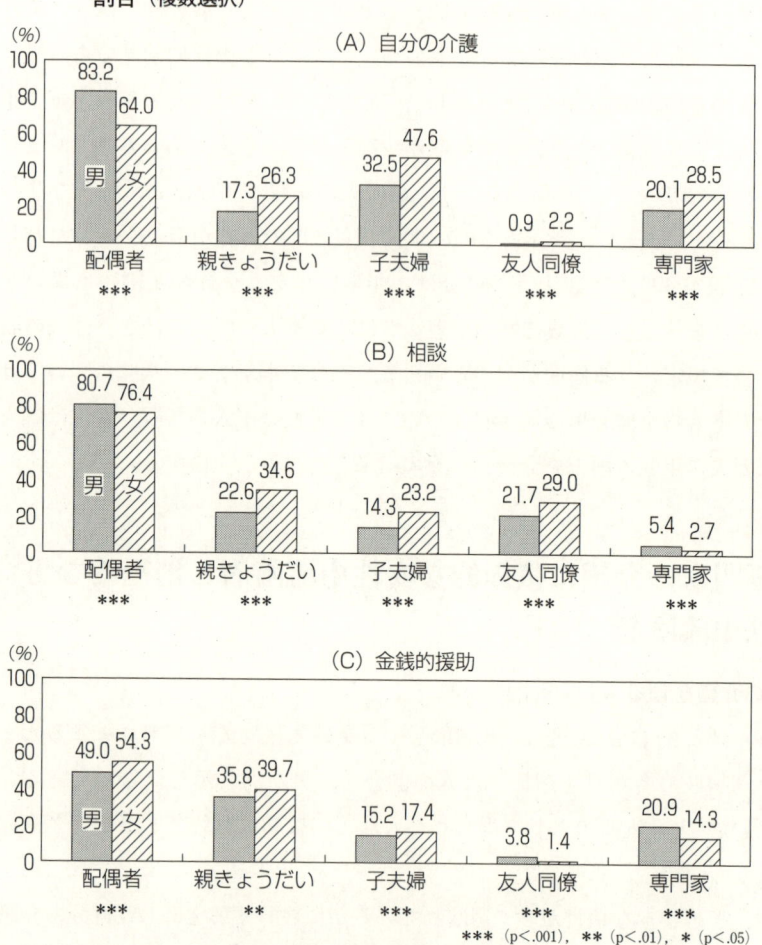

(A) 自分の介護

	配偶者	親きょうだい	子夫婦	友人同僚	専門家
男	83.2	17.3	32.5	0.9	20.1
女	64.0	26.3	47.6	2.2	28.5
	***	***	***	***	***

(B) 相談

	配偶者	親きょうだい	子夫婦	友人同僚	専門家
男	80.7	22.6	14.3	21.7	5.4
女	76.4	34.6	23.2	29.0	2.7
	***	***	***	***	***

(C) 金銭的援助

	配偶者	親きょうだい	子夫婦	友人同僚	専門家
男	49.0	35.8	15.2	3.8	20.9
女	54.3	39.7	17.4	1.4	14.3
	***	**	***	***	***

*** ($p<.001$), ** ($p<.01$), * ($p<.05$)

（注）「自分の介護」は男性計2578人中，女性計2660人中の％．
「相談」は男性計2569人中，女性計2665人中の％．
「金銭的援助」は男性計2551人中，女性計2637人中の％．

「友人同僚」を選んだ人が多いという点が異なっているが，「配偶者」「子夫婦」「親きょうだい」が多く選ばれているという点は同じである．そこで以下の分析では，多くの人が選んでいる「配偶者」「親きょうだい」「子夫婦」「専門家」

の4項目について分析する。

ジェンダーによる違い

　同じ図6-1で，(A)自分の介護について男女の回答の差をみると，男性では8割以上の人が「配偶者」を選んでおり，これに関しては女性より多い。しかしその他の項目を選んだ人は，すべての項目において女性のほうが多い。これはどの年齢層をとってもほぼ同様であった。

　さらに同じ図で「専門家」を選んだ人に注目すると，(A)自分の介護について「専門家」を選んだ人は，女性に比べて男性では少ない。これを(B)相談や(C)金銭的援助の結果と比べると，「自分の介護」とは逆で，「相談」や「金銭的援助」を「専門家」に頼るという人は，女性より男性に多いことがわかる。つまり料金（経済的資源）やコミュニケーション・スキルが必要な「専門家」に頼ることにおいて，男性は，「相談」や「金銭的援助」の場合には女性より積極的である。しかし「自分の介護」の場合だけは逆に消極的なのである。

年齢による違い

　図6-2は，男女それぞれについて年齢別に，「配偶者」「親きょうだい」「子夫婦」「専門家」を選んだ人の割合を示したものである。男女を比べると，まず目につくのは，男性における「配偶者」の重要性である。すべての年齢層を通じて，「配偶者」は他の4項目を圧倒的に引き離して，高い割合で選ばれている。

　それに対して女性の図を見ると，「配偶者」の重要性は男性に比べて低い。そして年齢によってどの項目が多く選ばれているかがかなり異なっている。若年層では「配偶者」が選ばれる割合が高いが，50～60歳代では「子夫婦」と「配偶者」が同じくらいの割合で選ばれている。そして70歳以上では「子夫婦」の方が「配偶者」より高い割合で選ばれている。すなわち女性の70歳以上では，夫がいるにもかかわらず，夫より子夫婦を選択する人の方が圧倒的に

図6-2 「自分の介護」を頼る人として各項目を選択した人の割合

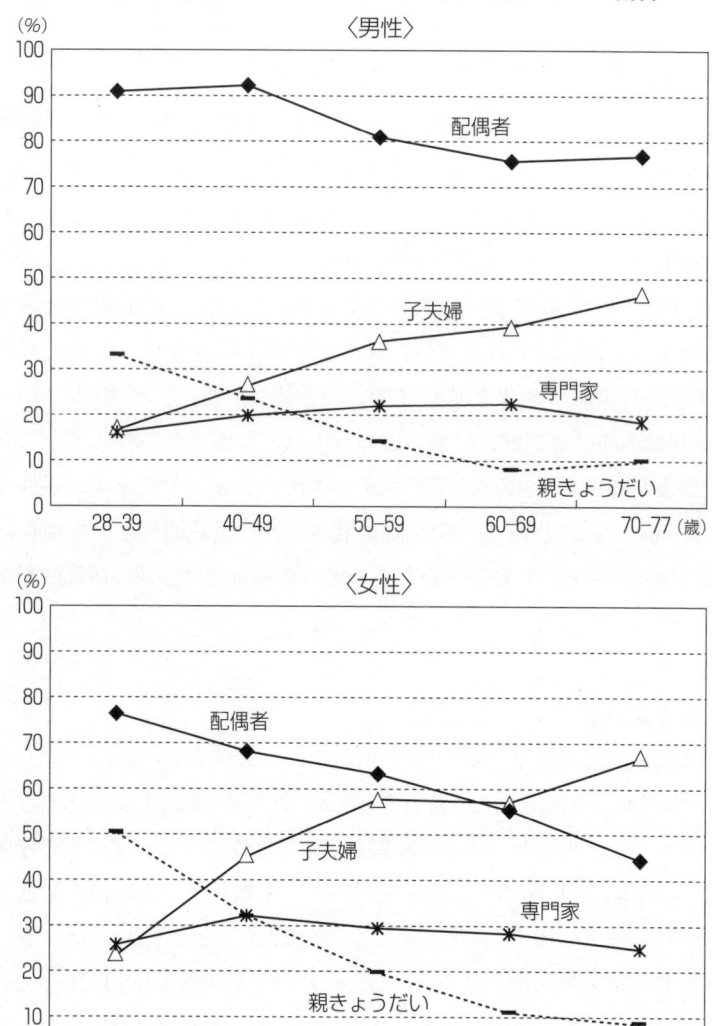

〈男性〉

〈女性〉

多いのである。

「専門家」については，これを選択した人の割合には男女ともに年齢による有意差はなく，ほぼどの年齢層においても男性は約2割，女性は約3割の人が選択している。

社会階層による違い

　ここまでの分析を念頭において，社会階層によって「自分の介護」を頼る人がどう異なるのかについて見よう。図6-3は男女それぞれについて，「自分の介護」を頼る人として，「配偶者」「親きょうだい」「子夫婦」「専門家」のそれぞれを選んだ人の割合を，学歴別に示したものである（年齢もコントロールしてある）。この結果によると，「配偶者」については，男性においてのみ若干の差が見られ，いくつかの年齢層で，学歴が高い人のほうが「配偶者」に頼るという傾向がある。「親きょうだい」については男女とも学歴による違いはほとんど見られない。「子夫婦」については，女性の60歳以上においてのみ差が見られ，学歴が高い人のほうが「子夫婦」には頼らないという傾向がある。最後に「専門家」については，男女とも学歴による違いが見られ，学歴が高い人のほうが「専門家」に頼るという人が多い。しかも女性の方が学歴による差は顕著である。これは，女性では学歴が高くなると「専門家」を選ぶ人の比率が大きく上昇するが，男性の上昇幅は女性ほど大きくないためである（図は省略）。

　さらに図6-4は，男女それぞれについて，「配偶者」「親きょうだい」「子夫婦」「専門家」の選択割合を示す4本の線を，学歴別にひとつの図に重ねたものである。男女の図を見比べると，男性では，全体的な折れ線の布置が小中学校／高校／高等教育という3つの学歴カテゴリー間でよく似ており，どの学歴でも「配偶者」が他の項目を圧倒して多くの人に選ばれている。つまり「自分の介護」を頼る人についての男性の意識は，学歴による差が小さく，その中心は「配偶者」である。

　それに対して女性の図を見ると，折れ線の布置パターンが学歴カテゴリー間で大きく異なっており，特に60歳以上では，どの項目が多く選ばれているか

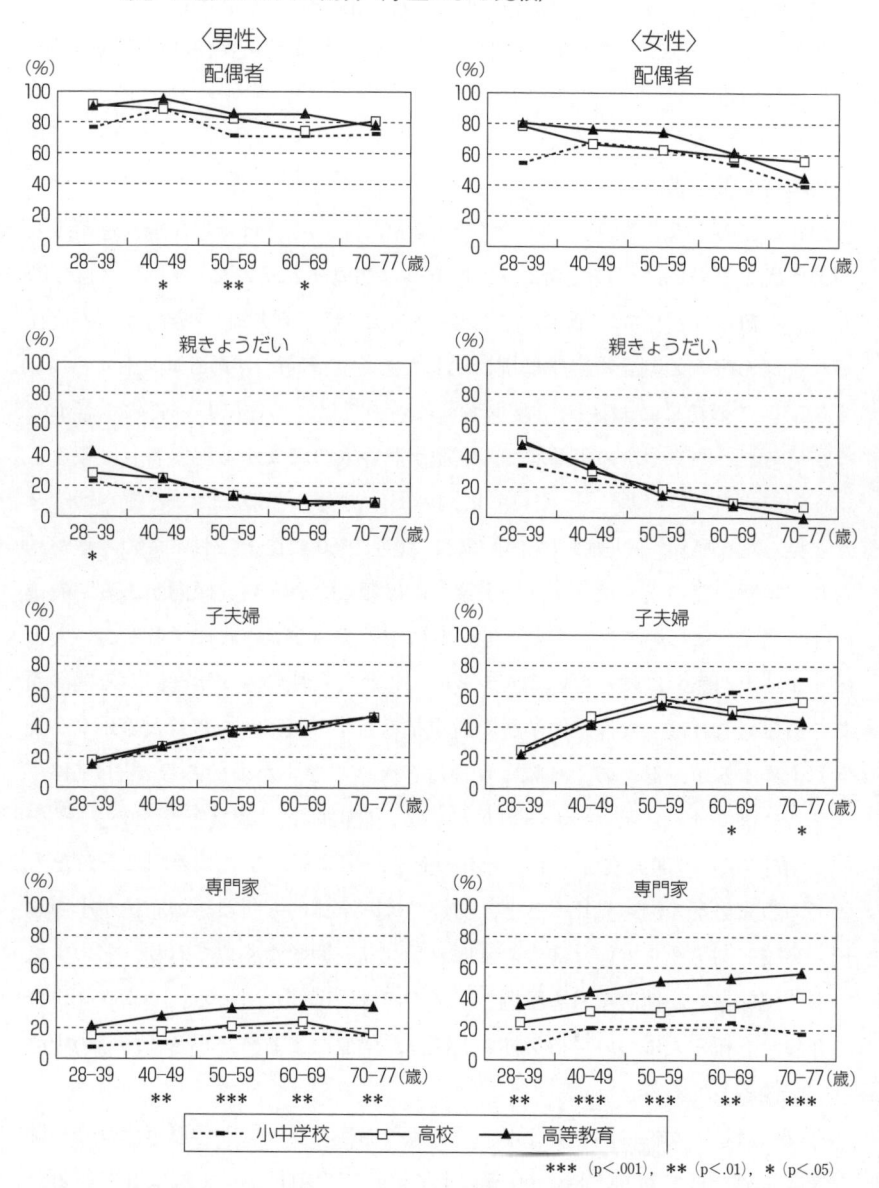

図6-3 「自分の介護」を頼る人として「配偶者」「親きょうだい」「子夫婦」「専門家」を選択した人の割合（学歴による比較）

*** (p<.001), ** (p<.01), * (p<.05)

小中学校　　□ 高校　　▲ 高等教育

図6-4 「自分の介護」を頼る人として「配偶者」「親きょうだい」「子夫婦」「専門家」を選択した人の割合（学歴によるパターンの比較）

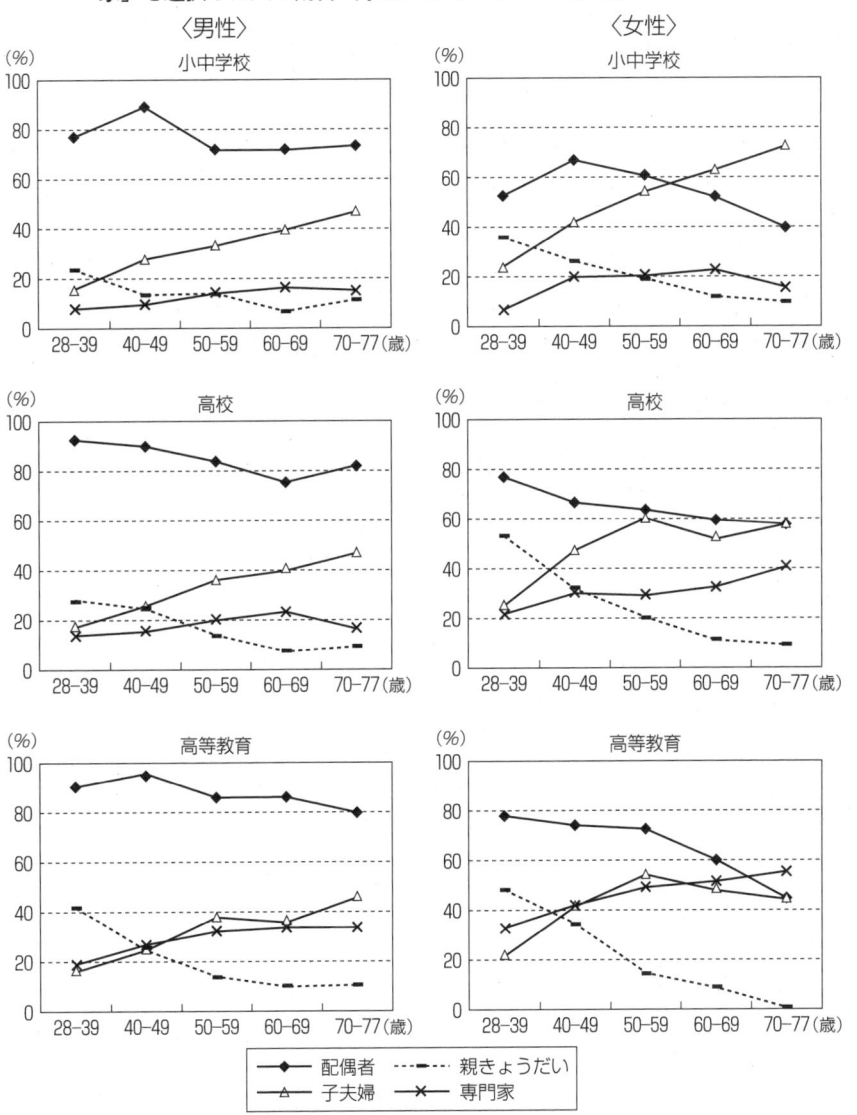

〈男性〉　小中学校／高校／高等教育

〈女性〉　小中学校／高校／高等教育

凡例：◆ 配偶者　------ 親きょうだい　△ 子夫婦　✕ 専門家

第6章　社会階層と介護意識　137

の順位までもが異なっている。60歳より若い層ではどの学歴でも、最も多く選ばれている項目は「配偶者」である。しかし60歳以上を見ると、最終学歴が小中学校の人は「子夫婦」の比重が大きく、高校の人は「子夫婦」と「配偶者」がほぼ同じ比重であり、高等教育の人は「専門家」の比重が大きい。

次に図6-3と同様の分析を、学歴のかわりに年収を用いて行った（男性に対しては男性本人の年収、女性に対しては女性本人の年収と夫の年収の両方を用いた。図は省略）。その結果を見ると、男性では、「配偶者」「親きょうだい」「子夫婦」「専門家」のどれについても、それを選択した割合において年収による差がなかった。

一方、女性では、女性本人の年収を用いた場合は、4項目のどれについても、それを選択する割合には年収による違いはなかった。先に見たように、女性本人の年収は女性の経済的豊かさにあまり影響をおよぼさないため、このような結果になったと考えられる。しかしながら夫の年収（これは女性の経済的豊かさに大きく影響する）を用いて分析すると、「専門家」を選択する割合には夫の年収による違いが見られ、夫の年収が多い女性のほうが、「専門家」を選択する割合が高いことがわかった（ただし、「配偶者」「親きょうだい」「子夫婦」を選択する割合には夫の年収による差は見られなかった）。

以上から女性においては、階層の高い人のほうが、「自分の介護」を頼る人として「専門家」を選択するという傾向が顕著であり、学歴を指標にしても夫の年収を指標にしても、階層による違いがはっきり見られた。一方男性では、学歴による違いは女性ほど大きくなく、また年収による違いはほとんどなかった。

4.「女性中流階級のための福祉国家」

以上の分析から次のことがわかった。自分の介護を頼る人としてどの項目を選んだかを見ると、女性は年齢や社会階層によって異なっていた。一方男性では、どの年齢、どの社会階層でも「妻」が中心であった。また「専門家」を選

んだ人に注目すると，女性では，学歴が高く夫の収入が多いほど「専門家」を選んだ人が多かった。しかし男性では，学歴による違いは女性ほど大きくなく，また収入による差はほとんどなかった。

「中流階級のための福祉国家」論にしたがうと，中流以上の階層の人々は経済的余裕があり，また官僚組織にアクセスしやすい文化をもっているので，専門家によるサービスの利用は他の階層より多いとされる。しかしながら本章の結果を見ると，たしかに女性ではこうした傾向が見られたが，男性では見られなかった。男性では，中流以上の階層と他の階層で，専門家の利用意識はあまり違わなかった。つまり，自分のための介護サービスの利用意識に関する限り，「中流階級のための福祉国家」論は女性にはよく当てはまるが，男性にはあまり当てはまらなかったのである。別の言い方をすると「中流階級のための福祉国家」というより，「女性中流階級のための福祉国家」という状況が見られたのである。

ではなぜ「中流階級のための福祉国家」論は，自分の介護に関して，男性には当てはまらないのか。ひとつの答えは，男性には「準制度化された介護者」である妻がいるから，というものであろう。しかしながら，経済的資源やコミュニケーション・スキルが十分ある中流以上の男性ならば，妻に大きな負担をかけないよう，専門家による介護サービスを利用するという選択も可能ではないか。「中流階級のための福祉国家」論が説明しようとしたのは，まさにこのような行動だったのではないか。つまり，福祉サービスの普遍主義化によりサービスの利用がスティグマでなくなった結果，家族による無償の介護に頼るより，ある程度の料金を払っても専門家によるサービスを利用する，という行動を説明しようとしたのではないか。そして本章の分析からも，中流以上の女性は，自分の介護についてたしかにこのような意識（「資源仮説」にしたがった意識）をもっていることが示された。また先行研究によると，相談や情報に関する限り，中流以上の階層の男性も実際にそのような意識をもっていた。

ではなぜ介護に関して，しかも男性に限って，「中流階級のための福祉国家」論が当てはまらないのか。この理由を理解するためには，「資源仮説」による

説明ではなく「イデオロギー仮説」による説明が必要かもしれない。つまり「介護を専門家に依存すること」の意味が，男性と女性では異なるという点に注目する必要があるのかもしれない。

次の章ではインタビュー調査のデータにより，「公共領域／家内領域」や「自立／依存」について男女がもつ意識を明らかにすることにより，この問いに答えたい。

第7章

公共領域／家内領域の再構築とその中断

1. 老後の世代関係について人々はどう考えているか？

　ここまでの章で次のことがわかった。公的年金の成熟は経済面での世代関係を，家モデルから夫婦家族モデルにそったものへと変容させた。その結果男性において，「(息子の扶養に頼らない)生涯家計支持者」ともいうべき意識をもつ人々が生まれた。また経済面での世代関係の変化によって，介護面における世代関係も家モデルから夫婦家族モデルにそったものに再構築され，「嫁」を「準制度化された介護者」と考える意識は男女ともに弱まった。その結果，男性では自分の介護を「妻」に頼るという意識が支配的になった。一方女性は，家族をケアする存在（ケアラー）としてのアイデンティティをもっているため，夫や子どもに迷惑をかけないよう，自分の介護は「専門家」に頼りたいと考える人が増えた。このような意識を「(嫁の介護を失った)生涯ケアラー」としての意識とよんだ。

　さらに「中流階級のための福祉国家」論によると，中流以上の階層では，介護を「専門家」に頼りたいと考える人が，他の階層より多いと予想された。なぜなら「専門家」による介護を利用するために必要な資源は，中流以上の人がより多くもっているからである。しかし前章の分析の結果，「中流階級のための福祉国家」論は女性にはよく当てはまるが，男性にはあまり当てはまらない

141

ことがわかった。

　これらは大規模な質問紙調査の結果から見えてきた傾向である。そこでこの章では，小規模ではあるが詳細なインタビュー調査の結果をもとに，人々が老後の世代関係についてどのようなイメージをもっているか，人々がもつ世代関係の意識は，その人の社会構造上の位置（ジェンダーや社会階層）によってどう異なるかといったことを明らかにしていきたい。そしてこの分析を通じて，「中流階級のための福祉国家」論が女性にはよく当てはまるのに，男性にはそれほど当てはまらないのはなぜか（つまり自分の介護を「専門家」に頼るという人は，女性では中流以上の階層で多いのに，同じ階層の男性は必ずしもそう考えていないのはなぜか）についてもあわせて考察したい。

　本章のもうひとつの課題は，公共領域／家内領域の意味についてである。老後の扶養や介護を子世代に頼るのか，公的支援に頼るのかといった世代関係についての意識は，公共領域／家内領域についてのイメージと密接につながっている。表7-1に示したように，公的年金の(A)成熟前における家モデルのもとでの高齢期には，男女とも，また経済的扶養の面でも介護の面でも，公共領域では公的支援に頼らず「自立」することが望ましいとされ，一方，家内領域においては子世代による扶養・介護に「依存」することが「孝」の表れとして賞賛されてきた（このようなとらえ方を本書では「支配的社会認識」とよんできた）。

　しかしながら公的年金の(B)成熟後になると，人々の考え方に変化が見られた。まず扶養面においては，公共領域では公的年金に「依存」し（ただし保険料を拠出した上での公的年金への依存は，公的扶助などへの依存とは異なり，「自立と見なされる」），一方，家内領域では子世代からの扶養に頼らず「自立」するのが望ましいと人々は考えるようになった。ただし，「依存」する公的年金は，男性の場合は自分の年金だが，女性は多くの場合，妻という地位にもとづいて夫の年金に依存する。したがって女性は家内領域において，たしかに息子（下の世代）の扶養からは「自立」した。しかし公的年金（特に有利なそれ）は，妻という地位があってはじめて利用できるので，息子にかわって夫（同世代の

表7-1　公的年金の成熟前・後における公共領域／家内領域の意味（その1）

			公共領域		家内領域	
(A)成熟前	扶養	男	自立		依存	（息子に）
		女				
	介護	男				（妻と嫁に）
		女				（嫁に）
(B)成熟後	扶養	男	依存 [見なし自立]	（自分の年金に）	自立（息子から）	
		女		（夫の年金に）	自立（息子から）下の世代 依存（夫の年金に）同世代	
	介護	男	?		?	
		女	?		?	

家計支持者）に，経済的扶養を「依存」するようになったともいえる。表7-1の (B) 成熟後の「扶養」の項における，女性の「自立／依存」の複雑さは，公的年金という公共領域の支援制度が女性に与えた，このような「曖昧な地位」に由来している（つまり女性の場合，有利な公的年金に対する資格は，個人ではなく，妻という家族上の地位にもとづいて与えられることが多い。したがって夫の年金への依存は，公的年金という公共領域の制度への「依存」ではあるのだが，それと同時に，夫という家内領域の人間関係への「依存」という要素もあるのである）。
(1)

それでは介護面においては，人々は現在，公共領域／家内領域をどのようにとらえているのか（表7-1の「?」の部分）。「介護を専門家に頼る」という新しい意識が，特に中流以上の女性に広まってきたが，これは「公共領域＝自立，家内領域＝（家族への）依存」という支配的社会認識を否定する，オルタナティブな社会認識といえるのか。女性の従属の基盤であった支配的社会確認は，（少なくとも女性においては）もはや受け入れられなくなってきたのか。以上のような問いについて，インタビュー調査をもとに答えていきたい。

　その際には，第2章「ケア，世代関係，公共／家内領域，自立／依存をどうとらえるか」で述べた次の視点をとる。公共領域と家内領域については，第1

に，2つの領域の境界や意味は社会的に構築される。第2に，近代の支配的社会認識においては，公共領域と家内領域は「家父長的つながり」によって結ばれている。つまり「公共領域における自立」というフィクションを可能にするため，「依存」という人間にとってあたりまえの状態を処理する領域として家内領域が存在する。第3に，支配的な社会認識とは異なる社会認識をもつ人々が存在する場合，それらの人々は支配的社会認識を否定している場合もあるが，それを支える役割を果たしている場合もある。つまり，支配的社会認識を支える役割を果たしている結果として，それとは異なる社会認識をもつことになるという場合もある。

次に「自立／依存」については，第1に，他者の世話・お金などに「頼らないこと／頼ること」という即物的・価値中立的な意味で用いる。第2に，人間にとって「依存」はノーマルな状態である。そして第3に，「自立／依存」と「支配／従属」は別の次元であり，同じ「依存」状態を，「支配」と「従属」に分かつのは，他の社会・経済要因だと考える（「自立」についても同様である）。

4つの規範

はじめに，これまでに行われたインタビューによる介護意識の研究から，どのような知見が得られているのかを見ておこう。第2章「ケア，世代関係，公共／家内領域，自立／依存をどうとらえるか」で見たようにこれまでの介護研究は，介護することにおもに焦点を当ててきた。そのため家族介護についてのインタビュー調査の多くも，介護する人を対象にし，その人がなぜ介護をすることになったのか，介護についてどう考えているのかなどについて明らかにしてきた。また介護する人は女性が多いので，これらの研究の対象者はおもに女性である。これらの研究によると，家族介護が望ましいとする**家族介護規範**が存在するが，より詳しく見るとこの規範は，「家族」という言葉で具体的に誰をさすのかによって，**女性のケア役割，夫婦間介護，子どものため，孝**という4つの規範に分節化していることがわかった。

女性のケア役割と夫婦間介護

　まずクレア・アンガーソン（Ungerson, 1987＝1999）は，1984年にイギリスのケント州において，自宅で近親者を介護している19人を対象に，なぜ介護をすることになったのか，介護についてどう考えているのかなどについてインタビューを行った。男性の対象者は4人だけで，4人全員が65歳以上で職業から引退しており，しかも全員が妻を介護していた。それに対して女性の対象者は15人で，年齢も40歳前～70歳代とさまざまであり，仕事をもっている人ももっていない人もおり，また介護をする相手も夫，自分の親，夫の親，おばなど多様であった。

　アンガーソンによると，男性介護者は自分が介護する理由を「結婚や愛情」に関連する言葉を使って説明したが，女性介護者は，夫を介護している人も含めて，「親族の義務」に関連する言葉を使って説明した。このことからもわかるように，これらの人々が介護を引き受けるという選択をした背景には，おもに2つの規範が働いている。ひとつめは「女性の近親者が介護をするべき」という規範であり（**女性のケア役割規範**とよぼう），2つめは「健やかなる時も病める時も…」という結婚にともなう義務として「配偶者が介護をするべき」という規範である（**夫婦間介護規範**とよぼう）。これらの規範の影響により，女性はさまざまな近親者に対する介護を引き受けることになるが，男性はおもに妻の介護を引き受けることになる。しかも介護が必要なのが高齢で夫がいる女性の場合には，**女性のケア役割規範**と**夫婦間介護規範**が交錯・対立し，夫が介護するのか娘が介護するのかをめぐって親族内で葛藤が生じ，結局，夫ではなく娘が介護を引き受けることもある。

　またインタビュー対象者は，介護する人とされる人の間に生じるさまざまな心理的葛藤を経験していたが，彼／彼女らの中でもっとも複雑な感情に悩んでいたのは，親を介護している人たち（すべて女性）だった。その理由をアンガーソンは，逆転した親子関係についてのモデルがないからだと論じている。つまり親子関係には長い歴史がともなっており，子どもが親を介護するということは，親子の依存関係が逆転することである。しかしそのような逆転した親子

関係を再解釈し受け入れるための文化的モデルが西欧社会にはないため，当事者たちは逆転した関係に適応できず葛藤を感じるのだ。

最後にアンガーソンはこれら介護者たちに，将来自分の介護が必要になった時どうしたいかをたずねている。これに対してはほぼ全員が，子世代には同じような苦労をさせたくないので公的支援に頼りたいと考えていた（Ungerson, 1987＝1999）。

アンガーソンの分析は西欧社会における規範を前提にしているので，日本社会の分析を行う際には次の点に留意する必要がある。アンガーソンは西欧社会においては，子どもが親を介護する場合に適用可能な文化的モデルがないと述べている。また夫婦間介護について「われわれの社会では，イデオロギーのレベルの問題として，結婚が至高の介護関係とみなされている。…おそらくその点で結婚に匹敵するものは母親と幼児の絆だけであろう」（Ungerson, 1987＝1999：訳書63）（傍点は大和による）と述べている。これに対して日本の伝統的イデオロギーにおいては，子どもが親の介護をする場合には**孝**という伝統的モデルが存在し，しかも**孝**による介護は近年まで「至高の介護関係」と見なされてきた。

しかし第5章「生涯家計支持者と生涯ケアラーの誕生」で確認したように，現在では経済的扶養に関して，子どもに頼らず夫婦単位で老後の生計を維持することが望ましいと人々は考えるようになった。それでは，介護についてはどうだろうか。人々は**夫婦間介護**と**孝**による介護のどちらをより支持しているのだろうか。

弱まる孝規範，強まる子どものため規範

日本で行われたインタビュー調査による研究として，藤崎宏子と笹谷春美による研究をとりあげよう。まず藤崎宏子（2000）は，1998年に長野県松本市で高齢の家族を介護している人々のインタビューを行った。対象者は5人（男性2人，女性3人）で，男性では，妻を介護している人と父を介護している人がそれぞれ1人ずつであり，女性では，3人全員が親を介護していた（自分の親

を介護している人が1人，夫の親を介護している人が2人）。インタビュー対象者の中には「その家の人はその家の人が最後まで（介護すべき）」という意識がまだ根強く見られたことから，**家族介護規範**がまだかなりの程度支持されていることがわかった。しかしながら，人々の意識の中で「家族」はさまざまに分節化されていた。まず「家族」の中では，（男性でなく）女性が介護を引き受けるべきという**女性のケア役割規範**が見られた（ただし介護を期待される女性近親者は，近年，嫁から娘へかわろうとしていた）。また，子どもの養育にかかる費用や手間と，高齢の親の介護のどちらかを優先しなければならないときは，子どものほうを優先したいという意識が見られた（これを山田（1997）にしたがい**子どものため規範**とよぼう）。ただし親の側で魅力的な見返り（資産や家業の継承など）を用意できる場合に限って，将来子どもに介護してもらうことに楽観的になる傾向が見られた。逆にいうと**孝規範**は，孝を受ける側（親）が見返りを用意できない場合は，強制力がなくなりつつあるのである。

次に笹谷春美（1999）は，1996年に北海道の札幌市と夕張市において，配偶者を介護している人々を対象としてインタビューを行った。インタビューの対象となった24ケースのうち，妻が介護しているのは16ケース，夫が介護しているのは8ケースであった。また全ケース中，重度の配偶者を介護しているのは8ケースであるが，そのうち7ケースは妻が夫を介護しており，その逆の夫が重度の妻を介護している場合は1ケースだけだった。女性介護者の中には，子ども（特に娘）が比較的近くに住んでいるという人がかなりいたが，たとえ娘が近くにいても，妻が夫を介護していた。それに対して男性介護者は，そのような子ども（特に娘）が少なく，自分が妻を介護せざるをえないという環境におかれている人が多かった。

これらの人々は介護について次のように考えていた。まず，対象者の間には「家族の手で，自宅で介護するのが良い」という**家族介護規範**が強く見られた。しかしながら彼／彼女らが「介護を頼る家族」として思い浮かべるのは，配偶者に限られていた。子どもについては，「子どもに介護を頼るわけにはいかない」という意識から，「介護を頼る家族」には含めないという傾向が見られた。

このことは，対象者が**夫婦間介護規範**と**子どものため規範**をもっていることを示している。これらの人々にとって親子の愛とは，「子どもなら少々の犠牲を被っても親の介護をするのが当たり前」(**孝規範**)というものではなく，「子どもたちは親のために犠牲になってはならない」というものである(**子どものため規範**)。したがって将来，自分の介護が必要になったとき誰を頼るかという質問に対しては，子どもではなく，専門的サービスや施設を頼るという人が多かった。

　また同じ夫婦間介護であっても，男性と女性では配偶者に介護されることの受け取り方が異なっていた。男性は妻に介護されることを「あたりまえ」と受け取り，より依存的になりがちであった。一方女性は，夫に介護されることを「もうしわけない，すまない」と思い，自分ができる家事はなるべく自分で行い介護でも迷惑をかけまいとしていた(この行動は第4章「女性とケア・アイデンティティ」で紹介した『孝義録』中の老母たちの行動とよく似ている)。ここには**女性のケア役割規範**の影響が見られる。

介護される立場としての意識

　これら先行研究は，おもに介護をしている人々の意識について，多くのことを明らかにしてきた。それでは，介護される立場として人々はどのような意識をもっているだろうか。第3章「介護する意識とされる意識」で確認したように，「一般論」としての介護意識は，介護する立場としての意識より，される立場としての意識に近いものだった。したがって介護についての一般的な意識を理解するためには，する立場としての意識だけでなく，される立場としての意識を知ることが必要である(たとえ現時点では介護されていないとしても)。

　また上記の先行研究はすべて介護経験がある人を対象にしている。それに対して介護経験がない人を対象にしたインタビュー調査はそれほど多くない。しかし介護についての世論は，介護の経験者だけでなく非経験者によっても形成されており，経験者と非経験者の割合という点から見ると，(少なくとも現時点では)むしろ非経験者の意識の影響の方が強いと思われる。

そこでこの章では，介護の経験者だけでなく非経験者をも含めたインタビューを行い，人々が自分の介護，つまり介護されることに関連して，世代関係や公共領域／家内領域についてどのようなイメージをもっているのかについて見ていく。

2. データ

　本章で分析するのは，2000年8月から2001年3月にかけて，兵庫県の大都市X市内の郊外住宅地A区・B区と，郡部に位置するY町において行われたインタビュー調査のデータである。インタビュー対象者は次のようにして選ばれた。

　筆者を含む研究グループは，1995年に家事・育児・介護についての質問紙調査を行った（詳細については，山根・斧出・藤田・大和（1997）を参照）。この回答者のうちインタビューの了解が得られた人々を対象にインタビュー調査を行った。質問紙調査の調査票の最後に，インタビュー調査に協力してもらえるかどうか，協力してもらえる場合は連絡先を書いてもらう欄を設けた。この欄に連絡先を書いてくださった人々の中から，年齢，妻の就業状況，家事分担の状況などについてできるだけ多様なケースをえらび，X市から男女各5人，Y町からも男女各5人，合計20人についてインタビューを行うことを目標に，インタビューの交渉を行った。その結果，19人については質問紙調査の回答者にインタビューを行うことができたが，1名は協力が得られなかったため，質問紙調査の回答者ではない人に縁故を通じて協力を依頼し，インタビューを行った。インタビュー調査の詳細については，山根（2002）に詳しい。

　インタビュー対象者のプロフィールは表7-2に示した。このうちNo.7，9，10の3ケースについては，本来のインタビュー対象者は男性であるが，インタビュー中に妻が同席し，妻もインタビューに答えることになったので，夫婦両方の回答を分析に含めた。表7-3に示したようにインタビュー対象者の中で，家族の介護をした経験がある人（自分が中心になって介護した人）は，男性

表7-2　インタビュー対象者の基本属性

ケースNo.	地域	性別	年齢 妻	年齢 夫	現職 妻	現職 夫	世帯形態
1	市部	女性	40代前半	50代前半	パート	会社経営	夫婦, 子（未成人）
2			40代前半	50代前半	パート	常勤	夫婦, 子（未成人）
3			40代前半	40代前半	パート	常勤	夫婦, 子（未成人）
4			50代後半	60代前半	パート	無職	夫婦, 子（成人）, 妻の母
5			50代後半	死別	自営	―	単身
6		男性	40代前半	40代前半	自営	常勤	夫婦, 子（未成人）, 夫の父母
7			40代前半	40代後半	無職	常勤	夫婦, 子（未成人）
8			40代後半	40代後半	無職	常勤	夫婦
9			60代前半	60代後半	無職	会社役員	夫婦
10			60代前半	60代後半	無職	無職	夫婦
11	郡部	女性	50代前半	50代前半	パート	常勤	夫婦, 子（成人）, 妻の母
12			50代後半	50代後半	内職	常勤	夫婦
13			60代前半	60代前半	パート	常勤	夫婦, 子（成人）
14			60代後半	60代後半	常勤	パート	夫婦
15			60代後半	60代後半	無職	無職	夫婦, 子夫婦, 孫
16		男性	40代前半	40代前半	パート	会社役員	夫婦, 子（成人＋未成人）
17			40代前半	50代後半	家族従業者	自営	夫婦, 子（未成人）, 夫の母
18			60代前半	60代後半	家族従業者	自営	夫婦, 夫の母
19			60代後半	60代後半	無職	無職	夫婦
20			60代後半	60代後半	無職	無職	夫婦, 子（成人）

（注）プライバシーに配慮し，この表のケースNo.と，表7-3のアさん・イさん…と，本文中のAさん・Bさん…は対応していない。

2人，女性6人であった。これら8人は全員が親の介護（自分の親か配偶者の親のどちらか一方，または両方）を経験していた。またこの8人の中で，夫婦間介護の経験もあるという人は1人（女性）だけであり，この人はインタビュー調査当時，病院に入院している夫の主たる介護者であった。

インタビューの方法については，あらかじめ質問項目を用意したが，必ずしも一問一答形式でたずねることはせず，できるだけ回答者に自由に語ってもら

表7-3 インタビュー結果のまとめ（女性）（計13ケース）

		a) 「自分の介護」を頼れる人	a-1) 配偶者は第1位？頼れない？	a-2) 優先は子ども？専門家？	b) 専門家への抵抗感	c) 介護の経験	d) 「愛情のこもった世話は家族にしかできない」
郡部	アさん	①配偶者 ②他の親族（甥） ③子（娘）	第1位	**子ども**	あり	あり	そう思う
	イさん	①専門家（施設）	頼れない	**専門家**	なし	あり	―
	ウさん	①配偶者 ②子（娘）	第1位	**子ども**	なし（在宅介護を希望）	なし	そう思う
	エさん	①配偶者 ②専門家（施設）	第1位	**専門家**	なし	あり	そう思う
	オさん		―	―	―	―	そう思う
市部	カさん	（配偶者は死亡） ①子（娘） ②嫁＋子（息子）	（非該当）	**子ども**	なし	なし	そう思う
	キさん	①専門家（ヘルパー）	頼れない	**専門家**	なし	あり	そう思う
	クさん	①専門家（ヘルパー・施設） ②子（娘）	頼れない	**専門家**	なし	あり	そう思う
	ケさん	①配偶者 ②専門家（ヘルパー・施設）	第1位	**専門家**	なし	なし	そう思わない （＊専門性）
	コさん	①専門家（施設）	頼れない	**専門家**	なし	なし	そう思う
	サさん	①子（娘） ②専門家（ヘルパー）	頼れない	**子ども**	なし	なし	そう思わない （＊専門家でも愛情あり）
	シさん	(①配偶者) ②専門家（ヘルパー）	第1位	**専門家**	なし	なし	―
	スさん	①配偶者 ②専門家（ヘルパー）	第1位	**専門家**	なし（在宅介護を希望）	あり	―

(表7-3 つづき) インタビュー結果のまとめ（男性） 男性（計10ケース）

		a)「自分の介護」を頼れる人	a-1) 配偶者は第1位？ 頼れない？	a-2) 優先は子ども？ 専門家？	b) 専門家への抵抗感	c) 介護の経験	d) 「愛情のこもった世話は家族にしかできない」
郡部	セ氏	①配偶者 ②子（娘）	第1位	子ども	あり	あり	そう思う
	ソ氏	①配偶者 ②子（長男）	第1位	子ども	あり	なし	そう思う
	タ氏	①配偶者 ②子（娘）+婿	第1位	子ども	あり	なし	そう思う
	チ氏	①配偶者 ②専門家（ヘルパー）	第1位	専門家	あり	なし	そう思う
	ツ氏	①配偶者 ②近所の友人 ③他の親族（妹）	第1位	その他（友人・親族を優先）	あり	なし	そう思わない（*他人でも愛情あり）
市部	テ氏	①配偶者 ②子（特に長女）	第1位	子ども	あり	なし	そう思う
	ト氏	①配偶者 ②専門家（ヘルパー・施設） (③子（家を譲り本人が望めば）)	第1位	専門家	なし	なし	そう思う
	ナ氏	(①配偶者) ②子 ③専門家（ヘルパー・施設）	第1位	子ども	あり	なし	そう思う
	ニ氏	①配偶者 ②専門家（ヘルパー・施設）	第1位	専門家	なし	あり	そう思う
	ヌ氏	(子なし) ①配偶者 ②他の親族（姉） ③専門家（施設）	第1位	(非該当)	なし	なし	そう思う

うことを重視した。したがってインタビューの流れによって質問できなかった項目がある。また録音時のミスによりデータが残っていない項目もある。これらについてはインタビュー結果をまとめた表7-3中に「─」で示した。本章では、「病気などで体の自由がきかない時、どのような人・専門機関に身の回りの世話を頼るか（順位をつけて）」「なぜその人・専門機関には頼れるのか」「なぜ他の人・専門機関には頼れないのか」「それらに頼ることに対して抵抗感はあるか」「『本当に愛情がこもった世話は家族にしかできない』という考えについてどう思うか」などに対する回答を分析する。結果の要約は、表7-3に示した。

以下の分析では、インタビューにおいて回答者が語った言葉を引用するが、その記述において【　】は筆者による注釈、〔　〕は内容を理解しやすくするための筆者による補足、／…／は省略を意味する。

3. 生涯ケアラー・生涯家計支持者・公的支援忌避者・看取りあう夫婦

自分の介護を頼る人についての回答の分布

われわれのインタビューでは、「自分の介護が必要になったとき誰を頼りにするか」について、優先順位をつけてあげてもらった。その結果をまとめたのが表7-3のa）欄である。まず介護を頼る相手として、配偶者を第1位にあげた人が最も多かった。このことから現代の日本では夫婦間介護が支配的な意識であることがわかる。特に男性は全員が配偶者を第1位にあげていた。しかし配偶者を第1位にあげていない人もかなりおり、これらは全員が女性で、しかも全員がそもそもどの順位にも配偶者をあげていなかった。つまり配偶者に関しては、優先順位の第1位として頼るか、あるいはまったく頼らないかのどちらかに回答は分かれたのである。以下では、配偶者を優先順位の第1位にあげた人を「配偶者第1位」、そもそも配偶者をあげなかった人を「配偶者に頼れない」とよぼう。表7-3のa-1)欄は、それぞれの対象者が「配偶者第1位」

表7-4a 「自分の介護」を頼る人として優先順位第1位の人(男女別)

	男性(うち専門家に抵抗あり)	女性(うち専門家に抵抗あり)	計(うち専門家に抵抗あり)
配偶者第1位	10 (7)	6 (1)	16 (8)
配偶者に頼れない			
子ども第1位	―	1 (0)	1 (0)
専門家第1位	―	4 (0)	4 (0)
計	10 (7)	11 (1)	21 (8)

(注) 女性の回答不明と非該当（配偶者なし）各1名,計2名を除く。

表7-4b 「子ども優先」と「専門家優先」の回答(男女別)

	男性(うち専門家に抵抗あり)	女性(うち専門家に抵抗あり)	計(うち専門家に抵抗あり)
子ども優先	5 (5)	4 (1)	9 (6)
専門家優先	3 (1)	8 (0)	11 (1)
計	8 (6)	12 (1)	20 (7)

(注) 男性のその他（子どもも専門家もあげず友人と妹をあげる）と非該当（子どもなし）各1名,女性の回答不明1名,計3名を除く。

と「配偶者に頼れない」のどちらなのかを示したものである。

　次に,再び表7-3のa)欄にもどり,今度は「子どもと専門家のどちらを優先順位のより上位にあげたか」という基準に注目しよう。以下では,専門家をより上位にあげた人（あるいは,子どもはあげずに専門家だけをあげた人）を「専門家優先」とよび,それとは逆に子どもをより上位にあげた人（あるいは,専門家はあげずに子どもだけをあげた人）を「子ども優先」とよぼう。表7-3のa-2)欄にはそれぞれの回答者が「専門家優先」か「子ども優先」かを示した。

　さらに同表のb)欄には,専門家に介護を頼ることに抵抗感があるかどうかに対する回答を示した。これを示したのは,「専門家優先」と答えた人の中にも,専門家に介護を頼ることに対して本当は抵抗があるという人がいる一方で,「配偶者第1位」や「子ども優先」と答えた人の中にも,専門家に介護を頼ることに抵抗はないという人もいたからである。

表7-4c 「配偶者第1位／頼れない」と「子ども優先／専門家優先」による
タイプ分け

	子ども優先	専門家優先	計（人）
配偶者 第1位	【Ⅰ】配＞子（＞専） 男5（5） 女2（1） 「生涯家計支持者・公的支援忌避者」	【Ⅱ】配＞専（＞子） 男3（1） 女4（0） 「看取りあう夫婦」	男8（6） 女6（1）
配偶者に 頼れない	【Ⅲ】子（＞専） 男0 女1（0）	【Ⅳ】専（＞子） 男0 女4（0） 「生涯ケアラー」	男0 女5（0）
計（人）	男5（5） 女3（1）	男3（1） 女8（0）	男8（6） 女11（1）

（注）男性のその他（配＞友人＞妹）と非該当（子どもなし）各1名，女性の回答不明と非該当（配偶者なし）各1名，計4名を除く。（　）内は「うち，専門家に抵抗あり」。

次に表7-4aを見よう。この表は（先述の表7-3のa-1)欄をもとに）自分の介護を頼る人として誰を優先順位の第1位にあげたか，そして(b)欄をもとに）専門家に介護を頼ることに抵抗感があるかないかを，男女別に集計した結果である。表7-4aによると，男性ではすべての回答者が配偶者を第1位にあげた。それに対して女性では11人中，配偶者を第1位にあげた人が6人に対し，配偶者をどの順位にもあげなかった人が5人もいた。この配偶者をあげなかった5人の女性が，誰を優先順位の第1位にあげたのかを見ると，専門家をあげた人が4人，子どもをあげた人が1人であり，子どもより専門家を第1位にあげた人のほうが多かった。また専門家に対する抵抗感について見ると，男性では10人中7人もの人が抵抗感をもっていたのに対して，女性では抵抗感があるのは11人中1人だけだった。このことから，「配偶者第1位」か「配偶者に頼れない」かにかかわらず，男性は専門家に対する抵抗感が強く，一方，女性は抵抗感がないということがわかった。

次に表7-4bは，（先述の表7-3のa-2)欄をもとに）回答者が「専門家優先」か「子ども優先」か，そして(b)欄をもとに）専門家に頼ることに抵抗感があるか

第7章　公共領域／家内領域の再構築とその中断

ないかを，男女別に集計した結果である。この表によると男性では8人のうち，「子ども優先」が5人，「専門家優先」が3人で，「子ども優先」のほうが多い。それに対して女性では12人中，「専門家優先」が8人，「子ども優先」が4人で，「専門家優先」のほうが多い。さらに専門家への抵抗感について，まず「子ども優先」の人に注目すると，男性では「子ども優先」の5人全員が，専門家に抵抗感をもっていた。しかし女性では，「子ども優先」の4人のうち専門家に抵抗があるという人は1人だけであり，残りの3人は，「子ども優先」にもかかわらず専門家に抵抗感がなかった。また「専門家優先」の人に注目すると，女性では「専門家優先」の8人の中で専門家に抵抗感がある人は1人もいなかった。しかし男性では，「専門家優先」の3人の中にさえ，専門家に抵抗感がある人が1人いた。このことから，「子ども優先」か「専門家優先」かにかかわらず，男性は専門家に対する抵抗感が強く，逆に女性はあまり抵抗感がないということがわかった。

最後に表7-4cは，上記の2つの基準，つまり「配偶者第1位」vs.「配偶者に頼れない」と，「専門家優先」vs.「子ども優先」をクロスさせて【Ⅰ】〜【Ⅳ】の4タイプを作り，それぞれのうちわけを男女別に集計した結果である。男性ではほぼすべての人が【Ⅰ】か【Ⅱ】に分類されるが，女性では【Ⅰ】【Ⅱ】【Ⅲ】【Ⅳ】とさまざまなタイプに分散している。

以上から，第6章「社会階層と介護意識」で見た全国を母集団とする質問紙調査の結果とほぼ同様の傾向が，インタビュー調査の回答においても見られた。つまり自分の介護を頼る人について，男性より女性のほうが多様であること，男性のほうが配偶者頼りであること，そして専門家に頼ると考える人は男性より女性に多いことなどである。

4つのタイプ

老後の世代関係や公共領域／家内領域のイメージについてインタビューの結果を見ていくと，「生涯ケアラー」「生涯家計支持者」「公的支援忌避者」「看取りあう夫婦」という4つの主要なタイプを抽出することができた。順に見てい

こう。

生涯ケアラー

　表7-4cの【Ⅳ】に位置づけられた人々は，自分の介護を配偶者には頼れないと考えており，しかも子どもにも頼れない（あるいは，子どもに頼るより専門家に頼りたい）と考えている。これらはすべて女性である。先に見たようにわれわれのインタビューでは，自分の介護を配偶者には頼れないという人は全体では少数派である。ただし女性だけを見ると，このような人は半数近くを占め決して少数派ではない。これら女性はなぜ夫や子どもに頼れないと考えるのだろうか。

Aさん（女性）
【Aさんの夫は会社を経営しており，暮らしぶりは大変豊かである。Aさんは，夫の母親が要介護状態になった時，自宅に引き取り介護を始めたのだが，非常にたいへんで在宅介護を続けることができなかった。義母は現在，介護施設に入所している。】
　「もう，あのう私は，〔自分の介護が必要になったら〕そういう〔介護〕施設に入れてもらったらいいって。私がしてしまったから…，もう私も，私が〔義母を〕看れなかったんだから，あれですよね。やっぱり看ないといけないという気持ちはあったんだけども，もうできなくて，他の人に任せてしまったんだから，私もそこに入りたいというか，入らざるをえないやろうなっていう気持ちはありますね。／…／〔夫には〕うん，多分看てもらえないと思う。いやぁ，だって〔夫は〕自分の母親，よう看ないんですから，私は看てもらえないと思うんですよ。うん，だから，主人よりかは，長生きせないかんなぁと思うてるんですけど。だからもう，〔自分の介護は〕そういう施設で，はい。／…／子どももたいへんだと思うんですよ，今からの時代ね。やっぱし，子どもも自分たちの家族をもたないといけなくなるわけだし，自分たちの生活で手一杯，で，昔みたいに家を継ぐっていうふうな感じじゃないですよねぇ，もう。だから，子どもは子ども，その代わり，財産ないと思うけど……（笑）。それは，自分らでやりなさいよって，大学までは出してあげるけども，それ以降のことは，あなたたちの責任で。私もそういうふうに育てられましたからね。だから，親を頼るんじゃなくて，自分たちの力で生きていく力をつけてほしいと思うし……。で，年いって，私らも頼らないから，自分らで…というふうには育ててるつもりなんですけども。」

Bさん（女性）
【Bさんの夫も職業的に成功しており豊かな暮らしぶりである。しかし夫はふだんからまったく家事はしていない。またBさん自身の母は現在，近くのケアハウスで生活しており，Bさんもふだんからよく母を訪ねて手助けをしている。】

「年からいうても，順番からいうても，こっち〔夫〕の方が先や〔先に逝く〕から，だから1日でも早く看取ってから，私が死ぬというふうになったらいいとは思ってますけど。／…／【インタビュアー：もしもの時のためにご主人に家事を覚えてもらおうと思われたことは？】私も思うんですけども，〔夫は〕ぜんぜんやる気がないんです。私が出かけるときにね，『電子レンジで，こうしてしたらいいから』って言うても，ぜんぜん使ってないんですよ。とても過保護ですから。／…／母を見てたらね，やっぱりねぇ，〔家事なども〕できないんですよね，自分でしようと思っても。だんだんと足が悪くなったりとか，いろいろ…。だから，こういうの〔ホームヘルパーや介護施設など〕は大いに利用した方がいいんちがうかなと思います。娘ばっかりに頼るのもあれやから，やっぱりホームヘルパーとか，そういうのを上手に利用できたらね，もう無料とか，そういうのはもうぜんぜん思ってないんですけど。だから，『してもらうだけのお金は，何とか私ら〔夫婦〕2人は置いとくからね，もう，そういうのはうまいこと利用してね』って言ってるんですけどね。／…／自分たちはそのために，まぁ，ある程度は働いてきたし，『もうなるべくお金で解決できることはして，こういうことを上手に利用したらいいね』って言うてるんです。／…／〔夫は〕もう，絶対これ〔ホームヘルパーや介護施設など〕は嫌と思いますけどね。私はもう，そういう考え方なんです。」

Cさん（女性）
【Cさんは現在パートタイマーとして事務の仕事をしているが，夫は高い地位の仕事についており収入も多い。また夫の方がCさんよりかなり年上である。そのためCさん自身は，自分の介護を夫に頼るというようなことはまったく念頭にないようであった。】

「自分〔の介護〕となると，やっぱりホームヘルパーさんですかねぇ。子どもはね，一応いっしょに暮らしたいとは言ってるんですけれど，もし，子ども〔がそう〕言ってても，そういうふうにならないし，もしそういうの〔ホームヘルパー〕が利用できるんだったら……。自分勝手ですねぇ。」

さらに表7-4cの【Ⅲ】に分類された女性（Dさん）も，自分の介護を「夫には頼れない」と考えている点で上記の【Ⅳ】の女性たちと同じ考えをもっている（ただしDさんは「娘には頼りたい」と考えている点では，【Ⅳ】の女性たち

とは異なっている)。

Dさん（女性）
【Dさんの夫は安定した職業についている。また余暇にはアマチュアのスポーツ競技者として後進の指導などにもあたっている。夫は仕事後や休日はその関係で出かけることが多く，家にはほとんどいない。自分の介護を夫に頼ることについてどう思うかというインタビュアーの質問に対して】
「(笑) 笑ったらいかないね。いや，何かそこはもう〔夫からは〕バッと離れるような気がしますね，何か……。娘にいっちゃうかな，〔娘は〕嫌でしょうけど。娘に甘える。まぁ状況もわかりませんけど，多分娘にいっちゃうんじゃないかなと思います。娘がだめなら，やっぱり他の方，ヘルパーさんとか……。ほんとは配偶者といったら理想的なんでしょうけど，時間的に無理かなっていうのがあります。〔夫に介護を頼むと夫が〕何か時間的に無理をし，自分自身〔夫自身〕の動きを止めてしまうんじゃないかなと思うから。〔夫は〕ヘルパーさんを頼んででも，自分〔夫〕は仕事の方に行くと思います。」

これらの女性の夫はみな現役で，職業面で成功しており，夫の経済力（家計支持力）によって彼女らは非常に豊かな生活を送っている。夫たちは仕事で忙しい。そのためにこれらの女性たちは，夫にケア役割はできないし，そもそもそれは夫の役割ではないと考えている。これらの女性たちも将来，夫が引退するなどして状況が変わると，夫に介護を頼もうと考えるかもしれない。また夫たちも，笹谷（1999）が報告しているように，自分が介護せざるをえないという環境におかれれば，実際に介護を行い介護者としてのアイデンティティを確立していくかもしれない。しかし夫が現役の現時点では，妻は「夫には頼れない」と将来を予想しているのである。さらに子どもに頼ることについても，子どもたちに迷惑をかけたくはないので専門家に頼りたいと考えている。自分の介護が必要になったら「娘にいっちゃうんじゃないか」というDさんでさえ，「〔娘は〕いやでしょうけど」と娘にとって迷惑だと考えている。そしてもし娘がだめな場合は専門家に頼ると考えている。

つまりこれらの女性は将来，自分がケアされる立場になっても，夫や子どもに迷惑をかけない存在でいつづけたい，そして，せめて家族に迷惑をかけない

という形で家族を支える（ケア・する）という自分の役割を全うしたいと考えている。彼女らはまさに「生涯（にわたる）ケアラー」とよぶにふさわしい。

「生涯ケアラー」であるためには，経済的に余裕があるということはとても重要である。なぜなら家族に迷惑をかけないよう，自分の介護を専門家に任せるためには，多額の費用が必要だからである。「生涯ケアラー」は夫の収入によって経済的に不安がない人々であり，専門家に頼りたいという自分の希望が将来実現されるだろうと楽観的になれる人々である。「お金で解決できることはして，こういうこと（専門家による介護）を上手に利用したらいいね」（Bさん）という感覚をもっているのである。

ただし，このように考えることに若干の後ろめたさを感じる人もいる。Eさんが最後に漏らした「自分勝手ですねぇ」という言葉は，「お金で解決する」ことによって，自分の娘は介護の苦労をせずにすみ，職業的介護者がかわりにその役割を担うことになる，ということに対する後ろめたさを表現したものと思われる。

家内領域での「自立」を求める生涯ケアラー

それでは「生涯ケアラー」は公共領域／家内領域の関係についてどのようにとらえているか。近代の支配的イデオロギーにおいては，公共領域においては「自立」することが求められ，一方，家内領域においてはむしろ互いに「依存」しあえることこそがその価値とされてきた。しかし「生涯ケアラー」は支配的イデオロギーとは逆に，家内領域でこそ自分は「自立」しなければならないと考えている。

> Aさん（女性・先述）
> 「できるだけ1人で自立していきたいなぁという気持ちが，今すごくあるんですね。… 最終的には誰かの世話にならないといけないんだろうけど，できるかぎり自分で自立していきたいなぁって，主人にも子どもにも頼らずに生きていきたいなぁと思っているんですけれども。」（女性）

Eさん（女性）
【Eさんはこれまでの人生において，子どもを育ててきただけでなく，夫の両親，自分の両親，そして親族の中の高齢者たちをも介護してきた。そして現在も病気療養中の夫を介護している。このようにEさんの人生はまさにケアラーとしてのそれであった。Eさんは現在，息子夫婦と孫たちと同居しているが，自分の介護については次のように述べている。】
　「もう痴呆(ママ)になった場合，痴呆(ママ)ばっかりの人のとこに入れてほしいいう感じで，まぁ今まで言ってませんけどね，そういう気持ちでおりますし。徘徊したら人に迷惑，もう大騒動がいく。だから，もうそういう方なら，それがええで，それを望もうなとか，友だちと相談したりして，まぁそんな話はしますけどねぇ。／…／お世話にならんなんのに，そういう自分の希望ってあれしません。自分が何かを言えるとねぇ，ややこしなります。その家の，家庭の事情もありますし，その時間的にもありますし，まぁ経済面もありますし。ほんとはぽくっと死にたいです，はい。」

　上の引用からわかるように，「生涯ケアラー」のAさんは「主人にも子どもにも頼らずに生きていく」こと，つまり家族に迷惑をかけないことを「自立」ととらえている。またEさんが「人に迷惑」というときの「人」は，「その家の，家庭の事情もありますし」と述べていることから自分の家族をさしている。つまりEさんにとっても「迷惑をかけてはいけない人＝家族」なのである。

　このように「生涯ケアラー」は，「家族に迷惑をかけないこと」を「自立」と考えており，「自立」を家内領域において家族との関係で追求することこそが，彼女らにとっての望ましい行動様式なのである。したがって公共領域で専門家に「依存」することは，家族に迷惑をかけないための手段としてそうするのだから，「生涯ケアラー」にとってそれほど忌避すべきことではない。

　また介護サービスが有料で提供されるようになってきた現在，専門家に「依存」することをある種の「自立」ととらえる考え方も現れている。たとえば先に見たBさんは，「ホームヘルパーとか，そういうのを上手に利用できたらね，もう無料とか，そういうのはもうぜんぜん思ってないんですけど。／…／自分たちはそのために，まぁ，ある程度は働いてきたし」と述べている。Bさ

んにとって専門家による介護を利用するということは，金銭的対価を支払うことだから，一方的な「依存」ではなく，介護サービスの売買という市場におけるある種の対等な交換関係，つまり一種の「自立」なのである。

生涯家計支持者と公的支援忌避者

「生涯ケアラー」（表7-4cの【Ⅳ】）が自分の介護を「配偶者にも子どもにも頼りたくない，むしろ専門家に頼りたい」と考えているのに対し，【Ⅰ】に位置する人々はその対極にあり，自分の介護について「配偶者には第1に頼りたいが，子どもにも頼りたい」と考えている。そして専門家に頼ることに対しては強い抵抗感・拒否感をもっている。

これらの人々の中には，介護を子どもに頼るという自分の希望が将来実現可能かどうかについて，楽観的でいられる人と，いられない人がいる。まず前者の楽観的でいられる人について見ていこう。近年「子どもに迷惑をかけたくない」という子どものため規範が広く受け入れられるようになっていることは先に見た。それにもかかわらずどうしてこれらの人は，自分の介護を子どもに頼ることに楽観的なのだろうか。

F氏（男性）
【F氏は仕事で成功し，自分の経済力に自信をもっている。現在F氏は社会人である長男（未婚）と同居している。この長男が結婚後も同居し世話をしてくれることをF氏は当然のことと考えている。F氏自身の親も，長男であるF氏の兄と同居している。】
　「まぁ，私は，昔ながらですけども，長男が家にいるべきものだということで，長男を家におらしたんですけれども…。／…／だから，根本的におるんですから，子どもが。子どもが〔親を〕看てやればと。昔みたいに全部はなくても，子どもがずっと看てたわけですからやれるんだと，私はそういう認識でおりますから。／…／基本的には私とこも，両方の親を兄嫁さんがずっと看てましたから。／…／「私はまぁ，〔長男に〕同居してもらうつもりでおりますけれども。／…／まぁ向こう〔長男〕も了解でしょうねぇ。／…／いやぁ，長男だから家を継げということは言ってますから。ですから，社会人になる時も，車をあてがってありますし，ちゃんと飴をまいてありますから。（笑）／…／〔長男が面倒をみてくれるだ

ろうと思っている理由は〕よく冗談半分で言ってますけど、資産ですねぇ。私も〔親の資産は〕何一つ〔親と同居している〕兄に譲ってますから。」

G氏（男性）
【G氏も職業の上で成功を収め、非常に豊かな暮らしぶりである。G氏には既婚の娘がいるが、娘夫婦とは別居し、専業主婦の妻と2人暮らしである。しかしG氏は将来、娘が同居して自分の介護をしてくれることに非常に楽観的である。またG氏はまったく家事をしない。インタビューの中で、みかんの皮をむくことも妻にやってもらうというエピソードが、笑い話として披露された。】
　「年いって、どないなるかわかりませんけども、できるだけ、人様のお世話にならんようにやっていきたいという考え方をもっとるもんでね、ですから、極端に言うと、子どもに家を建ててやって、その横に自分の、どっちか〔自分か妻のどっちか〕1人死んだらですよ、もうそこに一間だけ部屋を…鍵もかけて、食事もぜんぜん別々いうような考え方をもってるんですよね。ですから、あんまり、ここ〔妻〕の母が入っとるような、ああいうとこ〔介護施設〕に入るとかいうことは、もう自分としてはしたくないですね。〔娘も〕『来たらええで』って言うてますからね。」

　これらの人は、子どもとの同居介護という自分の希望が、将来実現されるだろうことに楽観的な見通しをもっている。その背景には、藤崎（2000）が述べているように、子どもに同居介護をしてもらうことの見返りに、自分が子どもにとって経済的にプラスになることを提供できると考えていることがある。たとえば、子どもに家や資産を譲ることができる、子どものために家を建ててやれる、などである。このようなことができるためには引退後も、親の側に子ども以上の経済的ゆとりがなければならない。実際、これらの人はこのような条件を備えている。つまり彼らは引退後も生涯にわたって、年金・貯蓄・資産などにより、自分たち夫婦だけでなく子どもたちの家族をも、経済的に支えつづけることができる人である。そしてその経済的資源と引き換えに、妻や子どもが自分の介護をしてくれるであろうと楽観視できる人なのである。これらの人々を「生涯家計支持者」とよぼう。「生涯家計支持者」はすべて男性である。「生涯家計支持者」が自分の介護を子どもに頼ることに楽観的な人々である

のに対し，表7-4cの【I】には，同じく自分の介護は「配偶者と子どもに頼りたい」と考えながら，実際子どもに頼れるかということになると，自信がもてない人，楽観的でいられない人もいる。これらの人はなぜ子どもに頼ることを楽観視できないのだろうか。

H氏（男性）
【H氏はすでに引退しており，妻と2人暮らしである。暮らしぶりは先に見た「生涯家計支持者」たちと比べるとつつましい。H氏の娘はサラリーマンの夫と子どもと共に，実家から遠く離れたところに住んでいる。H氏は娘家族をよび戻そうにも，その見返りとして提供できるような資産は特にないと感じている。】
    インタビュアー「自分の介護が必要になったとき，これら〔ホームヘルパー・デイサービス・ショートステイ・介護施設など〕の中で，今後ちょっと利用してみようかなと思われるようなものはありますか？」
    H氏「うーん，まぁ，そうなったら，子ども〔既婚の娘〕を〔親のもとに〕戻すぐらいのことで，これらはなぁ，ありませんなぁ。」
    インタビュアー「やっぱり人にこういうことで助けてもらいたくはないですか？」
    H氏「ないと思います。」
    インタビュアー「家族とか肉親に，それはお願いしたいということですか？」
    H氏「と思いますなぁ。」
    インタビュアー「将来子どもさんにお願いするにしても，たとえばこういうふうなこと〔ホームヘルパーや介護施設〕のお世話になることがあるかもしれないというふうにお思いですか？」
    H氏「まぁ，可能性もありますわなぁ。そんなことしたあないけど，なる可能性がなぁ。まぁ〔娘が〕戻ってきたらいいけどなぁ。戻ってくれるという確約はないでなぁ。」
    インタビュアー「お子さんたちとそういう話しをなさったことは？」
    H氏「ないです。そんなことはないですわ。」

I氏（男性）
【I氏は妻と共に小さな商店を経営しているが，大規模店舗におされて近年売り上げは減少し続け，先行きにあまり希望をもてないでいる。I氏は現在，妻と協力して自宅で自分の母親を介護している。I氏の既婚の娘（小さな子どもあり）は近くに住んでおり，この娘はほぼ毎日実家を訪ね，子どもを遊ばせると同時に，両親の手助けもしている。】

「〔自分の身の周りの世話をしてくれるのは〕それは女房であり，〔逆に世話が必要なのが〕女房だったら私がしなければしようがないじゃないかと思いますけどね。／…／…まあ子どももそれは少しはしてくれるかもしれませんけれど，まったくわかりませんねぇ。今の社会のことはわかりません，これからの時代は。／…／まあ，福祉の方はいやです。／…／もう，何か抵抗を感じますねぇ。」

Jさん（女性）
【Jさんは夫婦2人暮らしである。夫はそれまでの仕事を退職しパートで働いており，Jさんは近くの商店で働いている。娘は夫・子どもとともに実家から離れたところに住んでいる。】
「娘が第一だけど，遠いから，今のとこだったら，姉のところの息子が1人暮らししているんです。まぁ，それを頼むよりしょうがないかなって，今のとこは思っている。／…／【インタビュアー：こういうもの〔ホームヘルパーや介護施設〕っていうのは，もし利用できたとしてもあまり利用したくないっていうことになりますか？】そうそう，自分たちが元気でいる限りは。そりゃあ，ただじゃなくて〔料金が〕いるらしいしなぁ，絶対いるわ。／…／まぁ，20年したら，〔娘の〕子どもたちがもう自立したら〔郷里に〕帰って来るいうのだから，『お父さん，20年は元気でいなぁいかんからなぁ。まぁ，無病息災ってな，食べ過ぎ・飲み過ぎ・働き過ぎしないように，元気でいようね。』って。今のところは，自分たちにこれという病気がないから，そう思ってるんですけど，いつ何するかわからないから，そのときはまた考えるように…。世話にならないかんかもわかりませんね。」（女性）

　これらの人々は，頼れる可能性のある子どもが既婚の娘しかいないので，「息子との同居」という含意が強い孝規範を拠りどころに「子どもが同居介護してくれるはず」と考えることは難しい。さらに重要な点は，介護の見返りとして子どもに提供できるような資産もそれほど多くはないため，子どもとの同居介護を望んでいても，実際にそうなると，子どもに一方的な負担を強いることになるのではないかと躊躇せざるをえない。しかしながら子どもに頼ることを望ましいとする孝規範の影響で，公的サービスに頼ることに対しては忌避感が強く，どうしても頼りたくないと考えてしまう。また費用という点からも，公的サービスの利用には不安がある。このような人々を「公的支援忌避者」と

よぼう。「公的支援忌避者」には女性も含まれているが，男性が若干多いように思われる。

「公的支援忌避者」は，子どもに頼ることに楽観的でいられない上に，公的支援には抵抗感や拒否感が強く，結局「自分たち夫婦でがんばるしかない」と考えたり，「これからの時代のことはわからない」と思ったりして，「自分の介護」について明確な展望を描けないというような回答になることが多い。

公共領域での「自立」を求める生涯家計支持者と公的支援忌避者

それでは「生涯家計支持者」と「公的支援忌避者」は，公共領域／家内領域についてどのようにとらえているだろうか。近代の支配的イデオロギーにおいては，「自立」は公共領域で行為する際に求められる価値であり，家内領域においてはむしろ家族に「依存」できることこそが価値とされてきた。

われわれのインタビューでは，「生涯家計支持者」と「公的支援忌避者」はともに，支配的イデオロギーと同様の意味で公共領域／家内領域をとらえていた。先に紹介したG氏は「年をとって，どうなるかわかりませんけども，できるだけ，人様のお世話にならないようにやっていきたいという考え方をもっているものでね，…ですから，あまり，〔専門施設など〕に入るということは，もう自分としてはしたくないですね」と述べている。G氏が「人様のお世話にならないように」（つまり迷惑をかけないように）と言うときの「人様」は「他人（専門家も含む）」を意味する。これは先に見た「生涯ケアラー」のEさんが「人に迷惑をかけない」というときの「人」が「自分の家族」であったことと対照的である。

K氏（男性）
【K氏は息子（社会人）と同居しており，自分の介護は妻と同居の息子夫婦に頼るつもりであった。K氏は安定した職業に長く勤め，自宅を所有し，年金や老後の蓄えも十分ある。つまり当初の計画では，K氏は「生涯家計支持者」としての老後を送る予定であった。しかし息子の離婚という想定外のことが起こり，K氏は当初の計画を変更せざるをえなくなった。K氏は現在，1番目に頼るのは妻だが，

2番目としては，しぶしぶながら専門家と答えている。したがってK氏は表7-4c では形式的には【Ⅱ】に分類されている。しかし「生涯家計支持者」としてのなごりか，専門家の介護に対して強い忌避感をもっている。】

「〔子どもに〕世話になるいうことも至難なことだなぁ思ってね。…お金をやっぱり蓄積，経済いうか財政を蓄積してねぇ，食べていかんといかんなぁ思って…。それでもう，娘にしても長男にしても頼るいう気持ちはありません。…だから，自分で自分を守っていって…。老人ホームも今はたくさんできましたしねぇ。あんまり近くにおるとあんまり体裁もよくないし，離れた老人ホームに，体が動けんようになったら世話にならにゃあ，こりゃもう，行き止まりだなぁ思うて。（笑）悲観的な…。／…／もうここ5〜6年前まで，〔公的介護保険についての〕話がずっと持ち上がった頃は，『なんだ，こんなもん』なんていって，元気だった関係でねぇ，思っとりましたけど，今になってみれば，『あぁ，このことは現実的になってきたなぁ。自分の身のまわりいうか，現実感がきたなあ』思ってね。…けども，それにばっかりに頼るんでなくて，自立でいける間は自立自尊でもっともっと頑張っていきたいなぁと。…なるべく，受けたぁないです。【インタビュアー：公的保険を利用するっていうことについて，抵抗心もあると？】うん，あります，あります，当然。」

このようにK氏も自分の介護について，「専門家の世話にならないこと」を「自立」ととらえている。これは，「生涯ケアラー」であるAさんが「できるかぎり自分で自立していきたいなぁって，主人にも子どもにも頼らずに生きていきたいなぁ」と述べ，「家族の世話にならないこと」を「自立」ととらえていたことと対照的である。

つまり「生涯ケアラー」が，近代の支配的イデオロギーに反する形で「家内領域＝自立，（そのために）公共領域＝依存」ととらえていたのに対して，「生涯家計支持者・公的支援忌避者」は近代の支配的イデオロギーにそう形で，「公共領域＝自立，（そのために）家内領域＝依存」ととらえているのである。「生涯家計支持者」や「公的支援忌避者」にとって，「自立」は家族の外の公共領域おいて追求されるべき望ましい行動様式である。そして公共領域で「依存」しなくてすむように家族に「依存」するのだから，家内領域における「依存」は問題と見なされないのである（ただし先に見たように，「家内領域＝依存」という希望が実現できるかどうかについては，「生涯家計支持者」は楽観的である

第7章　公共領域／家内領域の再構築とその中断　　167

が,「公的支援忌避者」はそうではない)。

さらに「生涯家計支持者・公的支援忌避者」にとって,家内領域での「依存」は,「男としての人生の成功」というイメージと結びついている。

L氏(男性)
【L氏は専業主婦の妻と子どもたち(就学中)と,集合住宅(持ち家)に暮らしている。】
　「まぁ,基本は,ほんとは理想はねぇ,やっぱり自分の子どものうちの誰かが看てくれるのが一番理想ですよね。で,看てくれなかったら,それはやっぱり自分の子どものしつけのけっきょく,つけが回ってきただけであってねぇ,それで反省せんとしゃあないなあと思いますねぇ。で,それがもし,できない場合は,もう仕様がないですねぇ。ホームヘルパーとか,介護とか,そういったどこかの施設に入るとかしなきゃいけないですけど。まぁ,できれば,希望は,やっぱり子どもたちのうちの誰かにご厄介になりたいなぁなんてねぇ。」

L氏は「自分の介護を子どもに頼れない」という事態を「父親としての(しつけの)失敗」としてとらえている。このことは現代でも,子どものいる男性にとって,「介護を子どもに頼れること」が「父親としての人生の成功」とどこかで結びついていることを示唆している。

「職業で成功すること」が男性のアイデンティティと強く結びついていることはよく知られている。職業での成功は「公共領域での自立」を意味する。しかしそれだけでなく,職業で成功することは家計支持者としての役割のまっとうであり,その家計支持力にもとづいて,「ケアにおける家族への依存」を当然のことと見なす意識が生じる。この意識は孝規範にも矛盾しない。したがって(少なくとも日本では),「家内領域で家族に「依存」できること」も,男らしさのイメージと結びついている。

看取りあう夫婦

　最後に,表7-4cの【II】に位置づけられた人々について見よう。これらの人々は自分の介護について,「配偶者には第一に頼りたいが,子どもには頼り

たくなく，むしろ専門家に頼りたい」と考えている。つまり，まず夫婦で看取りあい，自分が残されれば専門家に頼りたいと考えている。これらの人々を「看取りあう夫婦」とよぼう。先に見た「生涯ケアラー」「生涯家計支持者・公的支援忌避者」の3タイプは男女の偏りが大きかったのに対し，「看取りあう夫婦」は（若干女性が多いようにも思われるが）男女双方が大きな偏りなく含まれている。「看取りあう夫婦」は自分の介護を「配偶者に頼る」と考えているが，これは本調査の対象者の間では多数派の考え方である（ただし生涯ケアラーは例外）。そこで以下では「看取りあう夫婦」に分類された人々が，なぜ「子どもには頼りたくない，むしろ専門家に頼りたい」と考えているのかについて見ていこう。

Nさん（女性）
【Nさんの子どもたちは独立し，夫婦2人暮らしである。夫は引退しておりNさんも働いていない。安定した暮らしぶりであるが，先に見た生涯ケアラーたちの豊かさと比べると普通の暮らしぶりである。】
「〔自分の介護が必要になった時〕『子どもがこっちに帰ってきてくれ』なんて，そんなあつかましいことは言えないのでね，〔子どもは〕まだ仕事中だし。田舎，昔の考え方ではね，〔子どもが〕まだ仕事をしていても『帰ってきてくれ。自分の面倒を看てくれ』っていう，なんていうんですか，強さがあったんですね。でも，私の年代では，それは言えないなと思っているから。」

Oさん（女性）
【Oさんは夫と子どもたち（就学中）と暮らしている。先のNさんと同様，普通の暮らしぶりである。】
「どちらかと言えば，私はあまり子どもたちに押しつけたくはないです。子どもの将来に関わるようなことを犠牲にしてまでは，親を看なさいとは言いたくないですね。だから，その場その時に応じて，たとえば，たまたま近所に住んでいて，看てもらえるような状況にあれば別ですけど，無理強いはしたくないです。」

Pさん（女性）
【Pさんは夫と息子（未婚の社会人）と同居している。暮らしぶりは安定しているが，普通の暮らしぶりである。Pさんは結婚以来20年以上にわたり，夫の父母を

介護してきた。現在は義父母を看取り終え，50代にして（パートとしてではあるが）生まれて初めて就職し，外で働くこと，それを通じて社会に参加することをとても楽しんでいる。将来の自分の介護については次のように述べている。】

「息子やその嫁には，そんなえらい目かけられへんしねぇ。ほんとに誰に世話になったらいいんかねぇ，わかれへんわ。（笑）いやぁ，家におったら〔在宅で介護されることになったら〕，また家族のもんが私が世話をしてきたことと同じようなことになりますねぇ。だから，〔介護施設に〕入れればねぇ，入れればの話でね。〔施設に入ることは〕仕方がない，仕方がないですわねぇ。〔在宅介護は〕もうべったりねぇ，大変ですからね。そりゃあまぁ，家にいて，面倒を看てもらえれば，まぁ越したことはないですけどねぇ。でもまあなぁ，大変ですよ。私もしてきましたからね。」

このように「看取りあう夫婦」の女性は，配偶者には介護を頼ってもよいが子どもには迷惑をかけたくないと強く思い，そのために子どもには頼らないと考えている。

それでは男性はどうだろうか。先に紹介したK氏は，当初は「生涯家計支持者」（つまり自分の介護を妻と同居の息子夫婦に頼り，専門家には頼りたくない）としての老後を計画していた。しかし予期しない出来事により息子夫婦に頼ることができなくなったため，忌避感をもちながらも専門家に頼るしかないと考えるようになり，「看取りあう夫婦」に移行した。現在，K氏は自分の介護について，「娘にしても長男にしても頼るいう気持ちはありません。…だから，自分で自分を守っていって…。老人ホームも今はたくさんできましたしねぇ。あんまり近くにおるとあんまり体裁もよくないし，離れた老人ホームに，体が動けんようになったら世話にならにゃあ」と述べている。

それに対して次のQ氏は，K氏とは逆に，現在は「看取りあう夫婦」だが，状況によっては将来，子どもとの同居介護が実現し「生涯家計支持者」に移行するかもしれない。Q氏は自分の介護について次のように述べている。

Q氏（男性）
【Q氏は妻と子どもと暮らしている。Q氏自身はサラリーマンであるが，妻が自営業を営んでいる。妻の仕事は近年思わしくなく，経済的にやや不安を感じている。

生涯家計支持者たちと比べると，普通の暮らしぶりである。】
　「親戚とか，子どもらには頼めませんからねぇ。／…／段階的にやはり，ちょっと 50〔歳〕を過ぎたらそろそろ，自分でも何か〔家事など〕できるようになっておいたり，それから…。そうですねぇ，蓄えておいて，いよいよ家内がだめになったりとか，そういうことになれば，まぁ子どももどう言うかわかりませんけど，もう介護のそういうサービスを頼まなぁぃかんかなと思いますねぇ。／…／まぁ下の子がね，『もう家はもらうから，ここに住んで』とかいうようなことは，よく言ってるんですけどねぇ。【インタビュアー：そういうことが実現すれば，それでもいいっていうふうに思われますか?】あぁ，そうですねぇ，ええ。」

　子どもとの同居介護が可能かもしれないと Q 氏が考える根拠は，その見返りとして子どもに住宅という資産を譲れることである。

「子どもと配偶者は別」と考える看取りあう夫婦

　「生涯ケアラー」は，自分の介護を，配偶者と子どもの「どちらにも頼れない」と考える人々であり，逆に「生涯家計支持者・公的支援忌避者」は「どちらにも頼りたい」と考える人々であった。つまりこれら 3 タイプはすべて，配偶者と子どもを分節化せずに同じ「家族」としてとらえていた。

　ただし「家族」が意味する関係は異なる。笹谷（1999）によると家族愛には 2 つのとらえ方がある。1 つは「愛しているから迷惑をかけてもよい」というとらえ方であり，もう 1 つは「愛しているから迷惑をかけてはいけない」というとらえ方である。これにしたがうと，「生涯ケアラー」は「愛しているから迷惑をかけてはいけない」関係として「配偶者と子ども」を一括してとらえ，一方「生涯家計支持者・公的支援忌避者」は「愛しているから迷惑をかけてもよい」関係として「配偶者と子ども」をやはり一括してとらえている。

　これらの 3 タイプとは異なり，「看取りあう夫婦」は，「家族」の中の「配偶者」と「子ども」を分けてとらえている。つまり自分の介護を，「配偶者」には頼りたいが，「子ども」には頼りたくないと考えている。「看取りあう夫婦」にとって，「配偶者」との関係は「愛しているから迷惑をかけてもよい」関係であるのに対し，「子ども」との関係は「愛しているから迷惑をかけてはいけ

ない」関係なのである。

　ただし，「配偶者」と「子ども」を分けて考え，「配偶者」に対しては迷惑をかけてよいが，「子ども」に対しては迷惑をかけたくないという思いは，「看取りあう夫婦」の中でも特に女性に強い。男性では，資産を譲るなど老後も子どもに対して大きな経済的支援が可能な場合は，それと引き換えに，子どもに介護を頼ってもよいと考えるようになる可能性が高い。つまり「看取りあう夫婦」の男性は，子どもに見返りを提供できるという状況になったならば，自分の介護を「配偶者にも子どもにも頼りたい」という「生涯家計支持者」に移行しやすいのである。

家族による介護 vs. 専門家による介護

　近代社会において「介護」は，「家族愛」に結びつけられることにより，家内領域に位置づけられてきた。われわれのインタビューでも「生涯家計支持者・公的支援忌避者」は，自分の介護を家内領域で行われるべきものと考えている。しかしながらそれとは逆に「生涯ケアラー」や「看取りあう夫婦」は，自分の介護を公共領域で行いたいと考えている。それではこれらの人々は，「介護」と「家族愛」の関係についてどう考えているのか。また「公共領域における介護」についてどう考えているのか。

　インタビューでは「本当に愛情がこもった世話は家族にしかできない」という考えに対する意見をたずねた。表7-3のd)欄に示した結果を見ると，ほぼすべての人が「そう思う」と答えている。

　　「そうですねぇ，やはり一番，親族いうんですか，血縁関係がある者が，というような感じですね。」(男性)

　　「うん，それは当たり前ですよ，はい。」(男性)

　　「そうやなぁ。まぁ，他の人でもできるやろうけども，うん。そうやねぇ，家族が……。」(女性)

「それは，当然だと，そうだと思います。」（女性）

　しかも興味深いことに，専門家による介護を優先順位の上位にあげている「生涯ケアラー」や「看取りあう夫婦」ですら，「愛情のこもった世話は家族にしかできない」に賛成しているのである。たとえば「生涯ケアラー」は自分の介護を第一に専門家に頼ると考えている人であるが，（回答不明の1人を除き）すべての人が「愛情がこもった世話は家族にしかできない」に「そう思う」と答えている。また「看取りあう夫婦」は，配偶者に先立たれた場合，自分の介護を子どもでなく専門家に頼ると考える人であるが，（回答不明の2人と，「そう思わない」と答えた1人を除き）他のすべてが，「愛情がこもった世話は家族にしかできない」に「そう思う」と答えている。それではこれら「生涯ケアラー」と「看取りあう夫婦」は，自分自身がそれに頼りたいと考えている「専門家による介護」を，いったいどのようにとらえているのであろうか。

Aさん（女性・先述・生涯ケアラー）
【Aさんは夫の母親を在宅介護した経験があり，その義母は現在，介護施設に入所している。Aさんは義母が受けている介護について，行き届かないところがあると感じている。「本当に愛情がこもった世話は家族にしかできない」という考えに対する意見を求められて】
　「と思いますね。／…／うん。そりゃあね，〔専門家の介護に関して〕不満を言えば，不満はありますよね。たとえば…【プライバシーに配慮して具体的内容は省略】…。そういうことはいろいろあるけれども，現実問題として，私たちはできないのだから…。…そこまで言うのは無理なのかなぁと思ったり…。」

Pさん（女性・先述・看取りあう夫婦）
【Pさんは20年以上にわたって在宅で義父母を介護してきた経験がある。自分の介護については，夫には介護してもらいたいが，それができない場合は息子や嫁には同じような迷惑はかけられないので，介護施設を利用するしかないと考えている。「本当に愛情がこもった世話は家族にしかできない」という考えに対する意見を求められて】
　「まぁ，そう言われれば，そうかもしれません。そりゃあまぁ，何ぼいいお世話していただいたって，他人様をそんなに自分の親を看るような感じじゃないです

ねぇ。そんな人ばっかりではないでしょうけどね，それは。愛情を込めてしてくださる人もあると思うけどねぇ。【インタビュアー：ちょっと違いがあるんじゃないかというようなことですね？】そうそう，そうそう。それはあって，当たり前のことだと思いますよ。…あるけども，やっぱりその方たちも，もうそれこそ一生懸命にねぇ，看てくださるんだし，まぁちょっとそういうことも感じるけども，やっぱりお世話にならんなん（ならなければならない）でしょうね。何かようわからん…。（笑）」

K氏（男性・先述・看取りあう夫婦）
【K氏は先に紹介したように，「生涯家計支持者」から，不本意ながら「看取りあう夫婦」に移行した人である。「本当に愛情がこもった世話は家族にしかできない」という考えに対する意見を求められて】
　「それはやっぱり，あると思いますねぇ。やっぱり，血の通ったもんがするもんと。誠実とはいえ，他人さんであるいうことについては，イメージっていうものが先立つと思いましてね。これは人にしてもらっとんだ，これは自分の家族とか家内にしてもらっとんだかっていう安心感の程度の違いは，わたしはあると思いましてね。けども，割り切って考えたら，かえって誠実な人が来たら，他人さんに受けた方が，お金を払ってもいいですから，きちっと私は割りきった気持ちで受け入れることができると思いますけど。」

　以上から「生涯ケアラー」も「看取りあう夫婦」も，専門家による介護は家族介護に比べて「よいとは言えないが，家族に迷惑をかけないために，現実には頼らざるをえないもの」と見ているようである。このように考えたうえで，自分の介護は家族に頼るよりは，専門家に頼ると考えているのである。[(2)]

4．「専門家に介護を頼る」は支配的社会認識を支える意識

世代関係についての4タイプのイメージ

　インタビューの結果から，老後の世代関係について人々がもつイメージとして，4つのタイプが抽出された。「生涯ケアラー」は，家族に迷惑をかけないよう，自分の介護を「配偶者にも子どもにも頼らず，専門家に頼りたい」，そうすることによって家族をケアするという役割を生涯にわたって維持したいと

考える人々である。これとは逆に「生涯家計支持者」は，自分の介護を「配偶者だけでなく子どもにも頼りたい，しかし専門家には頼りたくない」と考える人々であり，しかも，退職後も維持される自分の家計支持力（自分たち夫婦だけでなく，子ども家族の家計をも支えることができる経済力）と交換に，それが可能だと考える人々である。「公的支援忌避者」も，自分の介護を「配偶者だけでなく子どもにも頼りたい，しかし専門家には頼りたくない」と考えているが，「生涯家計支持者」とは異なり，退職後の経済力について不安があるため，子どもに頼るという希望の実現可能性については，楽観的でいられない人々である。最後に「看取りあう夫婦」は，自分の介護を「まずは配偶者に頼りたいが，自分のほうが残された場合は，子どもより専門家に頼りたい」と考える人々である。

　人々がこれらのうちどのイメージをもつかはジェンダーと関連している。「生涯ケアラー」には女性が多く，一方「生涯家計支持者・公的支援忌避者」には男性が多い。「看取りあう夫婦」には男女双方が大きな偏りなく含まれている。

　さらに階層社会も人々がどのイメージをもつかに影響を及ぼしている。自分の介護を「配偶者だけでなく子どもにも頼りたい，しかし専門家には頼りたくない」という同様の希望をもっていても，子ども家族を十分支えられるほどに経済的に豊かであれば，その希望の実現可能性に楽観的でいられるが（生涯家計支持者），そうでない場合は，子どもに頼ることを楽観視できず，かといって公的介護サービスには忌避感が強いので，将来の介護について明確なイメージが描けなくなる（公的支援忌避者）。

　さらに経済的豊かさの影響はジェンダーによっても異なる。同じく経済的に豊かであっても，女性の場合は，家族をケアするという役割を社会的に期待され，そのようなアイデンティティをもっているので，家族に迷惑をかけないよう自分の介護は専門家に頼りたいと考え，そのために経済的資源を使おうと考える（生涯ケアラー）。しかし男性の場合は，家計支持者としての役割を期待されており，逆にケアラーとしてのアイデンティティは弱い。したがって家計支

持者としての役割を十分果たしてきたと思える男性は，自分が獲得してきた経済的資源と交換に，自分の介護を配偶者だけでなく子どもにも頼りたいと考える（生涯家計支持者）。

このように人々が占める社会構造上の位置は，その人がもつ老後の世代関係についての意識に影響を与えている。

公共領域／家内領域と自立／依存

また世代関係のイメージは，公共領域／家内領域のイメージとも密接に関連している。表7-5は表7-1の「？」の部分（(B)成熟後の「介護」の部分）にこの章の分析結果を書き加えたものであり，「生涯家計支持者・公的支援忌避者」「生涯ケアラー」そして「看取りあう夫婦」が，公共領域／家内領域についてどのようにとらえているかを示している。

公的年金の(B)成熟後の「介護」の部分に示したように，「生涯家計支持者・公的支援忌避者」（これらには男性が多い）は，公共領域では専門家によるサービスに頼らず「自立」し，一方，家内領域では家族による介護に「依存」するというイメージで公共領域／家内領域をとらえている。このとらえ方は，近代の支配的社会認識に近い。つまり公共領域と家内領域を「家父長的つながり」によって結ばれたものとしてとらえているのである。

これと逆のとらえ方をしているのが「生涯ケアラー」（これはすべて女性である）であり，家内領域では家族に迷惑をかけないよう「自立」し，かわりに公共領域で専門家による介護に「依存」するというイメージで2つの領域をとらえている。

「公共領域における自立」を前提とする「中流階級のための福祉国家」論

この結果から，第6章「社会階層と介護意識」の分析から発見された疑問（なぜ男性は，中流以上の階層に属していても，自分の介護を専門家に頼ることに消極的なのか）に答えることができる。同じく経済的に豊かであっても，「生涯ケアラー」に表れているように女性の場合は，家族をケアするという役割を社

表7-5 公的年金の成熟前・後における公共領域／家内領域の意味（その2）

			公共領域	家内領域
(A) 成熟前	扶養	男	自立	依存 (息子に)
		女		(妻と嫁に)
	介護	男		
		女		(嫁に)
(B) 成熟後	扶養	男	依存 [見なし自立] (自分の年金に)	自立 (息子から)
		女	(夫の年金に)	自立 下の世代 (息子から) / 依存 同世代 (夫の年金に)
	介護	生涯家計支持者 公的支援忌避者 (≒男)	自立	依存
		生涯ケアラー (≒女)	依存 (子や夫には自立を願う)	自立 (子や夫には依存を願う)
		看取りあう夫婦	依存	自立 下の世代 (子どもから) / 依存 同世代 (配偶者に)

会的に期待され，そのようなアイデンティティを内面化している。したがって家族に迷惑をかけないよう家内領域ではあくまで「自立」し，自分の介護は公共領域で専門家に「依存」したいと考える。そして，そのために経済的資源を使おうとする。女性にとって公共領域での「依存」は，特に避けるべきことではなく，自己のもつ資源を使って獲得するに値する状態である。しかし「生涯家計支持者」に表れているように男性の場合は，家計支持者としての役割を期待されており，逆にケアラーとしてのアイデンティティは弱い。また男性にとって公共領域での「依存」は避けるべきことである。したがって家計支持者としての役割を十分果たしてきたと思える中流以上の男性は，自分が獲得してきた経済的資源と交換に，自分の介護を配偶者や子どもに頼りたいと考える。

したがって，専門家による介護を利用したいと考える人は，女性では中流以上の階層に多いが，男性では中流以上でもそう考える人は多くなく，階層によ

る差が小さい。つまり中流階層の人々が自らの資源を使って福祉サービスを利用するという「中流階級のための福祉国家」論は，自分の介護に関する限り，女性にはよく当てはまるが，男性には当てはまりにくいのである。

　このことは「中流階級のための福祉国家」論が「公共領域における自立」という人間像を暗黙の前提にした理論であることを示しているのではないか。考えてみれば「中流階級のための福祉国家」という状況が生まれたのは，福祉サービスの普遍主義化が進み，サービスへの「依存」が「依存」とは見なされなくなった（スティグマ視されなくなった）からである。このような新しい状況を前提にして，「自立」した人間が，自己が所有する経済的資源の「対等な交換」によって（あるいはフォーマル・コミュニケーションのスキルを駆使して），相談や軽い実際的援助を公共領域における専門家から得るというような行為の説明に，「中流階級のための福祉国家」論はよく当てはまる。

　しかしながら介護の場合は，相談や軽い実際的援助より「依存」の度合いがはるかに強い。したがって介護を公共領域で専門家に頼るといった状況に対しては，「対等」というよりむしろ「依存」という意味合いが強く保たれている。したがって「公共領域における自立」を重視する価値観をもっている人は，たとえ（経済的資源やコミュニケーション・スキルを用いて）専門家に介護を頼ることができるとしても，「そうしたくない」と考えるのではないか。

　言いかえると，「中流階級のための福祉国家」論は，「公共領域における自立」という価値観をもつ人物が，公共領域において明らかに「自立」とイメージできるような行為を行うという状況を前提にして，その人物がもつ資源の多少によって生じる行動の違い（福祉サービスを利用するかしないか）を説明する理論なのである。したがって「公共領域における自立」という価値観をもつ人物が，公共領域で「依存」と見なされてしまうような行為を行うといった状況は，この理論の想定外なのである。そして第2章「ケア，世代関係，公共／家内領域，自立／依存をどうとらえるか」で示したように，「公共領域における自立」という人間像はまさに男性のためのもの（歴史的には特に中流以上の男性のためのもの）であり，彼らに対するこの価値観の影響は強いと思われる。し

たがって中流以上の男性がもつ自分の介護についての意識は,「中流階級のための福祉国家」論にはうまくあてはまらないのである。

支配的社会認識を支持する「生涯ケアラー」

「生涯家計支持者・公的支援忌避者」の社会認識は,近代の支配的社会認識にそったものであった。一方表7-5 から「生涯ケアラー」は,「生涯家計支持者・公的支援忌避者」とは正反対のしかたで公共領域／家内領域を認識していることがわかる。そうであるなら「生涯ケアラー」は,支配的社会認識を否定するオルタナティブな社会認識をもっているといえるのか。

たしかに「生涯ケアラー」は,「生涯家計支持者・公的支援忌避者」とは反対の社会認識をもっているように見える。しかし両者は共通の前提,つまり公共領域と家内領域は相互に相異なる性質をもつ領域だという前提のもとに,2つの領域をとらえている。この前提を共有しているという点で,「生涯ケアラー」と「生涯家計支持者・公的支援忌避者」の社会認識は同類である。

筆者は,「生涯ケアラー」の社会認識は,支配的社会認識を否定するオルタナティブではなく,実は,支配的社会認識にしたがった社会のあり方を可能にするために,それを「陰」で支える人々がもたざるをえない社会認識,つまり支配的社会認識に対する従属的な社会認識であると考える。それは次の理由からである。

第2章「ケア,世代関係,公共／家内領域,自立／依存をどうとらえるか」で論じたように,人間にとって「依存」は不可避の状態である。幼年期や老年期に他者に「依存」することは人間にとって通常の状態である。それにもかかわらず近代の支配的イデオロギーは,「自立」が人間にとって通常の,望ましい状態であるというフィクションを作りあげた。そして公共領域は「自立した人間」によって構成されるというフィクションを維持するために,「陰」としての家内領域が必要とされ,そこで人間の「依存」が処理されることになった。このような公共領域と家内領域の関係を本書では「家父長的つながり」とよんできた。

第7章　公共領域／家内領域の再構築とその中断

家内領域において「依存」者をケアするという役割を割りふられたのが女性である。この役割を遂行するために女性は，家内領域では「自立」しつづける必要がある。ただし日本においては家制度のもと，女性でも高齢期には嫁に「依存」できるという仕組みがあった。しかし公的年金の成熟により，準制度化された依存先である嫁が失われた。その結果日本においても女性は，「生涯ケアラー」として家族に迷惑をかけないようにすることが望ましい，つまり，家内領域では「自立」しつづけることが望ましいと思うようになった。家内領域で「自立」しつづけるための手段として，公共領域での「依存」は避けられないし，家内領域で「依存」して家族に迷惑をかけるよりはずっとましだ。このように考えて「生涯ケアラー」は支配的社会認識とは逆の，「家内領域＝自立，（そのために）公共領域＝依存」という社会認識をもつようになったのである。

　したがって「生涯ケアラー」は，けっして「公共領域＝自立，家内領域＝（家族への）依存」という支配的社会認識を否定しているわけではない。むしろ支配的社会認識を積極的に肯定し，子どもや夫が支配的社会認識にそった生活を送れるよう（つまり子どもや夫が家内領域において心おきなく「依存」できるよう），自分自身はケアラーとして，それとは反対の「家内領域＝自立，（そのために）公共領域＝依存」というしかたで社会を認識しているのである。

　つまり「生涯家計支持者・公的支援忌避者」の社会認識と，「生涯ケアラー」のそれは，対立関係にあるのではなく，かといって単に並列的に共存しているというわけでもない。むしろ，前者の社会認識を，後者が「陰」で支えるという関係にある。つまり一見対立しているように見える2つの社会認識は，実は，1つの支配的社会認識のそれぞれ「光」と「陰」の側面なのである。言いかえると，「公共領域での自立」を人間の正常な状態とする支配的社会認識こそが，「依存」を処理する役割を与えられた人々（≒女性）に，それとは逆の社会認識をもつことを強いたのである。公共領域と家内領域の「家父長的つながり」こそが，男女に，相異なる社会認識のもとで生きることを強いているのである。

中断された再構築

　先に示した表7-5に戻ろう。まず「扶養」の面に注目して（A）成熟前と（B）成熟後を比べると，公的年金の成熟によって，公共領域の意味は「自立」から「依存」へ，また家内領域の意味は「依存」から「自立」へと大きく変わった。つまり再構築された（ただし，男性においてはまさにこのように再構築されたが，女性においては，家内領域での「依存」（夫の年金への依存）という要素が残り，再構築は中途半端に終っている）。

　一方「介護」の面に注目して（A）成熟前と（B）成熟後を比べると，「生涯家計支持者・公的支援忌避者」の意識は変化していないが，「生涯ケアラー」の意識は「家内領域＝自立，（そのために）公共領域＝依存」というオルタナティブなものに変化したかのように見えた。しかし本章の分析から「生涯ケアラー」でさえも，子どもや夫については「公的領域＝自立，（そのために）家内領域＝依存」という（A）成熟前と同じ社会認識を支持していることがわかった。つまり介護面においては，男女ともに，公共領域／家内領域の再構築は見かけほどには進んでいないのである。

　この背景には，世代関係は「子世代に頼る」から「頼らない」へと再構築されたが，ジェンダー関係（家計支持者は男性，ケアラーは女性）は再構築されないままである，という現実がある。

公共領域と家内領域の「家父長的つながり」を超える

　「生涯ケアラー」の社会認識が支配的社会認識に対するオルタナティブではないとして，それでは，オルタナティブといえるのはどのような公共領域／家内領域のとらえ方なのか。インタビュー対象となった人々の意識の中に，その兆しといえるものはあるのか。

　筆者は「看取りあう夫婦」の社会認識がオルタナティブの兆しといえるのではないかと考える。それは次のような理由からである。まず支配的社会認識とは，「自立」対「依存」，「社会」対「自然」，「人間」対「動物的側面」といった本質的に異なる性質をもつ2つの領域，つまり公共領域と家内領域が，相互

に分離しつつ,実は「光」とそれを支える「陰」として分かちがたく共存しているというものである。このような社会認識が構築されたのは,公共領域における「自立」というフィクションを可能にするために,「依存」の場として家内領域が必要だったからである。しかもその「依存」は,「生物学的自然」として正当化されると同時に,「自然」であるがゆえに「社会」の外のこととして不可視化することができたからである。このために公共領域と家内領域が「家父長的につながる」という社会のあり方が必要だったのである。

それに対して「看取りあう夫婦」の社会認識は,家内領域で「依存」し,それができなくなれば公共領域において専門家に「依存」するというように,公共領域と家内領域の境界があいまいである。しかも「依存」が家内領域でも公共領域でも起こりうることをノーマルなこととして認めている。人間にとって「依存」が逸脱ではなく本質的な状態であることを認め,それを前提にしているのである。つまり「看取りあう夫婦」の社会認識においては,公共領域と家内領域の「家父長的つながり」という要素が希薄なのである。

ただし「看取りあう夫婦」の社会認識においても,「依存」は夫婦関係に限り,子世代には「依存」できないと考えているなど硬直的な面もある。したがって「看取りあう夫婦」の社会認識は,筆者の考えるオルタナティブな社会のあり方に近いが,そのものではない。それでは筆者の考えるオルタナティブな社会のあり方とはどのようなものか。次の結論の章で論じたい。

【注】
(1) この点に注目すると,公的年金は,妻の夫に対する依存を強め,「ジェンダー家族」(牟田,2006)の構築に一定の役割を果たしたということができる。このことについては牟田和恵氏から示唆をいただいた。記して感謝を申し上げたい。
(2) ただし,「本当に愛情がこもった世話は家族にしかできない」に賛成する一方で,実際に介護サービスを利用してみて,とてもよい制度だと感じているR氏のような人もいた。

R氏(男性・看取りあう夫婦)
【R氏は,自分の母の介護のためにホームヘルパー,ショートステイ,デイサービ

スなどを，現在利用している。「本当に愛情がこもった世話は家族にしかできない」という考えについてどう思うかという問いに対して】

「家族にしかできないと思うんですがね。ちょっと迷うけれども，本当の愛情のあるのは家族だと思いますけどねぇ。／…／【インタビュアー：ホームヘルパーやデイサービスなどを利用されてどうでしたか？】いやぁ，そりゃぁ非常に助かりましたよ。／…／デイサービスも一番最初は，なんか本人〔母〕も行きにくいような感じですねぇ。ところが，ずっと行くと，また知り合いができたりしてね，同じ人が…。それで，友だちがあればね，非常にいいような感じですね。／…／まぁ初め，〔母を〕その老人ホームに入れるとか入れないいう時はね，姥捨て山だとかね，そういう感じがありましたねぇ。しかし，実際に入れてみて，非常に家族にとってはいい制度だなと思いましたねぇ。家で介護するいうことよりも，そういう施設で介護する方が楽だし，おふくろもそんなに…，そりゃあ内心はいやだったかもしれませんけどね。」

また，「愛情がこもった世話は家族にしかできない」という規範を否定した人も少数ではあるがいた。

Dさん（女性）
【Dさんは先に見たように，自分の介護を夫には頼れないが，娘には頼りたいと考えており，本章で抽出した4タイプにはうまく分類できないケースである。】

「（しばらく考える）ヘルパーさんにしてもらうのも，別に愛情がないとはいえないと思うんですよね。やっぱり，人間としてねぇ，奉仕だと割り切っててもやっぱり，本当の愛情かどうかといわれたらあれでしょうけど，でもやっぱり愛もなければ，ねぇそんなお風呂のお世話とか，お下の世話とかできないんじゃないかなとは思うし……。」

Tさん（女性・看取りあう夫婦）
「いや，それもちょっと違うと思います。やっぱり専門の人にしていただいた方がいい時もあると思います。」

つまりこれらの人々は，専門家による介護にも「愛」の要素があると考えたり，専門家による介護の「専門性」を評価したりしている。このような考え方は少数派ではあるが，「介護」と「家族」を結びつけてきた近代の支配的イデオロギーを揺さぶるものである。

第8章

「ケアしあう人々」という社会

1. 生涯家計支持者と生涯ケアラーの誕生

　日本においては従来，高齢者の介護は家庭においてその子どもたちがするのがあたりまえと考えられてきた。しかし2000年に始まった公的介護保険は，家族外の専門家が介護に関与するというものであり，文化的伝統とは異なるものである。人々はなぜ新しい考えを受け入れたのか。

　実際に，日本では1980年代以降，専門家による介護サービスを利用したいと考える人が，特に女性において目だって増えてきた。このような女性の意識は，家族を介護することを避けたいというよりむしろ，家族に介護されることを避けたい，そのために専門家によるサービスを利用したいというものであった。このような意識の背後には，経済的扶養と身体的介護の両面において，世代関係が再構築されたことがあった。公的年金の成熟によって，おもに男性において「(息子の扶養に頼らない)生涯家計支持者」というべき意識をもった人々が誕生した。経済面におけるこのような変化は介護面にも影響を及ぼし，金銭面では息子に頼らないのに，介護だけは嫁（息子の妻）に頼ろうとは考えにくくなった。こうして女性は嫁という「準制度化された介護者」を失った。しかし，ケアラーとしてのアイデンティティは容易に変わらなかった。その結果，女性は「家族に迷惑をかけたくない」という「生涯ケアラー」としての意

識をもつようになり、自分の介護は専門家に頼ると考える人が増えていったのである。

2. 支配的社会認識を支える生涯ケアラー

　世代関係のとらえ方は、公共領域／家内領域のとらえ方と密接に関連している。「生涯家計支持者」（おもに男性）は、公共領域では専門家によるサービスに頼らず「自立」することを重視し、一方、家内領域では家族による介護に「依存」するというイメージで両領域をとらえている。このようなとらえ方は、近代の支配的社会認識にそったものである。この支配的社会認識を可能にするためには、家内領域でケア役割を担う人（ケアラー）が必要であり、そのためにケアラーは家内領域では「自立」していなければならない。ケアラーの社会認識を示しているのが「生涯ケアラー」（おもに女性）であり、支配的社会認識とは逆に、家内領域では家族に迷惑をかけないよう「自立」し、そのかわりに公共領域では専門家の介護に「依存」するというイメージで両領域をとらえている。

　それでは「生涯ケアラー」の社会認識は、「公共領域＝自立、家内領域＝依存」という支配的社会認識を否定するオルタナティブな意識といえるのか。「生涯ケアラー」は自分の介護については、たしかに支配的社会認識とは異なる意識をもっている。しかし夫や子どもについては支配的社会認識を積極的に肯定している（つまり夫や子どもが、家内領域で心おきなく家族に「依存」できることを願っている）。それゆえに、家内領域で夫や子どもを支える役割をもつ彼女ら自身は、それとは逆の「家内領域＝自立、（そのために）公共領域＝依存」という社会認識をもっているのである。「生涯ケアラー」の社会認識は、支配的社会認識のいわば「陰」の側面である。

3. 生涯家計支持者と生涯ケアラーのゆくえ

　「生涯家計支持者」と「生涯ケアラー」の社会認識は，支配的社会認識を表から見た姿と裏から見た姿をそれぞれ示していた。それでは両者が思い描くような社会のあり方は，これからも実現可能なのか。

　まず，「生涯家計支持者」の社会認識，つまり自分の介護は家内領域で家族に頼るという希望は，今後も実現可能だろうか。彼／彼女らの社会認識を実現するためには，介護を引き受けてくれる家族が絶対必要だが，それが必ず確保される保証はない。妻のほうが先に亡くなるかもしれない。また子どもの数が少なくなっていることに加えて，離婚，転勤，その他の思いがけない事情で子どもに介護を頼れなくなるかもしれない。そうなった場合には，公共領域で専門家に頼ることがどうしても必要になる。したがって「生涯家計支持者」が考えるような老後生活を実現することは，多くの人にとって不確実性が高いものである（このことは「公的支援忌避者」がまさに感じていることである）。

　それでは「生涯ケアラー」の社会認識，つまり家族に迷惑をかけないよう自分の介護は公共領域で専門家に依存するという希望は，実現可能だろうか。女性は配偶者に先立たれることが多い。離婚・非婚・子どもをもたないなどライフスタイルの多様化も進んでいる。このような中で公共領域において質の高い介護に依存できるということは，これから多くの人が希望することであろうし，筆者自身が望むことでもある。しかしながら第 5 章「生涯家計支持者と生涯ケアラーの誕生」で述べたように，現在の介護制度においては，公的支援はあくまでも家族介護の補助として位置づけられている。つまり公共領域でのサービスはあくまでも補助として利用するにとどめ，公共領域ではできるだけ「自立」し，介護の大部分は家内領域で家族に「依存」するというのが現行制度の基本的なあり方である。そして財政の逼迫を理由に，この方向はさらに強化されつつある。したがって「生涯ケアラー」の社会認識も，その実現を楽観視することは難しい。

　しかし筆者としては，このような「逆風」が吹く中ではよけいに，公共領域

で質の高い介護サービスを利用できるような方向で，制度が整備されることを期待したい気持ちが強い。

ただ，本書での分析をもとに，「生涯ケアラー」が考える介護のあり方（そしてそれと同じ社会認識の「光」の側面である「生涯家計支持者」が考える介護のあり方）をカリカチュアライズして表現するならば，「男性は家内領域で家族（≒女性）によって介護される／女性は公共領域で専門家によって介護される」というものである。このようなジェンダーによって二分化された介護のあり方を要請しているのは，「自立」を人間にとってノーマルな状態とするイデオロギーである。このイデオロギーのために，本来はノーマルな状態である「依存」は，公共領域の「陰」で処理されることが必要になり，そのための場所として家内領域が必要とされた。そして「依存」を処理する役割を割りふられた女性は，家内領域で「自立」していることが必要とされたのである。本書ではこれを公共領域と家内領域の「家父長的つながり」とよんだ。

このことを想起すると，「家族に迷惑をかけないよう，自分の介護は公共領域でのサービスに依存する」という「生涯ケアラー」が考える介護のあり方を，私たちが求めるべき介護のあり方と考えるには，筆者は抵抗がある。それは結局，2つの領域の「家父長的つながり」を延命させることにほかならない。この「家父長的つながり」こそが，フェミニストが指摘してきたように，女性に抑圧と従属を強いてきたしくみだからである。

4．「ケアしあう人々」という社会

公共領域でも家内領域でも「依存」が可能な社会

繰り返しになるが，「生涯ケアラー」は，誰もが介護を家族に頼らず，誰もが専門家に頼るという社会を望んでいるわけではない。彼女らは，夫や子どもについては，できれば家内領域で家族に依存できる社会であって欲しいと望んでいるのだ。ただ自分の介護については，迷惑をかけるから家族に依存することは避けたいと考えているのである。ではなぜ，介護が家族にとって多大な

「迷惑」になるのか。ひとつは，主たる介護者が1人ですべての介護を担うことになりがちで，そうなると負担が大きいからである。そしてもうひとつは，介護と他の社会的活動（職業労働，育児，社会活動，趣味，レジャーなど）との両立が難しいからである。

もし，家族，親密な人々（因習的な意味での「家族」には分類され難いが親密な関係によって結ばれた人々），専門的サービス提供者など複数の人々の間で介護を分担することが容易になれば，「生涯ケアラー」が「迷惑になるから家族に介護を頼れない」と考える度合いはずいぶん弱まるのではないか。そして複数の人々が介護を分担できるようにするためには，専門的介護サービスの充実に加えて，介護と他の社会的活動，特に職業労働との両立が鍵になろう。もし家族や親密な人々が，他の社会的活動と両立しつつ，また専門家の援助を得つつ，介護にも携わるということが可能ならば，そしてそのための制度が整えられ，介護の負担がそれほど大きなものでなくなれば，たとえ「生涯ケアラー」としてのアイデンティティをもつ人であっても，家族に介護を依存したくないと考える人はそれほど多くないのではないか。第5章「生涯家計支持者と生涯ケアラーの誕生」で見てきたように，人々の意識は資源へのアクセス状況やそれを規定する社会政策のあり方によって大きく変わるからである。

このような介護のあり方，つまり家内領域で家族や親密な人々に依存し，公共領域でも専門家のサービスに依存するというあり方は，「看取りあう夫婦」の社会認識に近い。ただし「看取りあう夫婦」は，配偶者には頼りたいが，子どもには介護の迷惑をかけたくないと考えていた。しかしもし，さまざまな社会的活動と両立させつつ，専門家からの援助も得つつ，子どもが親の介護に関わることができるようになれば，「看取りあう夫婦」も，子どもに依存することはどうしても避けたい，とは考えなくなるのではないか。

このような，家内領域で家族や親密な人々に依存し，公共領域でも専門家によるサービスに依存するという社会認識を，「ケアしあう人々」の社会認識とよぼう。この社会認識は，人間にとって「依存」はノーマルな状態であることを前提にする。したがって人間は公共領域と家内領域の双方で，自立するとき

は自立し，依存が必要なときは依存する存在であると見なされる。

「ケアしあう人々」にとっての公共領域と家内領域

それでは「ケアしあう人々」の社会認識においては，公共領域と家内領域はどう区別されるのか。親密な人々からなる領域と，そうでない領域の区別を一切なくすということには，少なくとも近代以降の人間は，抵抗を感じるだろう。[1]親密な人々とは必ずしも法的あるいは因習的な意味での「家族」とは限らない。しかしどのようなつながりにもとづく親密性であれ，親密な人々との関係と，そうでない人々との関係をある程度区別することは，多くの人が望むところだろう。また現代のような電子情報による通信が高度に発達した社会では，人々の関係を地理的領域によって区別することは意味をなさない。したがって現代における家内領域／公共領域の区別は，「領域」という言葉から連想される地理的なものではなく，ネットワーク的なものである。

これらのことを確認したうえで，「ケアしあう人々」の社会認識においては，介護に関連して，公共領域／家内領域は次のように分節化されるのではないか。家内領域とは，親密性を基盤にして人々が相互のケアに関わるような関係の総体であり，公共領域とは，職業的専門性や社会的連帯（ボランティアなど）をもとに人々がケアに関わる関係の総体である。「生涯家計支持者」や「生涯ケアラー」がイメージする公共領域／家内領域においては，親密性を基盤にしたケア関係と，職業的専門性や社会的連帯を基盤にしたケア関係は相互に排他的であった。しかし「ケアしあう人々」の社会認識においては，相互補完的に共存しているのである。

総ケア提供者モデル

それでは，「ケアしあう人々」の社会認識を現実の社会制度とするためには何が必要か。ゴールドプラン（1989年）や公的介護保険（2000年）といったこれまでの政策がとってきた方向は，公的介護サービスの供給を増やすことだった。これは「家族に迷惑をかけないよう，公共領域でのサービスに依存した

第8章　「ケアしあう人々」という社会　　189

い」という「生涯ケアラー」の社会認識を実現するための方向だったといえる。それでは「ケアしあう人々」の社会認識を実現するためにはどのような政策が必要か。

ここではナンシー・フレイザーが提案した「総ケア提供者モデル」(universal caregiver model) という福祉国家像をもとに考えたい。フレイザーによると，第2次世界大戦後に発達した福祉国家においては，男性の稼ぎ手に対して正規雇用の地位，妻子を養うに十分な家族賃金，そして稼ぎ手としての地位を守るためのセーフティネット（老齢年金や医療保険などの社会保障の権利）を与えるという「男性稼ぎ手モデル」がとられてきた。「生涯家計支持者」や「生涯ケアラー」の社会認識はまさにこのモデルにそったものである。しかしこのようなモデルが現実においても，また男女平等という規範からも維持しがたくなった今日，それにかわる新たなモデルが必要となっている。フレイザーはジェンダーの衡平にかなった福祉国家のモデルとして，3つの代替モデルを提案し検討する。

第1は「総稼ぎ手モデル」(universal breadwinner model) であり，女性が男性と同様に働き，自分と家族を養えるだけの十分な賃金を稼げるという社会のあり方である。そのためには，職場における男女の平等を確保することや，家事・育児・介護などのケア労働は，市場や国家によるサービスに移すことなどが求められる。このモデルの欠点は，いくらケア労働を市場や国家に移しても，家族の緊急事態への対応やサービスの利用調整といった仕事は家庭に残り，これを男性にも衡平に分担させるための誘因が，用意されていないという点である。したがってこのような煩雑な仕事は，結局今までどおり女性が無償で行うことになり，それは女性が，男性と対等な稼ぎ手となることに対する障害となる。

第2の代替案は「ケア提供者対等モデル」(caregiver-parity model) であり，ケア労働はこれまでどおり家庭内で行われるが，そのケア労働を行った人に対して，それが職業労働として行われた場合に相当する額の手当を国家が支払うというものである。このモデルの欠点は，家庭でのケア労働に対する手当の額

は，職業労働につくより安くなる可能性が高いという点である（そう予想できるのは，保母やホームヘルパーなど職業として行われるケア労働に対する賃金が，低く抑えられているという現実があるからである）。この結果，男女のパートナーがいる場合，夫は職業労働，妻は家庭でのケア労働というこれまでどおりの役割分担に誘導されてしまう。

これらに対して本書が注目するのは第3の「総ケア提供者モデル」である。これは，家族のためのケアと所得を稼ぐことは，その両方が男女双方の責務とみなされ，人々がこの2つの責務を両立できるように諸制度を整えるというものである。具体的には男女が家庭でのケアを担えるような労働時間の短縮や，短縮された労働時間に対しても正規の労働時間働いたのと同じだけの，時間給と社会保障の権利が与えられることなどが必要である。また男女が職業労働を続けるために，良質の保育・介護サービスが利用しやすい対価で提供されることも必要である。さらにフレイザーは，職場における男女平等が確保されることも必要であると論じている（Fraser, 1997＝2003）。

「ワーカー＝ケアラー」を支える社会

この「総ケア提供者モデル」が「ケアしあう人々」の社会認識を実現するための示唆を与えてくれる。まず，公的介護サービスの供給を質・量とも高めていくことは引き続き必要である。しかしそれと同時に，介護と他の社会的活動，特に職業労働との両立を可能にするための働き方の見直しと，それを支える制度が求められる（労働時間の短縮，不利でない時間給や社会保障の権利など）。

さらにフレイザーの「総ケア提供者モデル」で重要なのは，所得を稼ぐことも男女双方の責務とされている点である（したがって職場における男女平等の確保もこのモデル実現のための条件とされている）。このことはフレイザーが，ケアや介護を男女双方が担える社会にするためには，所得を稼ぐことも男女双方が担えるようにすることが必要だと考えていることを示している。つまり男女がともにケアを担える社会とは，単にワーカー（worker＝家計支持者）であるだけでなく，また単にケアラーであるだけでもなく，男女がともに「ケアラーで

ありかつワーカーである（ワーカー＝ケアラー）」社会だと考えているのである。本書ではこの論点，つまり「ケアしあう人々」の社会認識を実現するためには，所得を稼ぐことも男女双方が担えるようにすることが必要であるという論点については十分論じていない。しかしこれは重要な論点であり，今後検討していく必要がある。

　最後に，介護に関して公的サービスの充実だけでなく，働き方の見直しを政策課題に入れること（つまり「生涯ケアラー」の社会認識より「ケアしあう人々」の社会認識を重視すること）には大きな長所がある。それは，介護支援の充実と育児支援の充実を，パイを獲りあう関係として敵対させるような認識の罠に陥らずにすむことである。従来は育児支援政策においても，保育サービスの供給に重点が置かれていた。このように公的介護サービスや公的保育サービスの供給に重点を置いていると，介護支援と育児支援は，財源という限られたパイを奪い合う関係としての側面だけが強調されてしまう。しかし近年は育児支援政策においても，「ワーカー＝ケアラー」を支えるための働き方の見直しが重要な検討課題とされるようになった。働き方を見直し，「自立」をノーマルとする人間像を見直し，男女どちらもが職業とケアを両立できる社会をめざすという目標を設定するならば，介護支援と育児支援は，同じ理想の下に「企業中心社会」（大沢，1993）における「男性稼ぎ手モデル」を問い直す試みとして，手を携えることができるだろう。

5．今後の課題

ケアする人についての研究

　最後に今後の課題を述べて結びとしたい。第1に，本書は介護される立場を中心に考察したので，介護する立場についての考察はほとんど行っていない。しかし「ケアしあう人々」という社会を可能にするためには，介護すること（親密性や社会的連帯にもとづく場合も，職業としても）がどのような条件のもとで行われるのかについての考察が不可欠である。さまざまな報道や研究が，介

護者の労働条件が厳しいことを明らかにしている。ケアの社会的価値を高めていくには何が必要か，それをケア役割と稼ぐ役割の関連を常に念頭において，考えていきたい。

ペイド・ワークとアンペイド・ワークの関係

　第2は，（先に述べたことと関連するが）ケア役割の分担と，所得を稼ぐ役割の分担に関することである。男女がケア役割を担うような社会を実現するためには，男女が稼ぐことを共に担うことも必要なのか。それともケア役割と稼ぐ役割の分担は相互に独立のことであり，稼ぐことは男性の役割のままで，ケア役割については男女が対等に担うといったことが可能なのか。

　たとえば，介護ではなく育児についてであるが，舩橋惠子らによると，近年，仕事と育児とのバランスについて，「妻は育児優先，それに対して夫は育児と仕事に同等に関わるのがよい」という意識が広く見られるという（舩橋，2000；矢澤・国広・天童，2003）。これはまさに，稼ぐ役割は男性がおもに担い，ケア役割は男女が対等に分担するということである。このような役割分担にもとづく社会は本当に実現可能なのか。人々はそれを受け入れるのか。大和礼子・斧出節子・木脇奈智子は，専業主婦の妻をもつ夫が育児に関与する場合，それはおもに「しつけ・教育」や「遊び」においてであり，「世話」の面で妻と同じくらいに関与することはあまりないし，妻からも期待されていないことを報告している（大和・斧出・木脇，2008；Yamato, 2008）。

　それでは介護の場合はどうなのか。ケアと稼ぐ（いいかえるとペイド・ワークとアンペイド・ワーク）という2つの役割の関係について，さらに掘り下げて研究していく必要がある。

娘が「準制度化された介護者」になるのか？

　第1・第2の課題がジェンダーに関連する課題であるのに対し，第3の課題は世代関係に関するものである。本書では，嫁が「準制度化された介護者」でなくなった後の，介護の社会的編成として，「ケアしあう人々」というあり方

を示した。しかし別の方向へ編成される可能性もある。それは嫁にかわって娘が「準制度化された介護者」になるという方向である。

国際比較調査によると，イギリスやフランス（内閣総理大臣官房老人対策室，1982），そしてアメリカやドイツ（内閣府，2002）では，女性が自分の介護を頼りにする人として中心的位置を占めるのは娘である（第5章「生涯家計支持者と生涯ケアラー」の図5-7もあわせて参照）。将来，公的介護サービスの充実が進まなければ，日本もこの方向へ向かう可能性がないとはいえない。実際にこの方向を示唆する研究もある（小林・Liang，2007；直井・小林・Liang，2006）。

日本においても娘が「準制度化された介護者」になるのか。今後，注意して見ていく必要がある。

「きょうだいの連帯なき家族主義」と「きょうだいの連帯にもとづく家族主義」

第4の課題は，きょうだい関係に関するものである。これについてはアジア諸社会との比較から多くを学ぶことができる。アジア諸社会，特に東アジアの社会は，家族の相互依存を強調する家族主義の文化的伝統があるといわれる（Liu and Keding, 2000）。たしかにこれらの社会において，成人子が親を支える責任を強調する点は比較的共通している。

しかし，高齢の親に対するきょうだい間の責任分担のあり方は，社会によって異なる。日本においては1人の跡取り（とその嫁）が単独でその責任を負うことが期待されてきた。それに対して筆者がインタビューを行ったシンガポールの中流階層の華人家族においては，親を支えることはきょうだい全体の責任と考えられており，誰か1人が単独でその責任を負うとは考えられていない。しかもきょうだい間の役割分担（親との同居・扶養・介護など）は非常に状況依存的である。つまりジェンダーや出生順位はあまり重要でなく，同居しやすい人が同居し，お金がある人が（同居・別居に関わらず）お金を出し，ケアをしやすい人が（やはり同居・別居に関わらず）ケアをする（あるいはお金を出して家事使用人を雇い，その人に実際のケアを任せる）といった考え方を基本にして，親に対する支援が行われている（大和，2006a；2006b；2006c；2007b）。

この違いの背後には，きょうだい関係についての異なる文化的伝統があると思われる（シンガポールの伝統的家族規範は，単純化の危険はあるが，中国のそれの影響が強いと仮定しよう）。日本では，江戸時代に職業の世襲や財産の単独相続の慣行が確立したことにより，「家職」や私有財産の意識が強まった。この意識においては，親子という縦の関係の相互扶助は強調される一方で，きょうだいという横の関係は（「他人のはじまり」といわれるように）相続をめぐる潜在的競争者であり，また他家に養子に入ることにより別の「家」を形成する可能性がある存在として，その相互扶助はそれほど強調されなかった（ただし女きょうだいとの関係は，「妹の力」（柳田，1984）といわれるように親密で重要だった）。また「家職」に励むことによる「家」の自立（「一戸前」）が重視された。

　一方，中国では，職業は非世襲であり，また財産は均分相続で細分化がおこりやすかったため，世代間での階層的流動性が大きかった。この流動性に対する防衛として，（縦・横の両方を含む）血縁間の相互扶助を目的とした宗族制が発達した。宗族社会では相互扶助が重んじられ，私有財産や自立意識，きょうだい間の競争は抑圧された（溝口，2004；中根，1977）。

　つまり中国文化における家族主義が「きょうだいの連帯にもとづく家族主義」であるのに対して，日本のそれは「きょうだい（特に男きょうだい）の連帯なき家族主義」といえる。

　このようなきょうだい関係についての文化的伝統の違いが，親の扶養や介護の実践にこれまでどのような影響を及ぼし，これから及ぼしていくのか。さらに実践面だけでなく福祉政策の形成に対しても，これまでどのような影響を及ぼし，これから及ぼしていくのか。[3]親子関係だけでなくきょうだい関係という視点から，アジアの比較家族研究や比較福祉政策研究をすすめることは，重要であると考える[4]。

公的年金のゆくえ

　本書は2000年代前半までを対象にしている。しかし2000年代後半になると，非正規雇用の拡大などにより，公的年金の空洞化に注目が集まるようにな

った。公的年金の空洞化が進めば，老後の生計を公的年金に頼るという「生涯家計支持者」の基盤が揺らぐ。公的年金の動向が，扶養と介護の世代関係とジェンダー関係にどのような影響を及ぼすのか，本書の問題意識を念頭に，今後も注意深く見ていく必要がある。

【注】
(1) 第7章「公共領域／家内領域の再構築とその中断」における「愛情のこもった世話は家族にしかできない」という考えに対する分析がそれを示している。
(2) 「介護の社会的編成」という用語は，Miriam Glucksmann (1995) による「total social organization of labour」という用語からヒントを得た。
(3) 文化的伝統と社会政策との関係についてはグッドマンとペング (2003) から示唆をえた。
(4) たとえば，日本の「家」は血縁集団であるより職能集団であるといわれる（中根，1977）。このことに注目すると，親と子が同じ「家職」についているときはその相互扶助が強調されるが，核家族化・サラリーマン化するとそれぞれの「家職」は異なり，「家」も異なることになる。したがって「家」の論理は，きょうだいだけでなく親子をも，相互の自立へとかりたてる契機を潜在的にもっていることになる。戦後の日本において，「生涯家計支持者」の誕生をめざして公的年金の整備が急がれた背景には，このような文化的伝統の影響もあったかもしれない。それでは，きょうだい間の連帯という文化的伝統をもつ社会では，どのような社会政策がとられてきたのか，そして将来とられるのか。「生涯家計支持者」をめざす政策がとられるのか，それともきょうだい間の連帯とより親和的な政策を発展させるのか。

【参考文献】

Akiyama, Hiroko, Toni C. Antonucci and Ruth Campbell, 1990, "Exchange and reciprocity among two generations of Japanese and American women," in Sokolov-Jay, sky (ed.), *The Cultural Context of Aging : Worldwide Perspectives*, Westport, CT : Bergin & Garvey, 127-138.
Allan, Graham, 1979, *A Sociology of Friendship and Kinship*, London : George Allen and Unwin.
Arber, Sara and Claudine Attias-Donfut (eds.), 2000, *The Myth of Generational Conflict : The Family and State in Ageing Societies*, London : Routledge.
東清和・小倉千加子, 1984, 『性役割の心理』大日本図書株式会社.
東清和・鈴木淳子, 1991, 「性役割態度研究の展望」『心理学研究』62 (4), 270-276.
Badinter, Elisabeth, 1980, *L'amour en Plus : Histoire de L'amour Maternel (XVIIe-XXe Siecle)*, Paris : Flammarion. (=1991, 鈴木晶訳『母性という神話』筑摩書房.)
Beck, Ulrich, 1986, *Risikogesellschaft: Auf dem Weg in eine andere Moderne*, Suhrkamp. (=1998, 東廉・伊藤美登里訳『危険社会——新しい近代への道』法政大学出版局.)
Bengston, Vern L. and W. Andrew Achenbaum (eds.), 1993, *The Changing Contract Across Generations*, New York : Aldine de Gruyter.
Benston, Margaret, 1997 [1969], "The political economy of women's liberation," in Rosemary Hennessy and Chrys Ingraham (eds.), *Materialist Feminism : A Reader in Class, Difference, and Women's Lives*, London : Routledge, 17-23.
Campbell, John Creighton, 1992, *How Policies Change : The Japanese Government and The Aging Society*, Princeton, N. J. : Princeton University Press. (=1995, 三浦文夫・坂田周一訳『日本政府と高齢化社会——政策転換の理論と検証』中央法規.)
Campbell, Karen E., Peter V. Marsden and Jeanne S. Hurlbert, 1986, "Social resources and socioeconomic status," *Social Networks*, 8, 97-117.
Chodorow, Nancy, 1978, *The Reproduction of Mothering*, Berkeley : University California Press. (=1981, 大塚光子・大内菅子訳『母親業の再生産』新曜社.)
Cowgill, Donald O., 1972, "A theory of aging in cross-cultural perspective," in Donald O. Cowgill and Lowell D. Holmes (eds.), *Aging and Modernization*, New York : Appleton-Century-Crofts, 1-13.
Cumming, Elaine and William E. Henry, 1961, *Growing Old : The Process of Disengagement*, New York : Basic Books.

Dannefer, Dale and Peter Uhlenberg, 1999, "Paths of the life course: A typolog," in Vern L. Bengtson and K. Warner Schaie (eds.), *Handbook of Theories of Aging*, New York: Springer, 306-326.

Davidoff, Leonare, 1995 [1974], "Mastered for life: servant and wife in Victorian and Edwardian England," in *Worlds Between: Historical Perspectives on Gender and Class*, Cambridge: Polity Press, 18-40.

Davidoff, Leonare, 1995 [1976], "The rationalization of housework," in *Worlds Between: Historical Perspectives on Gender and Class*, Cambridge: Polity Press, 73-102.

Davidoff, Leonare, 1995 [1979], "Class and gender in Victorian England: The case of Hannah Cullwick and A. J. Munby," in *Worlds Between: Historical Perspectives on Gender and Class*, Cambridge: Polity Press, 103-150.

Davidoff, Leonare, 1995a, "Introduction," in *Worlds Between: Historical Perspectives on Gender and Class*, Cambridge: Polity Press, 1-17.

Davidoff, Leonare, 1995b, "Regarding some 'old husbands' tales': Public and private in feminist history," in *Worlds Between: Historical Perspectives on Gender and Class*, Cambridge: Polity Press, 227-276.

Davidoff, Leonore, Megan Doolittle, Janet Fink, and Katherine Holden, 1999, "Domestic service and lodging: Doing family work," in *The Family Story: Blood, Contract and Intimacy, 1830-1960 (Women and Men in History)*, Harlow: Longman, 158-182.

Dreyer, Nancy A., Nancy Fugate Woods, and Sherman A. James, 1981, "ISRO: A scale to measure sex-role orientation," *Journal of Sex Roles*, 7 (2), 173-182.

Durkheim, Émile, 1960 [1893], *De la Division du Travail Social: Étude sur L'organisation des Sociétés Supérietures*, 7e ed., Paris: P. U. F. (=1971, 田原音和訳『社会分業論』青木書店。)

江原由美子, 1993, 「性別分業」, 森岡清美・塩原勉・本間康平編集代表『新社会学事典』有斐閣, 871-872。

Elliott, Kathryn Sabrena and Ruth Campbell, 1993, "Changing ideas about family care for the elderly in Japan," *Journal of Cross-Cultural Gerontology*, 8, 119-135.

Esping-Andersen, Gosta, 1990, *The Three Worlds of Welfare Capitalism*, Cambridge: Polity Press. (=2001, 岡沢憲芙・宮本太郎監訳『福祉資本主義の三つの世界——比較福祉国家の理論と動態』ミネルヴァ書房。)

Estes, Carroll L. and associates, 2001, *Social Policy and Aging: A Critical Perspective*, London: Sage.

Estes, Caroll L., Simon Biggs, and Chris Phillipson, 2003, *Social Theory, Social Policy and Ageing*, Buckingham: Open University Press.

Finch, Janet and Dulcie Groves, 1980, "Community care and family: A care for equal opportunities?" *Journal of Social Policy,* 9 (4), 487-511.
Fischer, Claude S., 1982, *To Dwell among Friends,* Chicago: The University of Chicago Press.
Fraser, Nancy, 1997, *Justice Interruptus: Critical Reflections on the "Postsocialist" Condition,* New York and London: Routledge. (=2003, 仲正昌樹監訳『中断された正義──「ポスト社会主義的」条件をめぐる批判的省察』御茶の水書房)。
Fraser, Nancy and Linda Gordon, 1994, "Civil citizenship against social citizenship," Bart van Steenbergen (ed.), *The Condition of Citizenship,* London: Sage, 90-107.
藤村正之, 1998,「福祉国家・中流階層・福祉社会」『社会学評論』49 (3), 352-353。
藤村正之, 1999,『福祉国家の再編成──「分権化」と「民営化」をめぐる日本的動態』東京大学出版会。
藤村正之, 2000,「家族介護と社会的介護」, 藤崎宏子編『親と子──交錯するライフコース』ミネルヴァ書房, 296-326。
藤村正之, 2001,「社会参加, 社会的ネットワークと情報アクセス」, 平岡公一編『高齢期と社会的不平等』東京大学出版会, 29-50。
藤崎宏子, 2000,「家族はなぜ高齢者を囲い込むのか──ネットワーク形成を阻むもの」, 副田義也・樽川典子編『流動する社会と家族 II 現代家族と家族政策』ミネルヴァ書房, 141-161。
舩橋惠子, 2000,「『幸福な家庭』志向の陥穽──変容する父親像と母親規範」, 目黒依子・矢澤澄子編『少子化時代のジェンダーと母親意識』新曜社, 47-67。
Gilbert, Neil, 1983, *Capitalism and the Welfare State: Dilemmas of Social Benevolence,* New Haven and London: Yale University Press. (=1995, 関谷登監訳, 阿部重樹・阿部裕二訳『福祉国家の限界──普遍主義のディレンマ』中央法規出版。)
Gilligan, Carol, 1982, *In a Different Voice: Psychological Theory and Women's Development,* Cambridge: Harvard University Press. (=1986, 岩男寿美子監訳, 生田久美子・並木美智子共訳『もうひとつの声──男女の道徳観のちがいと女性のアイデンティティ』川島書店。)
Glucksmann, Miriam A., 1995, "Why 'work'? Gender and the 'total social organization of labour' ", *Gender, Work and Organization,* 2 (2), 63-75.
Goldthorpe, John H., David Lockwood, Frank Bechhofer, and Jennifer Platt, 1969, *The Affluent Worker in the Class Structure,* Cambridge: Cambridge University Press.
グッドマン, ロジャーとイト・ペング, 2003,「東アジア福祉国家」, G. E. アンデルセン編 (埋橋孝文監訳)『転換期の福祉国家』早稲田大学出版部, 225-274。
Graham, Hilary, 1983, "Caring: A labour of love," in Janet Finch and Dulcie Groves (eds.), *A Labour of Love: Women, Work and Caring,* London: Routledge and

Kegan Paul.
Grint, Kieth, 1997 [1992], *The Sociology of Work : An Introduction* (second edition), Cambridge : Polity Press.
Gubrium, Jaber F. and James A. Holstein, 1999, "Constructionist perspectives on aging," in Vern L. Bengtson, and K. Warner Schaie (eds.), *Handbook of Theories of Aging*, New York : Springer, 287-305.
Habermas, Jürgen, 1990 [1962], *Strukturwandel der Öffentlichkeit : Untersuchungen zu einer Kategorie der bürgerlichen Gesellschaft*, Luchterhand : Neuwied. (= 1994, 細谷貞雄・山田正行訳『公共性の構造転換——市民社会の一カテゴリーについての探求 (第2版)』未来社。)
Hall, Catherine, 1992 [1985], "Private persons versus public someones : Class, gender and politics in England, 1780-1850," in *White, Male and Middle Class : Explorations in Feminism and History*, Cambridge : Polity Press, 151-171.
Hall, Catherine, 1994, "Rethinking imperial histories : The Reform Act of 1867," *New Left Review*, 208, 3-29.
原田純孝, 1988, 「『日本型福祉社会』論の家族像——家族をめぐる政策と法の展開方向との関連で」, 東京大学社会科学研究所編『転換期の福祉国家[下]』東京大学出版会, 303-392。
原純輔・肥和野佳子, 1990, 「性別役割意識と主婦の地位評価」, 岡本英雄・直井道子編『現代日本の階層構造 4 女性と社会階層』東京大学出版会, 165-186。
Hartman, Heidi, 1981, "The unhappy marriage of Marxism and feminism : Towards a more progressive union," in Lydia Sargent (ed.), *Women and Revolution : A Discussion of the Unhappy Marriage of Marxism and Feminism*, London : Pluto Press, 1-41. (=1991, 「マルクス主義とフェミニズムの不幸な結婚」, 田中かず子訳『マルクス主義とフェミニズムの不幸な結婚』勁草書房, 31-80。)
橋本宏子, 1990, 「雑観『日本法(政策)』にみる老人観をめぐって」, 利谷信義・大藤修, 清水浩昭編, 比較家族史学会監修『シリーズ家族史 5 老いの比較家族史』三省堂, 229-250。
Hochschild, Arlie Russell, 1983, *The Managed Heart : Commercialization of Human Feeling*, London : University of California Press. (=2000, 石川准・室伏亜希訳『管理される心——感情が商品になるとき』世界思想社。)
石原邦雄, 1977, 「戦後日本家族調査総覧」, 福島正夫編『家族 政策と法 3 戦後日本家族の動向』東京大学出版会, 311-399。
石原邦雄, 1982, 「戦後日本の家族意識——その動向と研究上の問題点」『家族史研究』6 : 118-139。
石井良助, 1958, 「明治民法施行前の扶養法」, 中川善之助・青山道夫・玉城肇・福島正夫・金子一・川島武宜『家族問題と家族法 V 扶養』酒井書店, 98-132。

石村善助, 1958,「明治民法以後の扶養法」, 中川善之助・青山道夫・玉城肇・福島正夫・金子一・川島武宜『家族問題と家族法 V 扶養』酒井書店, 133-147。
James, Nicky, 1989, "Emotional labour: Skill and work in the social regulation of feelings," *Sociological Review* 37, 15-42.
Jenike, Brenda Robb, 1997, "Gender and duty in Japan's aged society : The experience of family caregivers," in Jay Sokolovsky (ed.), *The Cultural Context of Aging : Worldwide Perspectives* (second edition), Westport, CT : Bergin & Garvey, 218-238.
自由民主党, 1979,『研究叢書 8 日本型福祉社会』自由民主党広報委員会出版局。
神田道子, 1984,「変動期にある女性」, 女性学研究会編『講座女性学 2 女たちのいま』勁草書房, 2-20。
春日井典子, 2000,「介護ライフスタイル」, 野々山久也編『現代家族の変容と家族ライフスタイルの多様化に関する実証的研究』平成9-11年度科学研究費補助金研究成果報告書, 甲南大学, 112-134。
春日キスヨ, 1997,『介護とジェンダー――男が看とる女が看とる』家族社。
春日キスヨ, 2000,『介護にんげん模様――少子高齢社会の「家族」を生きる』朝日新聞社。
春日キスヨ, 2001,『介護問題の社会学』岩波書店。
河畠修, 2001,『高齢者の現代史――21世紀・新しい姿へ』明石書店。
河村貞枝, 1982,「ヴィクトリア時代の家事使用人」, 角山榮・川北稔編『路地裏の大英帝国』平凡社, 147-168。
川島武宜, 2000a [1955],「イデオロギーとしての『家族制度』」『日本社会の家族的構成』岩波書店, 149-238。
川島武宜, 2000b [1957],「イデオロギーとしての『孝』」『日本社会の家族的構成』岩波書店, 87-148。
Keith, Jennie, 1992, "Care-taking in cultural context : Anthropological queries," in Hal L. Keding, Akiko Hashimoto, and Larry C. Coppard (eds.), *Family Support for the Elderly : The International Experience*, Oxford : Oxford University Press, 15-30.
菊池真弓編（清水浩昭解説）, 1996,「家族に関する統計調査と白書および世論調査・実態調査一覧」, 比較家族史学会編『事典家族』弘文堂, 921-948。
金泰昌, 2001,「今何故，公私問題を学際的に議論するのか」, 佐々木毅・金泰昌編『公共哲学 2 公と私の社会科学』東京大学出版会, iv-vi。
木村敬子, 1984,「女性の性役割意識――青年期の女性について」, 女性学研究会編『講座女性学 2 女たちのいま』勁草書房, 210-232。
Knijn, Trudie and Monique Kremer, 1997, "Gender and the caring dimension of welfare states : Toward inclusive citizenship," *Social Policy*, 4 (3), 328-361.

小林江里香・Liang, Jersey, 2007,「子どもへの資産提供と老親介護——後期高齢者の全国調査の分析より」『季刊家計経済研究』74, 13-24。

小島晴洋, 2002,「年金保険制度」, 堀勝洋編『社会福祉選書 5 社会保障論（第 3 版）』建帛社, 59-111。

駒村康平, 2003,『年金はどうなる——家族と雇用が変わる時代』岩波書店。

厚生労働省大臣官房統計情報部編, 2003,『国民生活基礎調査』（平成 13 年）厚生統計協会.

厚生労働省大臣官房統計情報部編, 2006,『国民生活基礎調査』（平成 16 年）厚生統計協会.

熊沢知子, 1993,「"模範嫁表彰"にみる『介護』と『嫁意識』」『お茶の水女子大学女性文化研究センター年報』14, 119-143。

Land, Hilary and Hilary Rose, 1985, "Compulsory altruism for some or an altruistic society for all?" in Philip Bean, John Ferris, and David Whynes (eds.), *In Defense of Welfare*, London and New York: Tavistock, 74-96.

Lister, Ruth, 2003, *Citizenship : Feminist perspectives* (second edition), New York: New York University Press.

Liu, William T. and Hal Keding, 2000, "Critical issues of caregiving : East-West dialogue," in William T. Liu and Hal Keding (eds.), *Who Should Care of the Elderly? : An East-West Value Divide*, Singapore: Singapore University Press, 1-23.

前田信彦・目黒依子, 1990,「都市家族のソーシャル・ネットワーク・パターン」『家族社会学研究』2, 81-93。

毎日新聞社世論調査部編, 1992,『92 年「高齢化社会」全国世論調査報告書』毎日新聞社世論調査部。

毎日新聞社世論調査部編, 1993,『93 年「高齢化社会」全国世論調査報告書』毎日新聞社世論調査部。

毎日新聞社世論・選挙センター編, 1994,『94 年「高齢化・介護」全国世論調査報告書』毎日新聞社世論・選挙センター。

毎日新聞社世論・選挙センター編, 1996,『95 年「高齢化・介護」全国世論調査報告書』毎日新聞社世論・選挙センター。

毎日新聞社世論・選挙センター編, 1997,『96 年「高齢化社会」全国世論調査報告書』毎日新聞社世論・選挙センター。

毎日新聞社世論・選挙センター編, 1998,『97 年「高齢化社会」全国世論調査報告書』毎日新聞社世論・選挙センター。

毎日新聞社世論・選挙センター編, 1999,『98 年「高齢社会」全国世論調査報告書』毎日新聞社世論・選挙センター。

毎日新聞社世論・選挙センター編, 2000,『1999 年「高齢社会」全国世論調査報告

書』毎日新聞社世論・選挙センター。
毎日新聞社世論・選挙センター編，2001,『2000年「高齢社会」全国世論調査報告書』毎日新聞社世論・選挙センター。
Marsden, Peter V., 1987, "Core discussion networks of Americans," *American Sociological Review,* 52 (1), 122-131.
Mason, Karen Oppenheim and Larry L. Bumpass, 1975, "U. S. women's sex-role ideology 1970," *American Journal of Sociology,* 80 (5), 1212-1219.
松成恵，1991,「戦後日本の家族意識の変化」『家族社会学研究』3, 85-97。
松浦克己・滋野由紀子，2001,「遺産動機はどのように形成されるか——利他的遺産動機，戦略的遺産動機，遺産動機なしの比較」『季刊家計経済研究』49, 76-84。
McCleland, Keith, 1998, "Masculinity and the 'representative artisan' in Britain, 1850-80," in Michael Roper and John Tosh (eds.), *Manful Assertions : Masculinities in Britain since 1800*, London and New York : Routledge, 74-91.
McClintock, Anne, 1995, *Imperial Leather : Race, Gender and Sexuality in the Colonial Contest*, London : Routledge.
McDowell, Linda and Rosemary Pringle, 1992, "Defining work," in Linda McDowell, and Rosemary Pringle (eds.), *Defining Women*, Cambridge : Polity Press, 122-131.
Millett, Kate, 1970, *Sexual politics*, New York: Doubleday. (=1973, 藤枝澪子ほか訳『性の政治学』自由国民社。)
宮坂靖子，2000,「親イメージの変遷と親子関係のゆくえ」，藤崎宏子編『親と子——交錯するライフコース』ミネルヴァ書房，19-41。
溝口雄三，2004,『中国の衝撃』東京大学出版会。
百瀬孝，1997,『日本老人福祉史』中央法規。
Morgan, David H. J., 1996, *Family Connections : An Introduction to Family Studies*, Cambridge : Polity Press.
森岡清美，1980,「戦後の家族構成の変化と家意識の崩壊」『歴史公論』6 (1), 122-127。
Morris, Jenny, 1993, *Independent Lives? Community Care and Disabled People*, Houndmills : The Macmillan Press.
牟田和恵，1990a,「日本近代化と家族——明治期『家族国家観』再考」，筒井清忠編『「近代日本」の歴史社会学』木鐸社。
牟田和恵，1990b,「明治期総合雑誌にみる家族像——『家庭』の登場とそのパラドックス」『社会学評論』161, 12-25。
牟田和恵，2006,『ジェンダー家族を超えて——近現代の生/性の政治とフェミニズム』新曜社。
長津美代子，1982,「共働きは性役割にどう影響するか」，湯沢雍彦・阪井敏郎編『現代の性差と性役割』培風館，40-80。

内閣府,2002,『高齢者の生活と意識——第5回国際比較調査結果報告書』中央法規出版。
内閣府大臣官房政府広報室編,2003,「公的年金制度」『月刊世論調査』2003年8月号,2-56。
内閣府大臣官房政府広報室編,2004,「高齢者介護」『月刊世論調査』2004年1月号,3-89。
内閣総理大臣官房老人対策室編,1982,『老人の生活と意識——国際比較調査結果報告書』大蔵省印刷局.
内藤和美,1999,「ケアとジェンダー」,女性学研究会編『女性学研究』勁草書房,97-114。
中根千枝,1977,『家族を中心とした人間関係』講談社。
直井道子,2001,『幸福に老いるために——家族と福祉のサポート』勁草書房。
直井道子・小林江里香・Liang, Jersey, 2006,「子どもからのサポートと遺産相続——夫と死別した女性高齢者の場合」『老年社会科学』28 (1),21-28。
NHK放送文化研究所編,2004,『放送と調査』631,日本放送出版協会。
『日本経済新聞』大阪版,2005年2月22日。
西村純子,2001,「性別分業意識の多元性とその規定要因」『年報社会学論集』14,139-150。
野辺政雄,1999,「高齢者の社会的ネットワークとソーシャルサポートの性別による違いについて」『社会学評論』50 (3),375-392。
Oakley, Ann, 1974, *The Sociology of Housework*, Oxford: Basil Blackwell. (=1993, 佐藤和枝・渡辺潤訳『家事の社会学』松籟社。)
小川政亮,1958,「社会保障制度との関連」,中川善之助ほか編『家族問題と家族法 V 扶養』酒井書店,151-209。
尾嶋史章,2000,「『理念』から『日常』へ——変容する性別役割分業意識」,盛山和夫編『日本の階層システム 4 ジェンダー・市場・家族』東京大学出版会,217-236。
岡本英雄,2000,「日本型雇用慣行の変化と母親意識——周辺化する女性労働力」,目黒依子・矢澤澄子編『少子化時代のジェンダーと母親意識』新曜社,131-148。
岡崎陽一,1990,『シリーズ人間の発達 3 家族のゆくえ——人口動態の変化のなかで』東京大学出版会。
O'Leary, James S, 1993, "A new look at Japan's honorable elders," *Journal of Aging Studies,* 7 (1), 1-24.
折井美耶子,1997,「近代日本における老人の扶養と介護」『歴史評論』565, 39-51。
大沢真理,1993,『企業中心社会を越えて——現代日本を〈ジェンダー〉で読む』時事通信社。
大谷信介,1995,『現代都市住民のパーソナルネットワーク』ミネルヴァ書房。

Palmore, Erdman B. and Daisuke Maeda, 1985, *The Honorable Elders Revisited : A Revised Cross-Cultural Analysis of Aging in Japan*, Durham, NC : Duke University Press.

Pascall, Gillian, 1997, "Social policy: A feminist critique", in *Social Policy : A New Feminist Analysis*, London and New York : Routledge, 1-29.

Pateman, Carol, 1989, *The Disorder of Women*, Cambridge : Polity Press.

Phillipson, Chris, 1998, *Reconstructing Old Age : New Agendas for Social Theory*, London : Sage.

Quadagno, Jill and Jennifer Reid, 1999, "The political economy perspective in aging," In Vern L. Bengtson and K. Warner Schaie, (eds.), *Handbook of Theories of Aging*, New York : Springer, 344-358.

Riley, Matilda White, 1971, "Social gerontology and the age stratification of society," *American Sociological Review*, 52, 1-14.

Riley, Matilda White, Anne Foner, and John W. Riley, Jr., 1999, "The aging and society paradigm," in Vern L. Bengtson and K. Warner Schaie (eds.), *Handbook of Theories of Aging*, New York : Springer, 327-343.

佐々木毅・金泰昌編, 2001a,『公共哲学 1 公と私の思想史』東京大学出版会。

佐々木毅・金泰昌編, 2001b,『公共哲学 2 公と私の社会科学』東京大学出版会。

笹谷春美, 1994, 「ジェンダーとソーシャルネットワーク——旧炭産（過疎）地と大都市居住の70歳男女に関する実証的研究」『平成5（1993）年度シニアプラン公募研究年報』（財）シニアプラン開発機構, 117-138。

笹谷春美, 1997, 「イギリスにおけるケアリング研究——フェミニズムの視点から」『女性労働研究』31, ドメス出版, 52-58。

笹谷春美, 1999, 「家族ケアリングをめぐるジェンダー関係——夫婦間ケアリングを中心として」鎌田とし子・矢澤澄子・木本喜美子編『講座社会学 14 ジェンダー』東京大学出版会, 213-248。

笹谷晴美, 2003, 「日本の高齢者のソーシャル・ネットワークとサポート・ネットワーク——文献的考察」『北海道教育大学紀要（人文科学・社会科学編）』53（1）, 61-76。

沢山美果子, 1987, 「近代的母親増の形成についての一考察—— 1890～1990年代における育児論の展開」『歴史評論』440, 63-81。

生命保険文化センター, 1987,『老後生活と介護に関する調査』（財）生面保険文化センター。

関井友子・斧出節子・松田智子・山根真理, 1991, 「働く母親の性別役割分業観と育児援助ネットワーク」『家族社会学研究』3, 72-84。

Sevenhuijsen, Selma, 2000, "Caring in the third way : The relation between obligation, responsibility and care in Third Way discourse," *Critical Social Policy*, 62, 6-37.

島直子,1999,「性別役割分業を維持する意識構造──「愛情」イデオロギーの視点から」『年報社会学論集』12, 26-37。
Shorter, Edward, 1975, *The Making of the Modern Family*, New York : Basic Books. (=1987, 田中俊宏ほか訳『近代家族の形成』昭和堂。)
新村拓,1991,『老いと看取りの社会史』法政大学出版局。
新村拓,1999,「文化としての老人介護」,青木保・川本三郎・筒井清忠・御厨貴・山折哲雄編『近代日本文化論 11 愛と苦難』岩波書店,81-99。
塩田咲子,1992,「現代フェミニズムと日本の社会政策 1970年~1990年」『女性学研究』2, 29-52。
白石玲子,1990,「近代日本の家族法・家族政策における老人の位置──扶養制度を中心に」,利谷信義・大藤修・清水浩昭編,比較家族史学会監修『シリーズ家族史 5 老いの比較家族史』三省堂,205-226。
Smith, Bonnie G., 1981, *Ladies of the Leisure Class : The Bourgeoisies of Northern France in the Nineteenth Century*, Princeton, N. J. : Princeton University Press. (=1994, 井上堯裕・飯泉千種訳『有閑階級の女性たち』法政大学出版局。)
Sokolovsky, Jay, 1990, "Introduction," in Jay Sokolovsky (ed.), *The Cultural Context of Aging : Worldwide Perspectives*, Westport, CT : Bergin & Garvey, 1-11.
染谷淑子,2003,「社会変動と日本の家族」『家族社会学研究』14 (2):105-114。
総務庁長官官房高齢社会対策室編,1997,『高齢者の生活と意識──第4回国際比較調査結果報告書』中央法規出版。
総務庁長官官房老人対策室,1987,『老後の生活と介護に関する調査結果の概要』総務庁長官官房老人対策室。
総務庁長官官房老人対策室編,1987,『老人の生活と意識──国際比較調査結果報告書』中央法規出版。
総務庁長官官房老人対策室,1992,『老後の生活と介護に関する調査結果報告書』総務庁長官官房老人対策室。
総務庁長官官房老人対策室編,1992,『老人の生活と意識──第3回国際比較調査結果報告書』中央法規出版。
総理府広報室編,1969,「老後の生活」『月刊世論調査』1969年10月号,22-56。
総理府広報室編,1973,「老人問題」『月刊世論調査』1973年11月号,2-54。
総理府広報室編,1974,「老後の生活と意識」『月刊世論調査』1974年9月号,43-75。
総理府広報室編,1980,「婦人」『月刊世論調査』1980年2月号,2-64。
総理府広報室編,1985,「婦人(II)」『月刊世論調査』1985年4月号,2-70。
総理府広報室編,1987,「女性」『月刊世論調査』1987年9月号,2-66。
総理府広報室編,1991,「女性」『月刊世論調査』1991年3月号,2-33。
総理府広報室編,1994,「公的年金制度」『月刊世論調査』1994年1月号,2-51。

総理府広報室編，1995，「男女共同参画」『月刊世論調査』1995 年 12 月号，42-100。
総理府広報室編，1996，「高齢者介護」『月刊世論調査』1996 年 2 月号，2-65。
総理府広報室編，1998，「公的年金制度」『月刊世論調査』1998 年 9 月号，2-42。
総理府広報室編，2000，「男女共同参画社会」『月刊世論調査』2000 年 9 月号，106-196。
Stacy, Margaret, 1981, "The division of labour revisited or overcoming the two Adams," in Philip Abrams, Rosemary Deem, Janet Finch, and Paul Rock (eds.), *Practice and Progress : British Sociology 1950-1980*, London : George Allen and Unwin, 172-204.
菅野則子，1993，「養生と介護」，林玲子編『日本の近世 第 15 巻 女性の近世』中央公論社，371-403。
菅野則子，1998，「江戸時代庶民の養育」，奥山恭子・田中真砂子・義江明子編『シリーズ比較家族 第Ⅱ期 1 扶養と相続』早稲田大学出版部，49-80。
菅野剛，1998a，「社会的ネットワークの趨勢――75 年と 95 年における社会階層の効果の変遷」，白倉幸男編『社会階層とライフスタイル』1995 年 SSM 全国調査委員会，271-292。
菅野剛，1998b，「女性と社会的ネットワーク」，白倉幸男編『社会階層とライフスタイル』1995 年 SSM 全国調査委員会，309-322。
鈴木淳子，1991，「平等主義的性役割態度 SESRA（英語版）の信頼性と妥当性の検討および日米女性の比較」『社会心理学研究』6 (2)，80-87。
玉野和志，1990，「団地居住老人の社会的ネットワーク」『社会老年学』32，29-39。
田中真砂子，1998，「扶養と相続・継承――人類学的視点から」，奥山恭子・田中真砂子・義江明子編『シリーズ比較家族 第Ⅱ期 1 扶養と相続』早稲田大学出版部，158-164。
利谷信義，1991，「家族法の実験」，上野千鶴子ほか編『シリーズ変貌する家族 1 家族の社会史』岩波書店，97-118。
Townsend, Peter, 1981, "The structured dependency of the elderly : The creation of social policy in the twentieth century," *Aging and Society,* 1 (1), 5-28.
上野千鶴子，2005，「向老学の時代へ」『老いる準備――介護すること されること』学陽書房，16-43。
Ungerson, Clare, 1987, *Policy Is Personal : Sex, Gender and Informal Care*, London : Tavistock.（＝1999, 平岡公一・平岡佐智子訳『ジェンダーと家族介護――政府の政策と個人の生活』光生館。）
Waerness, Kari, 1984, "Caring as women's work in the Welfare State," in Harriet Holter (ed.), Patriarchy in a Welfare Society, Oslo : Universitetsforlaget, 67-87.
Walker, Alan, 1996, *The New Generational Contract*, London : UCL Press.
渡辺秀樹・稲葉昭英・嶋﨑尚子編，2004，『現代家族の構造と変容――全国家族調査

[NFRJ98] による計量分析』東京大学出版会。
Weber, Max, 1920, *Die protestantische Ethik und der《Geist》des Kapitalismus : Gesammelte Aufsätze zur Religioussoziologie*, Bd. 1, SS. 17-206.（＝1989，大塚久雄訳『プロテスタンティズムの倫理と資本主義の精神』岩波書店。）
ウェーバー，M., 1967,（濱島朗訳）『権力と支配――政治社会学入門』有斐閣。（＝Weber, Max, 1947, *Wirtschaft und Gesellschaft : Grundriss der Sozialökonomik, III*, Tübingen : Abteilung, J. C. B. Mohr. 等の抄訳。）
Welter, Barbara, 1966, "The cult of true womanhood : 1820-1860," *American Quarterly* (*Summer*), 151-174.（＝1986，立原宏孝訳「女は"女らしく"というモラルがつくられた」，カール・N・デグラーほか『アメリカのおんなたち――愛と性と家族の歴史』教育社，55-92。）
Willmott, Peter, 1987, *Friendship Networks and Social Support*, London : Policy Studies Institute.
山田昌弘，1989，「家族とジェンダー」，江原由美子ほか『ジェンダーの社会学』新曜社，95-131。
山田昌弘，1997，「援助を惜しまない親達――『子どものために』イデオロギーの形成」，宮本みち子・岩上真珠・山田昌弘『未婚化社会の親子関係――お金と愛情にみる家族のゆくえ』有斐閣，73-96。
山本敏子，1991，「日本における〈近代家族〉の誕生――明治期ジャーナリズムにおける『一家団欒』像の形成を手掛りに」『日本の教育史学』34, 82-96。
山村賢明，1984 [1971]，『日本人と母――文化としての母の観念についての研究』東洋館出版社。
山根真理・斧出節子・藤田道代・大和礼子，1997，『家族多様化時代における家事分担の変容可能性に関する調査研究』コープこうべ・生協研究機構。
山根真理編，2002，『現代家族にみる家事の実態・意味・感情に関する実証研究（質的調査の実施と分析）』平成 12-13 年度科学研究費補助金（基礎研究（C）（1)，#12610173）研究成果報告書，代表者 山根真理（愛知教育大学）。
山根真理，2008，「「次世代育成支援」時代の母親意識」，大和礼子・斧出節子・木脇奈智子編『男の育児・女の育児――家族社会学からのアプローチ』昭和堂，69-89。
大和礼子，1994，「家族意識の変容――おんなは家庭をどう変えてきたか」，宮本孝二・森下伸也・君塚大学編『組織とネットワークの社会学』新曜社，91-104。
大和礼子，1995，「性別役割分業意識の二つの次元――『性による役割振り分け』と『愛による再生産役割』」，『ソシオロジ』40 (1), 109-126。
大和礼子，2000，「"社会階層と社会的ネットワーク"再考――〈交際のネットワーク〉と〈ケアのネットワーク〉の比較から」『社会学評論』51 (2) : 235-250。
大和礼子，2002a，「『家事』はどのようにとらえられてきたか？――『公共／家内領

域の分離』という社会認識との関連から」『関西大学社会学部紀要』33（3），75-135。

大和礼子，2002b,「ケアと『公共領域／家内領域』――ジェンダー・アイデンティティの視点から」『季刊家計経済研究』No.56, 11-21。

大和礼子，2002c,「『公共領域』と『家内領域』の意味は，ジェンダーや階層によってどう異なるか？――『ケアのネットワーク』の分析から」『現代家族にみる家事の実態・意味・感情に関する実証研究（質的調査の実施と分析）』平成12-13年度科学研究費補助金（基礎研究（C）（1），＃12610173）研究成果報告書，代表者 山根真理（愛知教育大学），76-94。

大和礼子，2004,「介護ネットワーク・ジェンダー・社会階層」，渡辺秀樹・稲葉昭英・嶋﨑尚子編『現代家族の構造と変容――全国家族調査［NFRJ98］による計量分析』東京大学出版会：367-385。

Yamato, Reiko, 2006, "Changing attitudes towards elderly dependence in postwar Japan," *Current Sociology,* 54（2），273-291。

大和礼子，2006a,「絆を強める社会保障（シンガポール）」，落合恵美子・上野加代子編『21世紀アジア家族』明石書店，82-84。

大和礼子，2006b,「シンガポール男性の介護意識（シンガポール）」，落合恵美子・上野加代子編『21世紀アジア家族』明石書店，136-137。

大和礼子，2006c,「高齢者のサポート」，落合恵美子・上野加代子編『21世紀アジア家族』明石書店，191-194。

大和礼子，2007a,「イギリスの高齢者研究――高齢者と世代関係についての理論の中心に」『家族社会学研究』19（1），55-61。

大和礼子，2007b,「高齢者の扶養・介護からみるシンガポールと日本――「世帯間の連帯」を促すしくみと「世帯間の自立」を促すしくみ」，落合恵美子・山根真里・宮坂靖子編『アジアの家族とジェンダー』勁草書房，245-262。

大和礼子，2008,「介護する意識とされる意識――男女差が大きいのはどちらの意識か」『関西大学社会学部紀要』39（3），103-121。

大和礼子・斧出節子・木脇奈智子編，2008,『男の育児・女の育児――家族社会学からのアプローチ』昭和堂。

Yamato, Reiko, 2008, "Impact of fathers' support and activities on mothers' marital satisfaction by income contribution during economic recession in Japan," *Fathering : A Journal of Theory, Research, and Practice about Men as Fathers,* 6(2), 149-168.

山崎広明，1985,「日本における老齢年金制度の展開過程――厚生年金制度を中心として」，東京大学社会科学研究所編『福祉国家 5 日本の経済と福祉』東京大学出版会，171-237。

山崎広明，1988,「厚生年金制度の『抜本改正』過程」，東京大学社会科学研究所編

『転換期の福祉国家（下）』東京大学出版会，79-169。

柳田国男，1984，『妹の力』角川書店。

柳谷慶子，2001，「日本近世の高齢者介護と家族」，山中永之佑・竹安栄子・曽根ひろみ・白石玲子編『シリーズ比較家族 第II期4 介護と家族』早稲田大学出版部，171-202。

矢澤澄子・国広陽子・天童睦子，2003，『都市環境と子育て――少子化・ジェンダー・シティズンシップ』勁草書房。

Young, Michael and Peter Willmott, 1957, *Family and Kinship in East London*, London : Routledge and Kegan Paul.

湯沢雍彦，1970，「老人扶養問題の構造と展開」，那須宗一・湯沢雍彦編『老人扶養の研究――老人家族の社会学』垣内出版，19-52。

湯沢雍彦，1998，「戦後日本の老人扶養と相続の変容」，奥山恭子・田中真砂子・義江明子編，比較家族史学会監修『扶養と相続』早稲田大学出版部，238-254。

索　引

【事項索引】　(50音順)

あ　行

アイデンティティ　11, 13, 62
　ケアラーとしての——　63, 84, 88, 141, 175, 177, 184
　男性の——　8, 168
　中産階級の——　36, 37
アンペイド・ワーク　30, 193
家　25-27, 89, 195, 196
　——モデル　25, 108, 120-122, 141, 142
育児　66, 192, 193
遺産　45
遺族扶助制度　90
依存
　市民的権利としての——　ii, 41, 42
　ノーマルな(通常の)状態としての——　31, 32, 38, 40-42, 144, 179, 182, 187, 188
　文字どおりの(即物的な)意味での——　42, 44, 144
イデオロギー仮説　126, 140
意図せざる結果　85
男は仕事，女は家庭　67-69, 80, 84
男らしさのイメージ　96, 105, 168
オルタナティブ (alternative)　8, 28, 35, 37, 143, 179, 181, 185
恩給　91, 96
SSM (社会階層と社会移動) 調査　68
NFRJ → 家族についての全国調査

か　行

介護 (身体的介護)　i, 1, 10, 27, 42, 89, 100, 102, 109, 120 - 122, 129, 146, 172, 177, 178, 181, 184
　——と他の社会的活動の両立　188, 191
　——と扶養の関係　4, 5, 24, 26, 45, 89
　——の見返り　147, 163, 165, 171, 172
　——保険　i, 1, 101, 102, 184, 189
　近世の——　63
　複数の人々で分担する——　188
　明治期の——　64
介護(についての)意識　8, 47-49, 128
「介護問題は女性問題」の社会構築　4, 6
陰　37, 180, 182, 185, 187
家計支持者　168, 175, 177, 191
家計支持役割　5
家計支持力　79, 159, 175
家事使用人　36, 37, 45
稼ぎ手　190
稼ぐ　191, 193
家族愛　171, 172
家族介護(規範)　144, 147
家族制度イデオロギー　92, 93
家族についての全国調査　iii, 126, 129
活動理論　17
家内領域＝自立，公共領域＝依存　180, 185
家父長的つながり　32, 144, 176, 179-182, 187
家父長的分離 (patriarchal separation)　39, 40
加齢と社会パラダイム　19
強制的利他主義　43
きょうだい　194-196
近代化　16, 17, 24, 121
　——論　24, 26
クリティカル・ジェロントロジー (critical gerontology)　21
ケア　10, 65, 190, 191
　心理としての——　12, 14
　労働としての——　12, 14
　——しあう人々　188-193

211

──提供者対等モデル　190
　　──の与え手と受け手の関係　43
ケア(するという)役割　67, 72, 175, 180, 193
　　愛による──　75-77, 79-81, 83, 84
ケアラー(carer)　4, 63, 84, 177, 184, 185, 191
経済的資源　125, 126, 133, 139, 163, 175-178
経済的に豊か(経済的ゆとり・経済的余裕)　8, 160, 163, 175
経済的扶養→扶養
権力関係　16, 18-22, 30
孝(規範)　64, 91-93, 96, 98, 102, 122, 142, 144, 146-148, 165, 168
交換関係　162
公共領域＝自立，家内領域＝依存　7, 8, 28, 35, 37, 126, 143, 167, 180, 181, 185
公共領域での(における)自立　6, 166, 168, 176, 178
公共領域と家内領域　32, 38, 40, 82, 83
　　──のイメージ(とらえ方)　6, 156, 160, 166, 176, 185, 189
　　──の再構築　8, 181
　　──の分離　6, 7, 28, 30, 32, 36, 37
　　貴族層の──　34
　　古代ギリシャの──　33
　　社会的に構築されるものとしての──　32
　　女性やエスニック・マイノリティの──　35
　　絶対王政期の──　33
　　中産階級の──　34
　　中世の──　33
　　労働者階級の──　34, 35
構造化された依存　23
構造機能主義　16-19, 24
公的支援忌避者　162, 165-167, 171, 172, 175-177, 179, 186
公的扶養制度(戦前)　90
高齢者保健福祉推進十か年戦略→ゴールドプラン
戸籍　89, 94
子どものため(規範)　144, 147, 148, 162

コミュニケーション・スキル　8, 125, 126, 133, 139, 178
ゴールドプラン　101, 102, 123, 189

　　　　　　さ　行

産業社会の原理と家庭の原理　82, 83
ジェンダー　18, 21, 126, 129, 133, 175, 193
　　──関係の再構築　181
　　──によって二分化された介護　187
　　──の衡平　190
資源仮説　126, 139
資源へのアクセス　21, 22, 24, 26, 28, 89, 123, 188
市場　39, 162, 190
支配集団と従属集団　35, 37
支配的イデオロギー　6, 82, 126, 160, 166, 167
支配的社会認識　8, 28, 31, 32, 35, 43, 143, 144, 176, 179-181, 185, 186
支配と従属　43, 44, 144
社会階層　127, 128, 130, 135, 175
社会構築主義　20, 21
社会政策　21, 22, 24, 26, 28, 89, 122, 123, 188, 196
　　──上のタイムラグ　123
社会的ネットワーク　47-50, 117, 127
社会老年学　16, 17
従属的な社会認識　179
儒教的家族道徳　91
準制度化された介護者　88, 111, 113, 120-123, 125, 141, 180, 184, 193
生涯家計支持者　109, 120, 141, 155, 162, 163, 166, 167, 170-172, 175-177, 179, 184-187, 189, 190, 196
　　──への移行　172
生涯ケアラー　84, 85, 87, 88, 121, 123, 125, 141, 155, 157, 160, 167, 171-177, 179-181, 185-190, 192
女性のケア役割(規範)　144, 145, 147, 148
自立　6, 40
　　──した人間というフィクション　31, 32, 144, 179, 180, 182, 192

ノーマルな(通常の)状態としての―― 40, 42, 179, 187
文字どおりの(即物的な)意味での―― 42, 44, 144
身体的介護→介護
親密な人々　188, 189
スティグマ　90, 91, 98, 100, 178
生活保護法　100
性による役割振り分け　69, 71, 72, 74-77, 79-81, 83, 84
性別役割分業のイデオロギー　i, 5
性別役割分業意識　67, 68, 70, 76, 78, 80, 81, 86
　　――の次元(構造)　72-74
世代関係　1, 4, 16, 22, 89, 95, 101, 109, 122, 123, 141, 142, 174, 176, 193
　　――の再構築　2, 4, 5, 22, 120, 181, 184
　　公的な――と私的な――　24
世代間契約　23
世代間の葛藤　23
総稼ぎ手モデル　190
総ケア提供者モデル　190, 191

た　行

男女平等意識　72, 76, 77, 80, 83
男性家計支持者(稼ぎ手)モデル　96, 105, 190, 192
中産階級　34, 36
　　――のイデオロギー　36
　　――の女性　82
中流階級のための福祉国家　126-129, 139, 141, 142, 176, 178
　　女性――　139
通常の解釈　2-5, 51, 60, 61, 88
抵抗感(忌避感)　154-156, 162, 165, 166, 170, 175
定年退職　22
同居　27, 89, 98
　　――介護　163, 165, 170
特別養護老人ホーム　100
different but equal　72, 77

な　行

「日本型福祉社会」論　65, 100, 101, 122
年金　5, 22, 24, 27, 41, 96, 99, 102, 107, 108, 121, 122
　　――における曖昧な地位　143
　　――の成熟　102, 109, 123, 141, 142, 177, 180, 181, 184
　　夫の――　142, 143, 181
　　厚生――　91, 98, 99
　　国民――　99
　　自分の――　142
年齢階層理論　18, 19
年齢基準　18

は　行

働き方の見直し　191, 192
夫婦家族モデル　25, 108, 120-122, 141
夫婦間介護(規範)　144-146, 148
フェミニズム(フェミニスト)　7, 13, 30, 187
　　――第2の波(第2波――)　11, 30, 72
　　心理学や精神分析に影響を受けた――　11
　　マルクス主義(に影響を受けた)――　11, 12
福祉国家　17, 21, 190
福祉国家の中流階級化→中流階級のための福祉国家
扶養(経済的扶養)　i, 10, 24, 41, 89, 98, 101, 102, 105, 121, 146, 177, 181, 184
　　――と介護の関係→介護と扶養の関係
　　――権利者の順位　89, 90
文化的伝統　i, 1, 25, 26, 184, 194-196
　　中国の家族の――　195
　　日本の家族の――　195
文化的モデル(親子関係についての)　146
ペイド・ワーク　11, 193
母性愛　72, 85
ホームヘルパー　101, 109, 118, 191
ポリティカル・エコノミー・パースペクティブ (political economy perspective)　21, 23, 26, 28, 89

　　　　　ま　行

看取りあう夫婦　155, 169, 170-177, 181,
　　182, 188
　――への移行　170
見なし自立（自立と見なす）　ⅱ, 42, 44, 142
民法
　旧――　89
　戦後――　93, 94
　明治――　89
娘　115, 147, 194
「模範嫁」表彰　65

　　　　　や　行

養護老人ホーム　100
養老施設　100
嫁　88, 113, 115, 120, 121, 123, 125, 141, 147,
　　180, 184, 193

　　　　　ら　行

ライフコース　14, 20, 47, 63
利己的　3, 4, 49-51, 58, 60
理性　6, 7
離脱理論　17
利他的　4, 50, 51, 58, 61, 62
老人家庭奉仕員　100, 101, 109
老人福祉法　98, 100
労働　13, 30, 32, 33, 35-37, 62
労働者年金保険　91
老齢福祉年金　99

　　　　　わ　行

ワーカー＝ケアラー（worker＝carer）　192

【人名索引】 (アルファベット順)

Allan, G. 47
Arber, S. 24
Badinter, E. 72
Bengston, V. 23
Chodorow, N. 11, 13, 14
Cowgill, D. O. 17, 24
Davidoff, L. 29, 37
Dreyer, N. A. 70, 86
Durkheim, E. 29
江原由美子 86
Esping-Andersen, G. 21
Estes, C. 17, 18, 21
Finch, J. 41
Fischer, C. S. 47, 48
Fraser, N. 35, 45, 190
藤村正之 39, 54, 127
藤崎宏子 146, 163
舩橋惠子 193
Gilligan, C. 11, 13, 14
Glucksmann, M. 196
Goldthorpe, J. H. 47
Graham, H. 10, 12, 13
Habermas, J. 33, 34
Hall, C. 34, 35
Hartman, H. 11
春日キスヨ 27
河畠修 96
川島武宜 91-94
Land, H. 43
Lister, R. 31
宮坂靖子 66, 67
溝口雄三 195
森岡清美 24
Morris, J. 14, 41
牟田和恵 86, 91, 92, 182

中根千枝 195, 196
直井道子 56, 194
Oakley, A. 11, 29, 30
折井美耶子 64, 65
大沢真理 65, 192
Palmore, E. B. 25
Pascall, G. 31, 41
Pateman, C. 32, 39, 40
Rose, H. 43
笹谷春美 10, 50, 146, 147, 159, 171
Sevenhuijsen, S. 31, 41
新村拓 65
塩田咲子 86
Shorter, E. 72
Smith, B. 82
Sokolovsky, J. 26
染谷淑子 101
菅野則子 63, 64
利谷信義 94
Townsend, P. 22
上野千鶴子 41
Ungerson, C. 145, 146
Waerness, K. 43, 45
Walker, A. 17, 23
Weber, M. 29
Willmott, P. 47, 48
山田昌弘 86, 147
山村賢明 66
山根真理 86
大和礼子 9, 11, 29, 50, 86, 128, 193, 194
山崎広明 99, 107, 124
柳谷慶子 63, 64
Young, M. 47
湯沢雍彦 94, 95

215

［著者紹介］

大和礼子（やまと・れいこ）

東京大学文学部社会学専修課程卒業。大阪大学大学院人間科学研究科博士後期課程退学。博士（人間科学）。
現在　関西大学社会学部　教授
主著　『男の育児・女の育児』（編著，昭和堂，2008），『アジアの家族とジェンダー』（共著，勁草書房，2007），"Changing attitudes towards elderly dependence in postwar Japan" (*Current Sociology*, vol. 54, no. 2, 2006), "Impact of fathers' support and activities on mothers' marital satisfaction by income contribution during economic recession in Japan (*Fathering*, vol. 6, no. 2, 2008).

生涯ケアラーの誕生
―再構築された世代関係／再構築されないジェンダー関係―

2008年9月30日　第1版第1刷発行
2010年8月10日　第1版第2刷発行

著者　大　和　礼　子

発行者　田　中　千津子

発行所　株式会社　学文社

〒153-0064　東京都目黒区下目黒3-6-1
電話　03 (3715) 1501 (代)
FAX　03 (3715) 2012
http://www.gakubunsya.com

© Reiko YAMATO 2008　　印刷／シナノ印刷
乱丁・落丁の場合は本社でお取替します。
定価は売上カード，カバーに表示。

ISBN 978-4-7620-1859-6